古典文獻研究輯刊

三七編

潘美月・杜潔祥 主編

第 14 冊

《日知錄》導讀（上）

司馬朝軍 著

國家圖書館出版品預行編目資料

《日知錄》導讀（上）／司馬朝軍 著 -- 初版 -- 新北市：花
木蘭文化事業有限公司，2023〔民 112〕
目 8+176 面；19×26 公分
（古典文獻研究輯刊 三七編；第 14 冊）
ISBN 978-626-344-477-5（精裝）
1.CST：（清）顧炎武 2.CST：日知錄 3.CST：注釋
011.08   112010519

ISBN-978-626-344-477-5

9 786263 444775

古典文獻研究輯刊
三七編 第十四冊   ISBN：978-626-344-477-5

《日知錄》導讀（上）

作　　者　司馬朝軍
主　　編　潘美月、杜潔祥
總 編 輯　杜潔祥
副總編輯　楊嘉樂
編輯主任　許郁翎
編　　輯　張雅淋、潘玟靜　美術編輯　陳逸婷
出　　版　花木蘭文化事業有限公司
發 行 人　高小娟
聯絡地址　235 新北市中和區中安街七二號十三樓
　　　　　電話：02-2923-1455 ／傳真：02-2923-1452
網　　址　http://www.huamulan.tw 信箱 service@huamulans.com
印　　刷　普羅文化出版廣告事業
初　　版　2023 年 9 月
定　　價　三七編 58 冊（精裝）新台幣 150,000 元

《日知錄》導讀(上)

司馬朝軍　著

作者簡介

司馬朝軍，司馬光後裔，管理學博士，中國語言文學博士後，現為上海社會科學院歷史研究所研究員、《傳統中國》主編、《文澄閣四庫全書》總編纂、《司馬氏志》總編輯。曾任武漢大學珞珈特聘教授、教育部人文社會科學重點研究基地武漢大學中國傳統文化研究中心研究員、黃侃研究所研究員、武漢大學文獻學研究所副所長、四庫學研究中心主任、國學院經學教授、歷史學院專門史教授、信息管理學院文獻學教授，擔任經學、專門史、文獻學三個方向博士生導師。出版各類著作數千萬字，遍及四部。主持多種論壇，引領學術潮流。

提　　要

　　本書為《日知錄》的解讀之作。導引部分介紹《日知錄》的作者、成書與流傳過程、主要內容、歷史地位、當代價值及主要傳世版本。導讀部分精心選擇篇目，先列原文，再加以校勘、注釋，並作簡明扼要之點評。全書與眾不同之處在於，旨在凸顯顧炎武經世致用之本心，闡明其心法。

目次

上 冊

導 讀 …………………………………………………… 1
　一、《日知錄》的作者顧炎武生平簡介 …………… 1
　二、《日知錄》的成書與流傳過程 ………………… 3
　三、《日知錄》的主要內容 ………………………… 6
　四、《日知錄》的歷史地位 ………………………… 8
　五、《日知錄》的當代價值 ……………………… 14
　六、《日知錄》的主要傳世版本 ………………… 18

《日知錄》卷一 …………………………………… 21
　三《易》 …………………………………………… 21
　朱子《周易本義》 ………………………………… 22
　卦爻外無別象 ……………………………………… 26
　九二君德 …………………………………………… 27
　師出以律 …………………………………………… 27
　童觀 ………………………………………………… 28
　不遠復 ……………………………………………… 28
　罔孚裕无咎 ………………………………………… 29

有孚於小人 …………………………………… 30

上九弗損益之 ………………………………… 30

姤 ………………………………………………… 31

包無魚 ………………………………………… 32

艮其限 ………………………………………… 33

君子以永終知敝 ……………………………… 35

妣 ………………………………………………… 36

繼之者善也成之者性也 ……………………… 37

形而下者謂之器 ……………………………… 38

困德之辨也 …………………………………… 39

凡《易》之情 ………………………………… 40

《易》逆數也 ………………………………… 41

孔子論《易》 ………………………………… 42

《日知錄》卷二 ……………………………… 45

九族 …………………………………………… 45

惠迪吉從逆凶 ………………………………… 48

錫土姓 ………………………………………… 49

厥弟五人 ……………………………………… 50

惟彼陶唐有此冀方 …………………………… 51

殷紂之所以亡 ………………………………… 53

武王伐紂 ……………………………………… 54

泰誓 …………………………………………… 57

王朝步自周 …………………………………… 57

汝其敬識百辟享 ……………………………… 58

文侯之命 ……………………………………… 60

《日知錄》卷三 ……………………………… 63

孔子刪詩 ……………………………………… 63

言私其豵 ……………………………………… 65

大原 …………………………………………… 66

誇毗 …………………………………………… 67

魯頌商頌 ……………………………………… 68

詩序 …………………………………………… 69

《日知錄》卷四 …………………………………………… 71

　　魯之《春秋》 ………………………………………… 71

　　《春秋》闕疑之書 …………………………………… 72

　　　謂一為元 ………………………………………… 73

　　《春秋》言天之學 …………………………………… 75

　　《左氏》不必盡信 …………………………………… 76

　　　母弟稱弟 ………………………………………… 77

《日知錄》卷五 …………………………………………… 79

　　醫師 …………………………………………………… 79

　　邦朋 …………………………………………………… 81

《日知錄》卷六 …………………………………………… 83

　　愛百姓故刑罰中 ……………………………………… 83

　　未有上好仁而下不好義者也 ………………………… 84

　　肫肫其仁 ……………………………………………… 85

《日知錄》卷七 …………………………………………… 87

　　孝悌為仁之本 ………………………………………… 87

　　子張問十世 …………………………………………… 87

　　夫子之言性與天道 …………………………………… 89

　　博學於文 ……………………………………………… 93

　　予一以貫之 …………………………………………… 94

　　君子疾沒世而名不稱焉 ……………………………… 95

　　不動心 ………………………………………………… 96

　　文王以百里 …………………………………………… 97

　　周室班爵祿 …………………………………………… 99

　　自視欿然 ……………………………………………… 100

　　士何事 ………………………………………………… 101

　　飯糗茹草 ……………………………………………… 105

《日知錄》卷八 …………………………………………… 107

　　州縣賦稅 ……………………………………………… 107

　　掾屬 …………………………………………………… 110

　　都令史 ………………………………………………… 115

　　吏胥 …………………………………………………… 116

法制 ································· 118

省官 ································· 122

《日知錄》卷九 ···················· 125

人材 ································· 125

封駁 ································· 126

六條之外不察 ······················· 132

知縣 ································· 133

知州 ································· 135

守令 ································· 136

宦官 ································· 139

《日知錄》卷十 ···················· 141

治地 ································· 141

州縣界域 ··························· 142

後魏田制 ··························· 143

開墾荒地 ··························· 145

蘇松二府田賦之重 ··················· 146

紡織之利 ··························· 155

馬政 ································· 157

驛傳 ································· 159

《日知錄》卷十一 ·················· 163

銀 ·································· 163

以錢為賦 ··························· 167

偽銀 ································· 175

下 冊

《日知錄》卷十二 ·················· 177

財用 ································· 177

言利之臣 ··························· 182

俸祿 ································· 183

助餉 ································· 188

館舍 ································· 190

人聚 ································· 192

訪惡 ································· 195

河渠 ·· 196
《日知錄》卷十三 ·· 205
　周末風俗 ·· 205
　兩漢風俗 ·· 207
　正始 ·· 210
　宋世風俗 ·· 214
　清議 ·· 221
　名教 ·· 224
　廉恥 ·· 229
　鄉原 ·· 232
　大臣 ·· 233
　除貪 ·· 235
　奴僕 ·· 239
　田宅 ·· 240
　三反 ·· 241
　南北風化之失 ··· 242
　南北學者之病 ··· 242
《日知錄》卷十四 ·· 245
　諡法 ·· 245
《日知錄》卷十五 ·· 247
　厚葬 ·· 247
　宋朝家法 ·· 251
《日知錄》卷十六 ·· 253
　擬題 ·· 253
　程文 ·· 256
《日知錄》卷十七 ·· 259
　中式額數 ·· 259
　大臣子弟 ·· 261
　教官 ·· 264
　雜流 ·· 267
《日知錄》卷十八 ·· 269
　秘書國史 ·· 269

三朝要典 ……………………………… 272

密疏 ……………………………………… 273

書傳會選 ………………………………… 274

心學 ……………………………………… 276

竊書 ……………………………………… 278

《日知錄》卷十九 ……………………… 281

文須有益於天下 ………………………… 281

著書之難 ………………………………… 282

直言 ……………………………………… 283

立言不為一時 …………………………… 286

文人之多 ………………………………… 288

巧言 ……………………………………… 289

文辭欺人 ………………………………… 291

文人摹仿之病 …………………………… 293

文章繁簡 ………………………………… 294

文人求古之病 …………………………… 296

誌狀不可妄作 …………………………… 297

作文潤筆 ………………………………… 298

假設之詞 ………………………………… 300

《日知錄》卷二十 ……………………… 303

年號當從實書 …………………………… 303

引古必用原文 …………………………… 305

《日知錄》卷二十一 …………………… 307

詩題 ……………………………………… 307

詩體代降 ………………………………… 308

《日知錄》卷二十二 …………………… 311

九州 ……………………………………… 311

郡縣 ……………………………………… 314

亭 ………………………………………… 316

社 ………………………………………… 319

《日知錄》卷二十三 …………………… 323

氏族 ……………………………………… 323

《日知錄》卷二十四 ······················· 327

　君 ·· 327

《日知錄》卷二十五 ······················· 331

　名以同事而章 ····························· 331

《日知錄》卷二十六 ······················· 333

　史記通鑑兵事 ····························· 333

　史記於序事中寓論斷 ···················· 334

《日知錄》卷二十七 ······················· 337

　文選注 ···································· 337

　陶淵明詩注 ······························· 338

《日知錄》卷二十八 ······················· 341

　職官受杖 ·································· 341

　納女 ······································ 344

《日知錄》卷二十九 ······················· 347

　海運 ······································ 347

　燒荒 ······································ 349

　樓煩 ······································ 350

《日知錄》卷三十 ·························· 353

　天文 ······································ 353

《日知錄》卷三十一 ······················· 355

　吳會 ······································ 355

　三輔黃圖 ·································· 356

　闕里 ······································ 358

　杏壇 ······································ 359

《日知錄》卷三十二 ······················· 361

　奈何 ······································ 361

　桑梓 ······································ 362

主要參考文獻 ······························· 365

後　記 ····································· 369

導　讀

一、《日知錄》的作者顧炎武生平簡介

顧炎武（1613～1682），本名絳，明亡之後改名炎武，字寧人，號亭林，學者尊稱為亭林先生。萬曆四十一年五月二十八日生於蘇州府崑山縣千墩浦（今江蘇省崑山市千燈鎮）人，康熙二十一年正月九日病逝於曲沃，享年七十歲。

顧炎武所生當的年代，正是明王朝急劇走向衰落並最終滅亡、清貴族迅速崛起而終於入主中原並建立和穩固了其對全中國的統治秩序的時期，這確實是較典型意義上的明清之際。當此新陳代謝之際，中國社會最突出、最主要的矛盾莫過於民族矛盾。顧炎武思想作為這個特殊歷史時期的一面鏡子，本質上是當時中國社會主要矛盾的反映；正是這個矛盾及其演變與發展過程，決定了他的思想活動進程及其根本性質。顧炎武思想活動導因於對國運民生的憂患，奠基於對現實的軍事和經濟問題的思考。〔註1〕《日知錄》正是記錄他畢生學術思想的總帳簿，後來也成為近三百年學術寫作的風向標式的著作。

顧氏本為崑山望族，至明末而漸趨衰敗。顧炎武為顧同應次子，出生後過繼給顧同吉為嗣，六歲隨嗣母王氏（1586～1645）讀《大學》，九歲始讀《周易》，十歲始讀孫子、吳子諸兵家書，及《左傳》、《國語》、《戰國策》、《史記》，十一歲始讀《資治通鑒》，至十四歲讀竟，續讀《詩經》、《尚書》、《春秋》，十五歲始讀朝廷邸報。顧炎武幼年曾患天花，而留下目疾。與同里歸莊相友善，

〔註1〕周可真：《明清之際新仁學：顧炎武思想研究》，中國大百科全書出版社 2006 年版，第 10 頁。

同入復社，有「歸奇顧怪」之目。

顧炎武原本是一位平庸無奇的舉子，自十二歲習科舉文字起，為帖括之學者將近二十年。在此期間，其嗣祖父常常教導他「士當求實學，凡天文、地理、兵農、水土及一代典章之故，不可不熟究」，而他卻「往往從諸文士賦詩飲酒，不知古人愛日之義。而又果以為書生無與國家之故」。直到二十七歲那年，久經科場而屢試不遇的顧炎武，由於再次「秋闈被擯」，毅然決定「退而讀書」，「感四國之多虞，恥經生之寡術，於是歷覽二十一史以及天下郡縣志書，一代名公文集及奏章文冊之類」（《天下郡國利病書序》，《亭林文集》卷六）。作為一位科舉制度下的失敗者，顧炎武后來發起了對科舉制度進行猛烈批判的「馬拉松運動」。歷史並非都是由勝利者書寫的，科舉制的歷史就是由一連串的名落孫山者聯手書寫的，其中充滿了戾氣與負能量。

明清鼎革，清兵南下，顧炎武參加抗清隊伍，積極反抗，後失敗歸家。崑山城破時，顧炎武之友吳其沆死難，胞弟顧纘、顧繩被殺，生母何氏傷折右臂，顧炎武以至語濂涇省嗣母，幸免於難。至常熟城陷，顧炎武嗣母王氏聞之，絕食而死，遺言命炎武「無為異國臣子，無負世世國恩，無忘先祖遺訓」，故顧炎武積極從事抗清活動，並遭冤家陷害，而被迫變衣冠，作商賈，化名蔣山傭，往來南北，其間多次拜謁明孝陵，一生以「明遺民」自居，不仕清廷。順治十二年（1655）五月，顧炎武擒殺告其「通海」之世僕陸恩，葉方恒囚炎武於陸婿家中，脅令自裁。經歸莊向錢謙益求救，始移獄松江；次年，以「殺有罪奴」罪炎武，遂得釋放。十四年秋，顧炎武將北遊，諸友為之餞行。此後，顧炎武往來山東、北京、河北、山西、陝西、江蘇等地，結交志同道合之士，如張爾岐、馬驌、李因篤、王弘撰、李顒、朱彝尊、屈大均等人。康熙七年（1668），山東「黃培逆詩」案起，牽涉顧炎武；顧炎武遂主動投案，入濟南府獄，後經李因篤、甥徐元文等人營救，顧炎武得以保釋出獄。次年四月，顧炎武又至章丘，與謝長吉就田產問題對簿公堂，此案始得終結。

此後，顧炎武繼續在北方遊歷，專心著述，所著有《日知錄》、《音學五書》、《天下郡國利病書》、《肇域志》、《亭林詩文集》諸書，而尤以《日知錄》為其畢生心血之所聚。清廷修《明史》，曾多次舉薦顧炎武參與編修，均遭顧炎武拒絕。其民族氣節素為後人稱道。他一生十二次拜謁明陵，念念不忘亡國之恨。他掉頭北上，開始了歷時二十餘年的漫遊生活。這時候西南的桂王已為吳三桂所殺，東南的鄭成功死後其子鄭經主持臺灣軍務，雖表面與清廷對立，

實質上已無力反抗，後來三藩之亂的平定使大清的統治徹底穩固下來。顧氏看到大勢已去，便決定用另外的方式尋求復興國運，北方之遊正是此舉的開端。晚年，顧炎武寓居陝西華陰、山西曲沃等地，他曾論華陰地理形勢曰：「華陰縟轂關、河之口，雖足不出戶，而能見天下之人，聞天下之事。一旦有警，入山守險，不過十里之遙；若志在四方，則一出關門，亦有建瓴之便。」〔註2〕可見顧炎武此書雖以著述為事，而反清之心未死。誠如錢穆在《中國近三百年學術史》第四章中所指出的那樣：「梨洲五十四歲成《明夷待訪錄》，其後即不談政治，專究性理。而亭林《日知錄》始終以撥亂滌污，法古用夏，待一治於後王為意。」康熙二十一年（1682）正月初八，顧炎武於曲沃養病，上馬失足墜地，未疾復發，嘔瀉不止，次日丑時去世。

二、《日知錄》的成書與流傳過程

《日知錄》是顧炎武一生中最為重要的著作，其成書與流傳也都頗為坎坷。

學界對《日知錄》的始撰時間頗有爭議。《日知錄》康熙九年（1670）初刻八卷本書前題記曰：「愚自少讀書，有所得輒記之，其有不合，時復改定。或古人先我而有者，則遂削之。積三十餘年，乃成一編，取子夏言，名曰《日知錄》，以正後之君子。」〔註3〕所以，有學者推定顧炎武《日知錄》約始撰於明崇禎十二年（1639）。但也有學者認為這一時間只是顧炎武早年開始讀書做劄記的時間，應該與他結撰《日知錄》區分開來，並據顧炎武於康熙二十年（1681）所作《與人書》中所言：「某自五十以後，篤志經史，其於音學深有所得。而別著《日知錄》，上篇經術，中篇治道，下篇博聞，共三十餘卷。有王者起，將以見諸行事，以躋斯世於治古之隆，而未敢為今人道也。」〔註4〕推斷顧炎武始撰《日知錄》的時間應該在康熙元年（1662）他五十歲以後。〔註5〕

其實，顧炎武為撰寫《日知錄》所作準備工作是比較早的，而其從整體上對該書內容結構的構思則相對較晚，大約是顧炎武五十歲左右。顧炎武弟子潘

〔註2〕（清）顧炎武：《與三侄書》，《顧亭林詩文集》卷四，中華書局1983年版，第87頁。

〔註3〕《日知錄集釋（外七種）》，上海古籍出版社1985年版，第2625頁。

〔註4〕《日知錄集釋（外七種）》，上海古籍出版社1985年版，第28～29頁。

〔註5〕曹江紅：《〈日知錄〉纂修考》，《浙江社會科學》，1999年第6期，第132～133頁。

未在《日知錄序》中也說：「先生著書不一種，此《日知錄》則其稽古有得，隨時劄記，久而類次成書者。」〔註6〕可見，《日知錄》的編纂是一個時間跨度很大的過程。而康熙九年刊刻的《日知錄》八卷本（符山堂初刻本），則可以看作是顧炎武在此前學術積累基礎上做的一個選編本，將自己較為滿意的內容先行刊刻，以廣流傳，有「投石問路」之意。只是，此八卷本產生的影響並未讓顧炎武滿意，閻若璩就曾就《日知錄》中的考證內容向顧炎武發難（閻若璩《潛邱劄記》卷五《補正日知錄》五十餘條）。顧炎武在《初刻日知錄自序》中也做了反省：「炎武所著《日知錄》，因友人多欲抄寫，患不能給，遂於上章閹茂之歲刻此八卷。歷今六七年，老而益進，始悔向日學之不博，見之不卓，其中疏漏往往而有，而其書已行於世，不可掩。漸次增改，得二十餘卷，欲更刻之，而猶未敢自以為定，故先以舊本質之同志。」〔註7〕從這裡「漸次增改，得二十餘卷」也可以看出此前八卷本並非顧炎武當時所撰《日知錄》全部內容，否則以顧炎武的嚴謹，不至於如此之速。所以，顧炎武在此後的《日知錄》撰寫中恪守「良工不示人以樸」的訓誡，在友人向他詢問《日知錄》的編撰進展時，他回覆說：「嘗謂今人纂輯之書，正如今人之鑄錢。古人採銅於山，今人則買舊錢，名之曰廢銅，以充鑄而已。所鑄之錢既已粗惡，而又將古人傳世之寶，舂剉碎散，不存於後，豈不兩失之乎？承問《日知錄》又成幾卷，蓋期之以廢銅。而某自別來一載，早夜誦讀，反覆尋究，僅得十餘條，然庶幾採山之銅也。」〔註8〕他晚年正是以這種「採銅於山」的精神投入到《日知錄》的撰寫之中的。

顧炎武從小受祖父之教，說「著書不如抄書」。「抄書」不是改竄或抄襲前人之作為己作，而是一種精心篩選提煉的搜集資料的工作；並非漫無目的地隨手劄記，而是根據自己的學術宗旨去精心選擇和編排資料。顧炎武的《日知錄》就是這樣一部著作，不僅其所引證的資料皆標明原作者及出處，不以前人之功為己功，而且所有的資料都分門別類地納入了他自己設計的框架，每一條目的內容都是合數條乃至數十條資料而成；但又不是純粹的資料彙編，而是在其中體現和貫徹自己的學術宗旨，在掌握豐富的第一手資料的基礎上發表自己的見解。他的《日知錄》，可以說是既講求科學實證、又注重學術道德的典

〔註6〕《日知錄集釋（外七種）》，上海古籍出版社1985年版，第25頁。
〔註7〕《日知錄集釋（外七種）》，上海古籍出版社1985年版，第27頁。
〔註8〕《日知錄集釋（外七種）》，上海古籍出版社1985年版，第28頁。

範。〔註9〕

　　所以，直至康熙二十一年（1682）正月顧炎武離世，在此期間，顧炎武並沒有再刻《日知錄》的打算，康熙十八年（1679）顧炎武在《與潘次耕書》中說：「著述之家，最不利乎以未定之書傳之於人。……前介眉劄來索此，原一亦索此書，並欲抄《日知錄》，我報以《詩》、《易》二書今夏可印，其全書再待一年。《日知錄》再待十年，如不及年，則以臨終絕筆為定，彼時自有受之者，而非可豫期也。《詩》云：『如切如磋，如琢如磨。』此之謂也。」〔註10〕顧炎武這種切磋琢磨、精益求精的追求，「以臨終絕筆為定」的信念，使《日知錄》得以廣徵博採，其內容得到進一步提升。顧炎武決不肯棄前人的見解於不顧，而寧可將自己的同樣見解從書中刪去。顧炎武在《日知錄題記》中說：「愚自少讀書，有所得輒記之，其有不合，時復改定。或古人先我而有者，則遂削之。」他的這種誠實學風，深刻地影響了清代考據學的研究。後來的考據學大師大都極力避免學術研究中的低層次重複。他們遵循顧炎武的教誨，「必古人之所未及就，後世所不可無，而後為之」；同時在研究中，必詳列前人之見解，決不敢隱沒其姓名而竊以為己說。這一切，成為清代的考據學家們普遍遵守的學術規範。

　　顧炎武死後，《日知錄》稿本輾轉流傳，十三年後，即康熙三十四年（1695），其弟子潘耒（1646～1708，字次耕，吳江人）始編訂為《日知錄》三十二卷（遂初堂刻本），該書得以行世。潘氏於《日知錄序》中自述其刊刻過程曰：「耒少從先生遊，嘗手授是書。先生沒，復從其家求得手稿，較勘再三，繕寫成帙，與先生之甥刑部尚書徐公健庵、大學士徐公立齋謀刻之而未果。二公繼沒，耒念是書不可以無傳，攜至閩中。年友汪悔齋贈以買山之資，舉畀建陽丞葛受箕，鳩工刻之以行世。」〔註11〕潘氏能以友人所贈「買山之資」為其師刻書，可謂無愧顧氏在天之靈，是值得肯定的。但由於清初文網嚴密，潘耒在刊刻《日知錄》時，做了大量刪改工作，所以潘耒所刻《日知錄》也不能完全反應顧炎武「絕筆」時《日知錄》的全貌。至乾隆年間，清廷開四庫館編修《四庫全書》時，顧炎武的學術雖然得到官方的肯定與褒揚，其三十二卷本《日知錄》得以收入《四庫全書》之中，但在此過程中《日知錄》也再一次

〔註9〕許蘇民：《顧炎武評傳》，南京大學出版社2006年版，第420～421頁。

〔註10〕（清）顧炎武：《與潘次耕書》，《亭林文集》卷四，《顧亭林詩文集》，中華書局1983年版，第76～77頁。

〔註11〕《日知錄集釋（外七種）》，上海古籍出版社1985年版，第25～26頁。

遭到刪改；1950 年代，河南省圖書館購得四十二頁文淵閣《日知錄》抽毀散頁（2000 年由中華全國圖書館文獻縮微複製中心影印出版，題作《〈日知錄〉文淵閣本抽毀餘稿》），但將之與文淵閣《四庫全書》本《日知錄》對照，閣本《日知錄》也未完全據之刪改，各條情況並不一致。至民國二十二年（1933），張繼購得雍正年間《日知錄》抄本三十二卷，黃侃據此撰寫《日知錄校記》，謂「考今本所刊落，有全章，有全節，有數行，自餘刪句換字，不可遽數」〔註12〕，學界始對潘耒刪改《日知錄》的情況才有了比較清晰的認識。

三、《日知錄》的主要內容

關於《日知錄》的內容結構，顧炎武在與友人的信中說：「別著《日知錄》，上篇經術，中篇治道，下篇博聞，共三十餘卷。」〔註13〕這一經術、治道、博聞三分的結構，可以看作是顧炎武撰寫《日知錄》的整體框架。

「不習六藝之文，不考百王之典，不綜當代之務」，這是顧炎武控訴前代儒生的「三宗罪」。而他正好是主張「習六藝之文，考百王之典，綜當代之務」，《日知錄》也是按照此三分格局構建的：習六藝之文——經術，考百王之典——考據，綜當代之務——治道。

康熙八年刊刻的《日知錄》初刻八卷本，基本上就是按照這一結構來分卷的，其中卷一至卷三為經術，卷四至卷六為治道，卷七、卷八為博聞。至潘耒所刻《日知錄》三十二卷本，其分卷也大致遵循這一結構，卷一至卷十為經術，卷十一至卷二十九為治道，卷三十至卷三十二為博聞。從顧炎武對《日知錄》內容的最後的確定來看，其書的主體內容是「經術」和「治道」。所謂「經術」者，「明道」之術也；「治道」者，「救世」之道也。顧炎武思想按其本質內容來說，就是關於「明道救世」的思想。〔註14〕顧炎武曾明論其學術宗旨道：「君子之為學，以明道也，以救世也。」（《與人書二十五》，《亭林文集》卷四）《日知錄》的宗旨也正是「明道救世」。與他同時代的黃宗羲、王夫之又何嘗不是如此呢？

潘耒在《日知錄序》中論及書中內容時也說：「先生著書不一種，此《日

〔註12〕黃侃：《日知錄校記序》，《日知錄集釋（外七種）》，上海古籍出版社 1985 年版，第 3358 頁。

〔註13〕《日知錄集釋（外七種）》，上海古籍出版社 1985 年版，第 28 頁。

〔註14〕周可真：《明清之際新仁學：顧炎武思想研究》，中國大百科全書出版社 2006 年版，第 17 頁。

知錄》，則其稽古有得，隨時劄記，久而類次成書者。凡經義史學、官方吏治、財賦典禮、輿地藝文之屬，一一疏通其源流，考正其謬誤。至於歎禮教之衰遲，傷風俗之頹敗，則古稱先，規切時弊，尤為深切著明。」〔註15〕其中官方吏治、財賦典禮、輿地藝文等大都與治道相關。而顧炎武在於黃宗羲的信中也說：「頃過薊門，見貴門人陳、萬兩君，具諗起居無恙。因出大著《待訪錄》讀之再三，於是知天下之未嘗無人，百王之敝可以復起，而三代之盛可以徐還也。……炎武以管見為《日知錄》一書，竊自幸其中所論，同於先生者十之六七。」〔註16〕可見，顧炎武是將自己的《日知錄》與黃宗羲的《明夷待訪錄》歸為同一類著作，即經世之書。

至乾隆年間清廷編修《四庫全書》，四庫館臣於《日知錄》提要中又對其內容進行細分：「書中不分門目，而編次先後則略以類從。大抵前七卷皆論經義，八卷至十二卷皆論政事，十三卷論世風，十四卷、十五卷論禮制，十六卷、十七卷皆論科舉，十八卷至二十一卷皆論藝文，二十二卷至二十四卷雜論名義，二十五卷論古事真妄，二十六卷論史法，二十七卷論注書，二十八卷論雜事，二十九卷論兵及外國事，三十卷論天象術數，三十一卷論地理，三十二卷為雜考證。」〔註17〕四庫館臣從每卷的具體內容上對《日知錄》進行介紹，其實已經失去分類的意義，只是一種對具體內容的陳述，凸顯了《日知錄》「博聞」的特點，在一定程度上淡化了《日知錄》經術、治道、博聞三分的結構，尤其是弱化了治道在《日知錄》中的體現，這與四庫館臣批評顧炎武「喜談經世之務」的思想是一致的。

民國時期發現的《日知錄》雍正抄本三十二卷與潘耒刻本卷次略有不同，但仍大致遵循經術、治道、博聞三分的結構，徐文珊在《原抄本顧炎武〈日知錄〉評介》一文中說：「依原抄本所分卷帙為一至十卷，經術：其序為《易經》、《書經》、《詩經》、《春秋》、《周禮》、《儀禮》、《禮記》、《大學》、《中庸》、《論語》、《孟子》。中篇治道，應為十一至二十九卷。餘三卷為博聞。治道內容豐富，範圍極廣。舉其要者計有：地方政制、中央政制、選舉、田賦、土地制度、財政經濟、吏治、政治得失、風俗、婚喪祭禮、科舉、文字、史學、古代郡國

〔註15〕《日知錄集釋（外七種）》，上海古籍出版社1985年版，第25頁。
〔註16〕（清）顧炎武：《與黃太沖書》，《顧亭林詩文集》，中華書局1983版，第238～239頁。
〔註17〕（清）永瑢等編：《四庫全書總目》，見《景印文淵閣四庫全書》第3冊，商務印書館1983年版，第590頁。

制度、姓氏諡號、倫理制度、掌故、正史述評、經史子集注疏述評、華夷風俗等。第三篇博聞中，則有天文、五行、怪異、鬼神、地理、雜記等類。」〔註18〕

可見，《日知錄》所涉內容雖廣，但大致可分經術、治道、博聞三類，基本上符合顧炎武對該書內容的構思，可以反映顧炎武自身的學術思想結構。

四、《日知錄》的歷史地位

顧炎武辭世之後，學界對其《日知錄》的評價也經歷了一番變化，而從這一變化我們就可以看出《日知錄》的歷史地位。

首先，潘耒作為顧炎武弟子，其在刊刻《日知錄》並為之作序時，對顧炎武及《日知錄》都作出了極為重要的評價。潘耒《日知錄序》曰：

> 有通儒之學，有俗儒之學。學者將以明體適用也，綜貫百家，上下千載，詳考其得失之故，而斷之於心，筆之於書，朝章國典，民風土俗，元元本本，無不洞悉。其術足以匡時，其言足以救世，是謂通儒之學。若夫雕琢辭章，綴輯故實，或高談而不根，或勦說而無當，深淺不同，同為俗學而已矣。……崑山顧寧人先生，生長世族，少負絕異之資，潛心古學，九經諸史略能背誦，尤留心當世之故，實錄、奏報，手自抄節，經世要務，一一講求。當明末年，奮欲有所自樹，而迄不得試，窮約以老。然憂天閔人之志，未嘗少衰，事關民生國命者，必窮源溯本，討論其所以然。足跡半天下，所至交其賢豪長者，考其山川風俗，疾苦利病，如指諸掌；精力絕人，無他嗜好，自少至老，未嘗一日廢書，出必載書簏以隨，旅店少休，披尋搜討，曾無倦色。有一疑義，反覆參考，必歸於至當；有一獨見，援古證今，必暢其說而後止。當代文人才士甚多，然語學問，必斂袵推顧先生。凡制度典禮有不能明者，必質諸先生；墜文軼事有不知者，必征諸先生。先生手畫口誦，探原竟委，人人各得其意而去。天下無賢不肖，皆知先生為通儒也。先生著書不一種，此《日知錄》則其稽古有得，隨時劄記，久而類次成書者。……鳴呼！先生非一世之人，此書非一世之書也。魏司馬朗復井田之議，至易代而後行；元虞集京東水利之策，至異世而見用。立言不為一時，《錄》

〔註18〕徐文珊：《原抄本顧炎武〈日知錄〉評介》，《原抄本日知錄》，臺灣明倫書局1979年版，第1004頁。

中固已言之矣。異日有整頓民物之責者，讀是書而憬然覺悟，採用
其說，見諸施行，於世道人心實非小補。如第以考據之精詳，文辭
之博辨，歎服而稱述焉，則非先生所以著此書之意也。〔註19〕

　　潘耒以「通儒」定位顧炎武，既得到當時學者的認同，也是後世學者的共
識，而最能體現顧炎武「通儒之學」的便是這部《日知錄》。「綜貫百家，上下
千載」是「通儒之學」的表現形式，而從上文對《日知錄》內容的分析，不難
看出它是具有這樣的特點的。而「通儒之學」最重要的內涵則在於「明體適
用」，即所謂「其術足以匡時，其言足以救世」。若徒具「綜貫百家，上下千載」
之表，而無匡時、救世之用，這樣的學問也算不上「通儒之學」。所以，潘耒
認為顧炎武《日知錄》一書「立言不為一時」，並非「一世之書」，雖然在清初
未能發揮其作用，但日後若能採其說而施行，必能有益於世道人心，而這正是
顧炎武撰《日知錄》之本心，可以說是對顧炎武「有王者起，將以見諸行事，
以躋斯世於治古之隆」〔註20〕的期盼的進一步發揮，也奠定了《日知錄》這部
著作的歷史基調。

　　但《日知錄》的行世，還是影響到了清代學者著述的體式，筆記、劄記體
的著作大量產生，且其內容以考據為主，進而成為清代考據學的重要表現形
式。但這些模仿《日知錄》而成的著作能具「綜貫百家，上下千載」的形式已
屬不易，能夠做到「明體適用」的極少。

　　此後，程晉芳在乾隆三十七年（1772）讀完顧炎武的《日知錄》時，對其
「明體適用」的追求給予了肯定，認為：「由明以上，迄於秦漢，儒家者流，
學博而精，所見者大，坐而言可起而行者，殆無幾人。惟亭林及黃子梨洲於書
無所不通，而又能得古聖賢之用心，於修己治人之術，獨探其要，其所論述，
實有可見諸行事者。」〔註21〕但他認為《日知錄》的內容卻並非全盤接受，而
是採取批判地繼承的態度：「然不患其書不傳，患在後之人以為言言可信，將
悉舉而行之，更易成憲，日趨於綜覈煩瑣而不覺，是又不可不辨也。亭林欲以
米絹易銀，行均田，改選法，之數者有必不能行，有行之而必不能無弊；其可
行者，惟學校、貢舉耳。雖然，豈易言哉！不徐徐有以易之，鮮有不潰敗決裂
者。梨洲則必欲復封建、井田，此則童孺皆知其不可矣。真儒不世出，而同時

〔註19〕《日知錄集釋（外七種）》，上海古籍出版社1985年版，第23～26頁。
〔註20〕《日知錄集釋（外七種）》，上海古籍出版社1985年版，第28～29頁。
〔註21〕（清）程晉芳：《勉行堂詩文集》，黃山書社2012年版，第769頁。

並生，言可為後世法，猶或錯雜紕繆若是，後之人其何賴焉！」〔註22〕可見，顧炎武編撰《日知錄》雖有經世致用之意，但其主張並非完全適用於當下社會現實，所以並不能據此而任意更改成憲。雖然，程晉芳對顧炎武「真儒」的評價不如潘耒的「通儒」高，但二人對顧炎武《日知錄》的關注點是一致的，即都集中討論《日知錄》在「明體適用」方面的成就，即儒家經世致用之學。程晉芳還特意批評了閻若璩駁正《日知錄》考據失誤的行為，說：「太原閻伯詩有《補正日知錄》一卷，所見者猶小。」〔註23〕可見，在程晉芳看來，《日知錄》的主張是否有益世用是其大端，考證是否精密是其小節，真儒當識其大者，而不必偏執於小者。

隨後，清廷開四庫館編修《四庫全書》，四庫館臣在為《日知錄》所作提要中，卻極力表揚其考據之功，而批評其經世之用。程晉芳雖入四庫館編修《四庫全書》，但很顯然其主張並未得到採納。《日知錄》提要曰：

> 炎武學有本原，博贍而能通貫，每一事必詳其始末，參以證佐而後筆之於書。故引據浩繁，而牴牾者少，非如楊慎、焦竑諸人偶然涉獵，得一義之異同，知其一而不知其二者。……惟炎武生於明末，喜談經世之務，激於時事，慨然以復古為志，其說或迂而難行，或愎而過銳。觀所作《音學五書後序》，至謂聖人復起，必舉今日之音而還之淳古，是豈可行之事乎？潘耒作是書序，乃盛稱其經濟，而以考據精詳為末務，殆非篤論矣。〔註24〕

四庫館臣的這一評價與《四庫全書總目》整體上的學術評價標準一致，即「重考據，輕義理」，也與引導當時逐漸興起的考據學風氣有關。而其直接點名批評潘耒在《日知錄序》中盛讚顧炎武經世之學的做法，也可以看作是清廷對顧炎武代表的明遺民在經世之學的態度，也就是說：清廷可以承認明遺民在學術上的成就，而無法肯定其在政治上的主張，甚至否定其欲在政治上有所作為的想法。

嘉道以降，清廷政治高壓逐漸減弱，加之西方列強逐漸進入中國，經世之學再度興起，學界對顧炎武《日知錄》的評價又重新聚焦到其經世之學上來。黃汝成（1799～1837，字庸玉，嘉定人）為之編纂《日知錄集釋》，其敘曰：

〔註22〕（清）程晉芳：《勉行堂詩文集》，黃山書社2012年版，第769頁。

〔註23〕（清）程晉芳：《勉行堂詩文集》，黃山書社2012年版，第770頁。

〔註24〕（清）永瑢等：《四庫全書總目》，見《景印文淵閣四庫全書》第3冊，商務印書館1983年版，第590頁。

自明體達用之學不修，俊生巨材，日事纂述，而鴻通瑰異之資，遂率隳敗於詞章訓詁、襞績破碎之中。……崑山顧亭林先生，質敏而學勤，誼醇而節峻，出處貞亮，固已合於大賢。雖遭明末喪亂，遷徙流離，而撰述不廢，先後成書二百餘卷，閎廓奧賾，咸職體要，而智力尤瘁者，此也。其言經史之微文大義、良法善政，務推禮樂德刑之本，以達質文否泰之邊壇，錯綜其理，會通其旨。至於賦稅、田畝、職官、選舉、錢幣、權量、水利、河渠、漕運、鹽鐵、人材、軍旅，凡關家國之制，皆洞悉其所由盛衰利弊，而慨然著其化裁通變之道，詞尤切至明白。其餘考辨，亦極賅洽。……元、明諸儒，其流失喜空言心性，凡講說經世之事者，則又迂執寡要。先生因時立言，頗綜覈名實，意雖救偏，而議極峻正，直俟諸百世不惑，而使天下曉然於儒術之果可尊信者也。……先生著述閎通，是書理道尤博，學術政治，皆綜隆替，視彼瑣言，奚啻瓶罄。……先生負經世之志，著資治之書，舉措更張，言尤慨切。〔註25〕

黃汝成也稱讚顧炎武經世之學，《日知錄》兼學術與政治為一體，屬於「明體達用」的「資治之書」；而對於顧炎武《日知錄》考據成就，僅曰「極賅洽」而已。這就重新將《日知錄》界定為一部「經世致用」之書。

章學誠《文史通義·答客問中》認為：「高明者多獨斷之學，沉潛者尚考索之功，天下之學術不能不具此二途。」他把顧炎武歸為「沉潛者尚考索之功」一路，曾評斷《日知錄》只是「存為功力，而不可以為著作」，而把其獨斷之學的一面予以抹殺，這是一種極其簡單粗暴的誤讀與誤判。梁啟超起初亦認為《日知錄》「本非著作，不過儲著作之資料」，但兩年後，梁啟超又斷定《日知錄》是由作者「精心結撰」而「含有意義」的「一部精製品」：「亭林的《日知錄》，後人多拿來比黃東發的《黃氏日鈔》和王厚齋的《困學紀聞》。從表面上看來，體例像是差不多，細按他的內容，卻有大不同處。東發、厚齋之書，多半是單詞片義的隨手劄記；《日知錄》則不然，每一條大率皆合數條或數十條之隨手劄記而始能成，非經過一番『長編』工夫，決不能得有定稿。試觀卷九宗室、藩鎮、宦官各條，卷十蘇松二府田賦之重條，卷十一黃金、銀、銅各條，卷十二財用、俸祿、官樹各條，卷二十八押字、邸報、

<hr>

〔註25〕《日知錄集釋（外七種）》，上海古籍出版社 1985 年版，第 7～11 頁。

酒禁、賭博各條，卷二十九騎、驛、海師、少林僧兵、徙戎各條，卷三十古今神祠條，卷三十一長城條，則他每撰成一條，事前要多少準備工夫，可以想見。所以每年僅能成十數條即為此。不然，《日知錄》每條短者數字，最長亦不過一二千字，何至旬月才得一條呢？不但此也，《日知錄》各條多相銜接，含有意義。例如卷十三周末風俗、秦紀會稽山刻石、兩漢風俗、正始、宋世風俗、清議、名教、廉恥、流品、重厚、耿介、鄉原之十二條，實前後照應，共明一義，剪裁組織，煞費苦心。其他各卷各條，類此者也不少。所以我覺得，拿閻百詩的《潛丘劄記》和《黃氏日鈔》、《困學紀聞》相比，還有點像；顧亭林的《日知錄》卻與他們都不像。他們的隨手劄記，性質屬於原料或粗製品，最多可以比綿紗或紡線；亭林精心結撰的《日知錄》，確是一種精製品，是篝燈底下纖纖女手親織出來的布，亭林作品的價值全在此。後來王伯申的《經傳釋詞》、《經義述聞》，陳蘭甫的《東塾讀書記》，都是模仿這種工作。這種工作，正是科學研究之第一步，無論做何種學問都該用他。」〔註26〕這就近乎是把《日知錄》當作一部「著作」來看待了。這表明梁氏對於《日知錄》性質的認識前後是有變化的，但這種變化不是愈來愈偏離事實，而是越來越切近事實了。周可真教授堅持認為，《日知錄》是顧炎武傾注其平生心力而精心製作的、系統論述其「經術」和「治道」思想的一部理論性著作，只是這部書是出於一個非常時代的一部非常著作，故比起通常的著作來便顯得其比較特殊，它粗看起來活像是一部劄記性質的書，對於未加深究抑或由於時代囿限而對之抱有某種成見的人來說，的確是很難把它同一般的著作特別是思想性很強的著作聯繫到一起的。然而，是著作而不像著作，這恰是《日知錄》這部書的獨特之處，也是其奧妙所在。這種似非而是的「怪」現象，乃是由於作者獨出心裁的思想表述方式而造成的，這種讓他人來為自己代言的思想表述方式，不僅和他的史學方法論思想密不可分，更與其倡導「尊德性」與「道問學」的統一有著內在的關聯。〔註27〕周可真教授的看法比較接近事實，我們大體贊同。顧炎武既是沉潛者，也是高明者；《日知錄》一書既尚考索之功，亦多獨斷之學。顧炎武既是有學問的思想家，也是有思想的學問家。他有自己獨特的思想表達方式——即集句的方式，大量採擷前

〔註26〕梁啟超：《中國近三百年學術史》，中國書店據 1936 年中華書局版影印本，第 61～62 頁。

〔註27〕周可真：《顧炎武哲學思想研究·導論》，當代中國出版社 1999 年版。

人陳言，表達自己的思想。他的形式是傳統的，且是複合型的，他欲集義理、考據、辭章、經世於一爐。獨特的方式與傳統的形式，給後人閱讀理解造成了障礙，引發了種種誤解，這既有別人的原因，他自己也難辭其咎。假如他採用黃宗羲的方式，將《日知錄》改寫成《明夷待訪錄》那種樣式，即分為《原君》、《原臣》、《原法》、《置相》、《學校》、《取士》、《建都》、《方鎮》、《田制》、《兵制》、《財計》、《胥吏》、《奄宦》等篇目（其實這些內容《日知錄》中也大都討論過，如果以後有機會，我們也想嘗試改編為《日知錄經世類編》），請問有誰還敢說他不是哲學家？有誰還敢說他不是思想家？現代學問家錢鍾書先生也曾經遭遇類似的尷尬。相傳錢鍾書將《管錐編》送給一位老朋友，這位先生隨手翻閱之後竟然放言錢氏沒有經世思想，錢鍾書不服氣，連忙又寄一套過去，潛臺詞是：「你再好好讀讀！我裏面到底有沒有經世思想！」思想表述的正規方式是先秦子書，劄記體的表述難免體裁不尊，容易遭人白眼。

　　顧炎武畢生精力編撰的《日知錄》，雖然因限於時勢，其主張既不能見用於當時，也不能完全適用於後世，但學者對其經世致用的主張則大都是贊同的，這也是後世學者理解這部著作的關鍵點。但由於《日知錄》在形式和內容上又與考據學相關，它在考據學史上也有重要地位，並且深深地影響了整個清代考據學的發展，也是後世將顧炎武界定為「清代考據學開山之祖」的重要依據。所以，顧炎武的《日知錄》在清代經世學和考據學兩個方面都具有重要的歷史地位。「無公必無清學，有史定有斯人。」這是我們對顧炎武的總評價，也可能是最高評價。

　　從縱向來看，「《周禮》→《通典》→《日知錄》」的鏈條關係向來未見道破，其實三書之間存在高度的內在關聯，一脈相通，息息相關，於此尤其能夠窺探個中三昧。從橫向來看，《日知錄》、《讀通鑒論》、《明夷待訪錄》是同類性質的著作，與《資治通鑒》一樣，皆具資治功能。

　　縱觀中華古代著作史，筆者擬提出「新九通」說，具體又分為：「上三通」——《周易》、《尚書》、《周禮》，「中三通」——《通典》、《資治通鑒》、《文獻通考》，「下三通」——《日知錄》、《讀通鑒論》、《明夷待訪錄》。「上三通」屬於經，「中三通」屬於史，「下三通」屬於子。「新九通」是中華古代著作史上最具代表性的不朽之作。如果增加三部帶有會通性質的著作，如《史記》、《史通》、《文心雕龍》，可謂之「外三通」，不妨作為「新九通」的輔佐之作。於此

也可大體窺見《日知錄》在中華文化史上的重要地位。

五、《日知錄》的當代價值

　　《日知錄》一書的價值，雖然未能如顧炎武原本預期的那樣，在之後達到「明學術，正人心，撥亂世，以興太平之事」〔註28〕的作用，但它對於當代社會仍有著極其重要的價值。

（一）學術層面

　　在學術層面，《日知錄》的價值是不言而喻的。首先，顧炎武撰寫《日知錄》這一過程本身便對當代學術研究具有重要啟示意義。顧炎武對自己撰寫《日知錄》，有「採銅於山而鑄錢」的比喻，即重視從原始文獻出發，從中發掘有用材料進行撰述的行為，而不是像其他人那樣「買廢銅充鑄」，依據他人著作中的二手材料，拼湊出新的著作，所以「自別來一載，早夜誦讀，反覆尋究，僅得十餘條」，〔註29〕於此可見顧炎武撰寫《日知錄》過程之艱辛。顧炎武對《日知錄》的內容選取也非常苛刻，「或古人先我而有者，則遂削之」，〔註30〕努力使《日知錄》的內容都是自己獨特思考所得而來，即使是與古人暗合之處，一旦發現也要淘汰。這與現代學術強調學術創新、學術創造的主張是一致的，顧炎武在撰寫《日知錄》過程中展現的這種學術精神也正是當下學者應該繼承和發揚的，對建立完善學術體系、促進學術創新發展具有重大意義。

　　其次，顧炎武撰寫《日知錄》過程中所用的學術方法對當代學術研究仍有借鑒價值。《日知錄》在主旨上雖以經世致用為主，卻以經史考據為主要形式，這也是它被後世學者看作是考據學著作的原因。在《日知錄》中，顧炎武對考據學方法的系統運用，為清代考據學奠定了方法論基礎，而這些考據學方法在當代學術的發展中仍具有重要借鑒價值。如在進行考證時，顧炎武注重對例證的大量搜集，並按時間、類別等安排證據，使考據過程雖引證浩繁而井然有序，也使結論更加具有可信性，《總目》稱讚顧炎武「引據浩繁而牴牾者少，非如楊慎、焦竑諸人偶然涉獵，得一義之異同，知其一而不知其二者」，〔註31〕就是指明了顧炎武考據學與之前考據學的區別。顧炎武這種通過大量例證來進

〔註28〕　《日知錄集釋（外七種）》，上海古籍出版社1985年版，第27頁。
〔註29〕　《日知錄集釋（外七種）》，上海古籍出版社1985年版，第28頁。
〔註30〕　《日知錄集釋（外七種）》，上海古籍出版社1985年版，第2625頁。
〔註31〕　（清）永瑢等編：《四庫全書總目》，見《景印文淵閣四庫全書》第3冊，商務印書館1983年版，第590頁。

行歸納的考據學方法也成為清代考據學最主要的方法，以致有不少學者批評清代考據學有過於繁瑣之弊端。但在現代學術研究的實證方面，顧炎武這種講求大量例證進行歸納結論的考據學方法，仍是值得提倡的方法，並不會因為時代的發展而被淘汰。此外，顧炎武在論證過程中對材料的真偽、來源等也極為重視，對於金石碑刻等文獻講求實地目驗，而不人云亦云，也與現代學術的實證精神相一致。而他強調注明引證材料的出處，而不能臆造文獻來證明觀點的做法，也符合當代學術規範的標準。

最後，顧炎武在《日知錄》一書中提出的許多問題仍值得當代學者繼續思考。顧炎武在《日知錄》裏討論了很多問題，有些是前人已經討論過的，顧炎武提出了新觀點；有些是顧炎武提出的問題，並嘗試給出解答，同時也成為後來學者討論的問題。可以說，《日知錄》是一部具有「問題意識」的著作。雖然隨著時代的發展，現代人面臨的問題和要解決的問題已經發生了改變，但有些根本性的問題仍然存在，顧炎武《日知錄》中的觀點對當代學者的問題思考仍有價值。如《日知錄》「直言」條強調「政教風俗苟非盡善，即許庶人之議」，就是關於個人言論與國家政治之間關係的問題，是對儒家傳統中「天下有道，則庶人不議」這一命題的反思，使之重新具有批判意味，而不再淪為專制統治者壓制政治言論的工具。

（二）社會層面

在社會層面，《日知錄》中某些價值觀念仍對當代社會仍有指導作用。

第一，天下興亡，匹夫有責。此語出自《日知錄》「正始」條：「保國者，其君其臣，肉食者謀之；保天下者，匹夫之賤，與有責焉耳矣。」顧炎武在這裡區分了普通人對國家與天下，也就是一家一姓的王朝與承載華夏文化的整個中華民族二者之間的責任差異，使人認清了專制王朝的本質，為中華文化的傳承提供了理論基礎，也必將繼續為中華優秀傳統文化的復興起到凝聚人心的作用。有人認為，顧炎武所說的「天下興亡，匹夫有責」實際上只是為了維護封建道德。這是對《日知錄》的誤讀，沒有理解他所闡述的「亡國」與「亡天下」之辨。他說「易姓改號謂之亡國」，「仁義充塞，而至於率獸食人，人將相食，謂之亡天下」；又說「保國者，其君其臣，肉食者謀之」；而保天下，則是「匹夫之賤，與有責焉耳矣」。從表面上看，顧炎武認為「亡國」與「亡天下」是兩回事，「保國」與「保天下」也是兩回事；但是，我們千萬不要忽略了以上引文中還有十分重要的一句話，即：「知保天下，然後知保其國。」這

句話在顧炎武關於「天下興亡，匹夫有責」的論述中具有關鍵的意義，因為它深刻闡明了「保天下」與「保國」的關係：「保國」決非與匹夫無關，而匹夫只有意識到「保天下」的重要性，才能更為自覺地投身「保國」的民族保衛戰爭中去。謀劃如何「保國」固然主要是「肉食者」的責任，但知道了「保天下」的重要性，然後自覺投身「保國」的民族保衛戰爭，則是每一個普通民眾都應承擔的歷史責任。忽略了顧炎武所說的「知保天下，然後知保其國」這句話，就會得出如時下某些學者所說的「顧炎武認為保國與普通民眾無關」的錯誤結論。我們不能因為顧炎武把愛國與忠君相聯繫，就說他所提倡的「天下興亡，匹夫有責」只是為了維護封建道德，因為這不合乎歷史事實：在當時的歷史條件下，只有漢民族的敗類才「無父無君」，投靠滿清，為虎作倀。明朝雖然滅亡了，但顧炎武堅信，只要「天下」不亡，即愛國之心不亡，民族氣節不亡，民族的復興就有希望。顧炎武強調「天下興亡，匹夫有責」，正是寄希望於廣大民眾的民族意識的覺醒。〔註 32〕中華民族的偉大復興，匹夫有責，每一個中華兒女都責無旁貸。無論是到了最危險的時候，還是到了最輝煌的時刻，我們都要牢記顧炎武的教誨——「天下興亡，匹夫有責」。

第二，博學於文，行己有恥。顧炎武要求學者們要做到「博學於文，行己有恥」八個字。「博學於文」是學問上的要求，「行己有恥」是對學者人格的要求；但二者是有密切的內在聯繫的：「博學於文」要求「行己有恥」，一個熱衷於追求功名利祿，因而不可能做到「行己有恥」的人，是根本不可能做到「博學於文」，即在學術研究上作出實實在在的貢獻的；只有能夠耐得住寂寞，能夠以堅強的意志抵禦住各種外在的誘惑，把世俗所歆慕追求的一切看得無足輕重，方能做到「行己有恥」，亦方能做到「博學於文」。這正體現著他所提倡的樸學學風與人格塑造的內在一致性。〔註 33〕當今學者已經陷入功名利祿的魔咒之中，為完成各種指標、爭取各種名號而浮沉，既做不到「博學於文」，更做不到「行己有恥」。絕大多數的人圍繞學術 GDP 的指揮棒轉，爭取各種學術資源，跑項目，發論文，炮製學術垃圾，製造量化指標。學者早已喪失人格尊嚴，也失去了話語權。古人云：「事能知足心常泰，人到無求品自高。」現在的學界浮躁至極，學術權貴貪得無厭，永不知足，後進之士也盲目躁進，力爭上游，置人格於不顧，跑場子，拉關係，求上進，不亦樂乎。在我們看來，

〔註32〕許蘇民：《顧炎武評傳》，南京大學出版社 2006 年版，第 435～441 頁。
〔註33〕許蘇民：《顧炎武評傳》，南京大學出版社 2006 年版，第 422 頁。

「博學於文，行己有恥」八個字正是解除魔咒的秘訣。

　　第三，端正人心，移風易俗。顧炎武認為，法制「本在正人心，厚風俗」。明朝後期政治黑暗，當朝大臣許國如是說：「大臣之義，在定國是，今黑白混淆，紀綱紊亂，國是如此，而臣不能定，一宜去。大臣之義，在正人心，今流言廣布，讒說肆行，人心如此，而臣不能正，二宜去。大臣之義，在保安善類，今用一人，朝賢暮佞，持一議，甲是乙非，大臣數見詆排，老成皆無固志，善類如此，而臣不能保安，三宜去。」顧炎武也目睹晚明法制之弊端，秦法密於凝脂，「法禁之多，乃所以為趣亡之具」，對症下藥，他想以簡馭繁，回到儒家，儒法並用，立法以救法是治標不治本，治本必須從正人心做起，「導之以德，齊之以禮」，從而達到移風易俗的目的。這也可以說是顧炎武的著述宗旨。顧炎武不是一個純粹的儒家，而是一個以儒家思想為主體，同時採擷百家菁華的雜家。並世大儒湯斌《蘇州府儒學碑記》亦云：「國家興治化在正人心，而正人心在崇經術。」可謂英雄所見略同。陶孟和《孟和文存‧新青年之新道德》亦云：「吾人苟有所不滿於今之社會，移風易俗，化弊為良，其責任端在吾人之身。吾人之行為舉動，凡有影響於吾以外之人者，莫非多少有移化社會之勢力，故必慎必戒，謹恪將事，以期無負人，無害社會，然後更進而抉社會之弊害，除社會之積毒。」官方曾經倡導「徹底打破舊世界」，和傳統「決裂」以創造一個「新世界」，而當這個「新世界」的理想變得虛幻，出現了「三信（信心、信仰、信任）危機」。〔註34〕當今復興中華文化，也應當從正人心做起，凝聚人心，進而恢覆文化自信與民族自豪感。

　　此外，《日知錄》中還集中論述了歷代風俗的演變，即中國古代社會道德風氣的變化，認為「天下無不可變之風俗」，所以在現實政治生活中，應該時刻以人心風俗為重，不能為了眼前利益而敗壞社會風氣，而使風俗日漸沉淪。又如《日知錄》「國史秘書」條中通過考察歷代官方對宮廷檔案、藏書的不同態度，探究古今學術之興衰，批評明代「密於禁史而疏於作人，工於藏書而拙於敷教」的愚民政策，這對「信息大爆炸」時代國家處理保障信息公開與維護社會穩定之間的關係方面有一定的指導作用。

　　毋庸諱言，顧炎武有超乎尋常的批評意識，他對八股文的批評有其合理性，但否定過了頭，沒有掌握好「度」。真理向前跨出一小步就變成了謬論。

〔註34〕何懷宏：《新綱常──探討中國社會的道德根基》，四川人民出版社2013年版，第5頁。

《日知錄》中有很多似是而非的觀點，與顧炎武的否定性思維方式有關。現代學術強調價值中立，而顧炎武身處神州陸沉之際，義憤填膺，無法做到價值中立，他的許多觀點往往氣沖斗牛，雖傳誦一時，轟動當代，但並非萬世之至論。

六、《日知錄》的主要傳世版本

現在《日知錄》的傳世版本主要有四個系統，分別如下：

（一）符山堂刻本

符山堂刻本乃顧炎武生前所刻，共八卷，康熙九年刊刻，是《日知錄》的最早刻本。當時流傳較廣，而後世則流傳較少，學界一度以為該本或已亡佚。晚清時，繆荃孫曾藏此書，後歸傅增湘。民國時，鄧之誠又藏有八卷本稿本，而未見刻本，其《桑園讀書記》載：「《日知錄》八卷稿本，其一卷《易》、《書》、《詩》，二卷《春秋》，三卷《論》、《孟》，四至七卷《考史》，八卷《地理》。……按《日知錄》八卷本，刻於康熙九年。昔年繆筱珊有其書，後歸傅增湘，予屢從傅借閱不得。據全祖望《經史問答》五，謂初刻《日知錄》有『七七本於《易》七日來復』一條。今此本附於『三年之喪』條，云：……末十四字塗去。八卷末『勞山』條，後附有《與李煥章辨地理書》，今《日知錄》不載，別刻入《蔣觚》。今未見初刻本，不知與此本異同何若。」〔註35〕此後，潘景鄭又於書肆購得一刻本，後由上海古籍出版社於 1985 年影印出版，收入《日知錄集釋（外七種）》中，書前有潘氏識語曰：「丁丑歲，余從事《日知錄補校》之業，羅致各本，勘其同異，求得符山堂原刻八卷之本，迄未一覯。旋讀傅氏《雙鑒樓藏書續記》著錄是本，云得自藝風散笈。擬乞藏園龥借，逡巡未果。國難驟作，移家滬上，篋中藏本，半付劫灰。丹黃舊夢，益不遑重理及之。滄桑迭更，大地重光，余復傭書來滬，賡理舊業。偶於市肆獲觀斯帙，為之狂喜，廿載夢縈，一旦欣遇，翰墨因緣，又豈偶然哉！是書內容與後刻本異同，誠如藏園所舉。惜卷八缺去首葉，致『九州』條下佚文，未窺全豹。所附《蔣觚十事》，與今本間有出入。固知前賢功業無止境，隨得隨削，不護前失，尤足為師法也。按先生自序云：『上章閹茂之歲，刻此八卷。歷今六七年，老而益進，始悔向日學之不博，見之不卓，其中疏漏，往往而有，而其書已行於世，不可掩。漸次增改，得二十餘卷，欲更刻之，而猶未敢自以為定，故先以舊本質之同志。』云云。據是則當日傳佈未必少。又何意三百年後，乃如景星慶雲，不獲一見

〔註35〕鄧之誠：《桑園讀書記》，遼寧教育出版社 1998 年版，第 93～94 頁。

乎！余服膺斯書，逾二十年，遇合之有緣，開函莊誦，不禁為之心開目朗焉。率書數語，以志快事。一九五五年九月。」〔註36〕

（二）遂初堂刻本

遂初堂刻本是在顧炎武死後，於康熙三十四年由其弟子潘耒所刻，共三十二卷。這是在清中期比較流行的一個版本系統，乾隆年間曾多次重刊，四庫館編修《四庫全書》，其中所收《日知錄》即據此版本而來；阮元編修《皇清經解》，其中所收《日知錄》即據此本而來，而有所刪節，非全本。今人所編《清代學術筆記叢刊》（學苑出版社2005年版）所收《日知錄》即康熙三十四年遂初堂初刻本。

（三）黃氏集釋本

黃氏集釋本即黃汝成所編《日知錄集釋》三十二卷，初刊於道光初年，至道光十四年黃汝成又重刊訂為定本（西溪草廬重刊定本），潘景鄭論道光初刻本曰：「是本與道光十四年重定本頗有出入，初刻《集釋》較略，如卷二『三江』條下，重定本增釋一頁，初刻無之。諸如此類甚多。」〔註37〕此後，《日知錄集釋》道光十四年重定本成為《日知錄》最通行的版本，同治七年漢陽朝宗書室活字本、同治八年廣州述古堂重刻本、光緒十二年上海點石齋印書局石印本、光緒十三年上海同文書局石印本、民國元年武漢湖北官書處刻本、光緒及民國間上海錦章圖書局石印本、1928及1945年上海掃葉山房石印本、1928及1936上海中華書局石印本等，都是黃氏集釋本的重刊本。《日知錄集釋（外七種）》所收即道光十四年西溪草廬重刊定本，陳垣《日知錄校注》也是據黃氏集釋本批校而來，秦克誠、欒保群等人整理的也是黃氏集釋本。

（四）雍正原抄本

在以上三種刻本系統之外，又有一種雍正間抄本，民國間由張繼所得。黃侃曾據此作《日知錄校記》，黃侃序曰：「滄縣張繼溥泉以所得舊抄本《日知錄》卷示，其題簽云『何義門批校精抄本』，書前有光熙、李慎、欠翠堂、殷樹柏諸家印跡，書中有朱筆、藍筆評校，書法頗拙，改字又多不當，評語時傷庸陋，必非何焯所為。抄者避清諱至『胤』字而止，蓋雍正時人也。以黃汝成《集釋》及《刊誤》與抄本對校，則《刊誤》所云『原寫本作某』者，抄本類與之同。

〔註36〕《日知錄集釋（外七種）》，第2621～2622頁。
〔註37〕潘景鄭：《日知錄版本考略》，《日知錄集釋（外七種）》，第3446頁。

《集釋》中據原本及引沈彤校本補潘未刻本者，抄本亦多完具。知抄本實自原本移寫，良可寶也。」〔註38〕此本後經徐文珊點校出版，題《原抄本顧亭林日知錄》，有臺灣明倫出版社 1958 年版、平平出版社 1974 年版、文史哲出版社 1979 年版等。張京華《日知錄校釋》（嶽麓書社 2011 年版）即據徐文珊點校本為底本整理而成，也屬於雍正原抄本系統。

此外，關於《日知錄》文字校勘的著作有：黃汝成《日知錄刊誤》二卷、《日知錄續刊誤》二卷，李遇孫《日知錄續補正》三卷，丁晏《日知錄校正》一卷，俞樾《日知錄小箋》一卷，黃侃《日知錄校記》二卷，潘景鄭《日知錄補校》一卷等，都已收入《日知錄集釋（外七種）》中，可以參考。

〔註38〕黃侃：《日知錄校記序》，《日知錄集釋（外七種）》，第 3357～3358 頁。

《日知錄》卷一

三 《易》

　　夫子言包犧氏始畫八卦 [1]，不言作《易》，而曰：「《易》之興也，其於中古乎？」[2] 又曰：「《易》之興也，其當殷之末世、周之盛德邪？當文王與紂之事邪？」[3] 是文王所作之辭始名為《易》。而《周官》大卜掌三《易》之法：一曰《連山》，二曰《歸藏》，三曰《周易》。[4]《連山》、《歸藏》非《易》也，而云三《易》者，後人因《易》之名以名之也。猶之《墨子》書言「周之《春秋》，燕之《春秋》，宋之《春秋》，齊之《春秋》」[5]。周、燕、宋、齊之史，非必皆「春秋」也，而云「春秋」者，因魯史之名以名之也。

　　《左傳·僖十五年》：戰於韓，卜徒父筮之曰吉，其卦遇《蠱》，曰：「千乘三去，三去之餘，獲其雄狐。」[6]《成·十六年》：戰於鄢陵。公筮之，史曰吉，其卦遇《復》，曰：「南國蹙，射其元王，中厥目。」[7] 此皆不用《周易》，而別有引據之辭，即所謂三《易》之法也。而《傳》不言《易》。

【注釋】

[1] 夫子：指孔夫子。包犧氏：即伏羲，中國神話中人類的始祖。八卦：《周易》中的八種具有象徵意義的基本圖形，每個圖形用三個分別代表陽的「—」和代表陰的「——」組成。名稱是：乾、坤、震、巽、坎、離、艮、兌。相傳八卦是伏羲所作。《易傳》認為八卦主要象徵天、地、雷、風、水、火、山、澤八種自然現象，並認為「乾」、「坤」兩卦在八卦中占特別重要的地位，是自然界和人類社會一切現象的最初根源。八卦中，乾與坤、震與巽、坎與離、艮與兌是四

個矛盾對立的形態。

[2] 語見《周易·繫辭下》。中古，《漢書·藝文志》「世歷三古」顏師古注引三國魏
　　孟康曰：「伏羲為上古，文王為中古，孔子為下古。」此處特指商周之際。

[3] 語見《周易·繫辭下》。末世：指一個朝代衰亡的時期。盛德：原指四時之盛氣，
　　此處借指周朝的全盛期。

[4] 大卜：掌管卜筮的官員。三《易》：《連山》、《歸藏》、《周易》的合稱。《周禮·
　　春官·太卜》：「掌三《易》之法，一曰《連山》；二曰《歸藏》；三曰《周易》。」
　　相傳《連山》、《歸藏》為夏、商之《易》，書早已失傳。連山，古《易》名。賈
　　公彥疏：「其卦以純艮為首，艮為山，山上山下是名連山，雲氣出內於山，故名
　　《易》為《連山》。」《歸藏》，相傳為黃帝所作。賈公彥疏：「此《歸藏易》，以
　　純坤為首，坤為地，故萬物莫不歸而藏於中，故名為《歸藏》也。」

[5] 見《墨子·明鬼篇》。

[6] 此指韓原之戰，是春秋時期發生在秦國與晉國之間的戰役。西元前 645 年，秦
　　穆公率軍攻打晉國，秦晉兩國的軍隊在韓原（其地望向存爭議，或謂山西河津
　　東，或謂在黃河西岸的韓城西南）交戰，晉軍兵敗，晉國國君晉惠公為秦所俘。
　　徒父，秦方之司卜者。千乘，兵車千輛。古以一車四馬為一乘。

[7] 此指鄢陵之戰，西元前 575 年，晉國和楚國為爭奪中原霸權，在鄢陵地區（今
　　河南省鄢陵縣）發生的戰爭。晉國俘獲了楚王子公子茷，楚師敗退。

【點評】

　　有人認為顧氏對於《易》有特殊的造詣。他晚年在山東德州和陝西富平講學，都
是講的《易》。不過這「三易」一節並無深奧。它主要是說，《易》和《春秋》一樣，
可以是較窄的概念，也可以是較寬的概念。窄時，《易》只是《周易》；寬時，《易》可
以包括《連山》、《歸藏》、《周易》三種。此外，他還摘出了不見於《周易》卦爻辭的
句子，以證明《周易》之外，另有其他的來源。〔註1〕

　　其實，所謂「顧氏對於《易》有特殊的造詣」的說法不可靠，因為顧炎武的易學
造詣並不深，既沒有提出獨特的觀點，也缺乏體系，似不能獨立成家。

朱子《周易本義》[1]

　　《周易》自伏羲畫卦，文王作彖辭，周公作爻辭，謂之經。[2] 經分上下
二篇。孔子作《十翼》，謂之傳。[3] 傳分十篇：《彖傳》上下二篇，《象傳》上

〔註1〕趙儷生：《趙儷生文集》第三卷，蘭州大學出版社 2002 年版，第 252 頁。

下二篇，《繫辭傳》上下二篇，《文言》、《說卦傳》、《序卦傳》、《雜卦傳》各一篇。[4]

自漢以來，為費直、鄭玄、王弼所亂，取孔子之言逐條附於卦爻之下。[5]

程正叔《傳》因之。[6] 及朱元晦《本義》，始依古文，故於《周易》上經條下云：「中間頗為諸儒所亂，近世晁氏始正其失，而未能盡合古文。呂氏又更定著為經二卷，傳十卷，乃復孔氏之舊云。」洪武初，頒五經天下儒學，而《易》兼用程、朱二氏，亦各自為書。[7] 永樂中修《大全》，乃取朱子卷次割裂，附之程《傳》之後。

而朱子所定之古文仍復淆亂。「彖即文王所繫之辭，傳者孔子所以釋經之辭也，後凡言傳放此。」此乃《彖·上傳》條下義，今乃削「彖上傳」三字，而附於「大哉乾元」之下。「象者，卦之上下兩象及兩象之六爻，周公所繫之辭也。」乃《象·上傳》條下義，今乃削「象上傳」三字，而附於「天行健」之下。此篇申《彖傳》、《象傳》之意以盡《乾》、《坤》二卦之蘊，而餘卦之說因可以例推雲。乃《文言》條下義，今乃削「文言」二字，而附於「元者善之長也」之下。其「彖曰」、「象曰」、「文言曰」字皆朱子本所無，復依程《傳》添入。後來士子厭程《傳》之多，棄去不讀，專用《本義》。而《大全》之本乃朝廷所頒，不敢輒改，遂即監《傳義》之本刊去程《傳》，而以程之次序為朱之次序。相傳且二百年矣。惜乎，朱子定正之書竟不得見於世，豈非此經之不幸也夫？

朱子記嵩山晁氏《卦爻彖象說》謂：「古經始變於費氏，而卒大亂於王弼。」[8] 此據孔氏正義曰：「夫子所作象辭，元在六爻經辭之後，以自卑退，不敢干亂先聖正經之辭。王輔嗣之意，以為象者本釋經文，宜相附近，其義易了，故分爻之象辭各附其當爻下，如杜元凱注《左傳》，分經之年與傳相附。」故謂連合經傳始於輔嗣，不知其實本於康成也。《魏志》：高貴鄉公幸太學，問博士淳于俊曰：「孔子作彖、象，鄭玄作注，其釋經義一也。今彖、象不與經文相連，而注連之，何也？」俊對曰：「鄭玄合彖、象於經者，欲使學者尋省易了也。」帝曰：「若合之於學誠便，則孔子曷為不合以了學者乎？」俊對曰：「孔子恐其與文王相亂，是以不合。此聖人以不合為謙。」帝曰：「聖人以不合為謙，則鄭玄何獨不謙邪？」俊對曰：「古義宏深，聖問奧遠，非臣所能詳盡。」[9] 是則康成之書已先合之，不自輔嗣始矣。乃《漢書·儒林傳》云：「費直治《易》，無章句，徒以《彖》、《象》、《繫辭》、《文言》解說上下經。」則

以傳附經又不自康成始。朱子記晁氏說，謂：「初亂古制時，猶若今之《乾卦》。」蓋自《坤》以下皆依此，後人又散之各爻之下，而獨存《乾》一卦以見舊本相傳之樣式耳。愚嘗以其說推之，今《乾卦》「彖曰」為一條，「象曰」為一條，疑此費直所附之元本也。《坤卦》以小象散於各爻之下，其為「象曰」者八，餘卦則為「象曰」者七，此鄭玄所連，高貴鄉公所見之本也。

程《傳》雖用輔嗣本，亦言其非古《易》。《咸》：「九三，咸其股，亦不處也。」《傳》曰：「云『亦』者，蓋象辭，本不與《易》相比，自作一處，故諸爻之象辭意有相續者。此言『亦』者，承上爻辭也。」

秦以焚書而五經亡，本朝以取士而五經亡。今之為科舉之學者，大率皆帖括熟爛之言，不能通知大義者也。[10] 而《易》、《春秋》尤為繆戾。以《彖傳》合《大象》，以《大象》合爻，以爻合《小象》，二必臣，五必君，陰卦必云小人，陽卦必云君子，於是此一經者為拾瀋之書，而《易》亡矣。取胡氏《傳》一句、兩句為旨，而以經事之相類者合以為題，傳為主，經為客，有以彼經證此經之題，有用彼經而隱此經之題，於是此一經者為射覆之書，而《春秋》亡矣。[11] 復程、朱之書以存《易》，備《三傳》、啖、趙諸家之說以存《春秋》，必有待於後之興文教者。

【注釋】

[1]《周易本義》，朱熹撰，有十二卷與四卷本之別。朱熹的哲學思想繼承程頤，世稱「程朱」，而其《易》學思想則有別於程頤。程氏易學遵循王弼之舊徑，以義理解《易》；朱熹則認為《易》是卜筮之書，作《周易本義》旨在還《周易》之本來面目。

[2] 彖辭：指《周易》中的卦辭。《易·乾》「元亨利貞」宋朱熹《周易本義》：「元亨利貞，文王所繫之辭，以斷一卦之吉凶，所謂彖辭者也。」爻辭：指說明《易》六十四卦各爻象的文辭。如「初九，潛龍勿用。」「初九」是爻題；「潛龍勿用」就是《乾》卦初爻的爻辭。

[3] 十翼：指《易》的《上彖》、《下彖》、《上象》、《下象》、《上繫》、《下繫》、《文言》、《說卦》、《序卦》、《雜卦》十篇，相傳為孔子所作，總稱「十翼」。翼，輔助。

[4] 彖傳：《易傳》之一。分《上彖》、《下彖》兩篇，內容為論斷六十四卦卦名、卦辭的意義。本自成篇，列於經後，今通行注疏本分列於六十四卦，凡卦內「彖曰」即是。與《象》、《文言》、《繫辭》、《說卦》、《序卦》、《雜卦》統稱為《易》

之十翼。舊說為孔子撰述，而今人考定謂非一人所作，疑古派將《易傳》與孔子切割開來。繫辭傳：一般上是指《易傳·繫辭》或《周易·繫辭》。《繫辭》總論《易經》大義，相傳孔子作了七篇闡發和總結《周易》的論述，即通常說的《易傳》，《繫辭》是這七種論述中思想水平最高的作品，《繫辭》中引用了不少孔子的論述，應當經過了孔子以後儒家的整理，可以說《繫辭》是先秦儒家認識論和方法論的集大成。《文言》即是《文言傳》，專門對乾、坤兩卦所作的解釋。說卦傳，記述解說乾、坤、艮、兌、坎、離、震、巽八經卦所象徵的各類事物，以及闡述六十四卦卦序排列原理和各卦的屬性意義，以輔助占斷吉凶。序卦傳，對《周易》六十四卦的推衍關係的總括。它依據卦名的含義，把《周易》六十四卦看作是一個或相因、或相反的因果聯繫序列而加以詮釋。雜卦傳，說明各卦之間的錯綜關係，晉韓康伯注：「雜卦者雜糅眾卦，錯綜其義，或以同相類，或以異相明也。」以相反相成觀點把六十四卦分為三十二對，兩兩一組，一正一反，用一兩個字解釋其卦義和相互關係，與《序卦傳》互相補充印證。

[5] 費直，字長翁，東萊（郡治今萊州市）人，西漢古文易學「費氏學」的開創者，官至單父令。鄭玄（127～200），字康成，北海高密（今山東省濰坊市）人，東漢末年經學大師，遍注群經。王弼（226～249），字輔嗣，三國曹魏山陽郡（今山東金鄉）人，魏晉玄學的主要代表人物及創始人之一。幼而察慧，年十餘，好老氏，通辯能言。官至尚書郎。著有《老子注》、《周易注》。

[6] 程正叔，即程頤（1033～1107），字正叔，洛陽伊川人。世稱伊川先生，為程顥之胞弟。

[7] 儒學：元、明、清在各府、州、縣設立的供生員修業的學校。

[8] 見晁公武《郡齋讀書志》卷一「古周易八卷」條。

[9] 見《三國志·魏志》卷四。

[10] 帖括：唐制，明經科以帖經試士。把經文貼去若干字，令應試者對答。後考生因帖經難記，乃總括經文編成歌訣，便於記誦應時，稱「帖括」。

[11] 射覆：古時的一種猜物遊戲，亦往往用以占卜。

【點評】

　　這一段說了兩件事，一是《周易》的「經」、「傳」有安排上的混亂現象，二是科舉制度和八股文之類給經學帶來若干的破壞。顧氏聯繫到宋朝兩個大儒程頤和朱熹各自的易學著作《周易程氏傳》和《周易本義》二書間的差別，指出朱氏書安排的層次較好、較能反映種種釋《易》的層次，而程氏書則也不免於淆亂。至於科舉制度和八

股文對經學的破壞，則是完全應該聲討的。封建社會發展到後期，它的經濟基礎已顯露崩解之象（如資本主義萌芽），但它的意識形態卻有時顯得更頑劣、更兇惡了。八股文是文章官僚主義化的結果，在這種風氣下，士子們使用算卦、測字、賭博等方法，拆散經傳中的文句，按官僚主義的需要裝配起來，以博取功名利祿。從此，《易》也亡了，《春秋》也亡了。顧氏有感於此，乃發出易學、春秋學、春秋三傳學需要復興的建議。這建議，帶有某些近代科學的精神。〔註2〕

卦爻外無別象

聖人設卦觀象而繫之辭 [1]，若文王、周公是已。夫子作傳，傳中更無別象。其所言卦之本象，若天、地、雷、風、水、火、山、澤之外，惟《頤》中有物，本之卦名；有飛鳥之象，本之卦辭，而夫子未嘗增設一象也。荀爽、虞翻之徒穿鑿附會，象外生象，以同聲相應為《震》、《巽》，同氣相求為《艮》、《兌》，水流濕火就燥為《坎》、《離》，雲從龍則曰《乾》為龍，風從虎則曰《坤》為虎。《十翼》之中，無語不求其象，而《易》之大指荒矣。豈知聖人立言取譬，固與後之文人同其體例，何嘗屑屑於象哉？王弼之注雖涉於玄虛，然已一掃易學之榛蕪，而開之大路矣。不有程子，大義何由而明乎？

《易》之互體、卦變 [2]，《詩》之叶韻 [3]，《春秋》之例月日，經說之繚繞破碎於俗儒者多矣。文中子曰：「九師興而《易》道微，《三傳》作而《春秋》散。」[4]

【注釋】

[1] 觀象：觀察卦爻之象。古人用以測吉凶。

[2] 互體：《易》卦上下兩體相互交錯取象而成之新卦，又叫「互卦」。如《觀》為《坤》下《巽》上，取其二至四爻則為《艮》，三至五爻則為《坤》。卦變：謂因爻變而引起卦象的變化。占卦者可於互卦之外，兼取變卦內的爻辭。

[3] 叶韻：南北朝時，學者因按當時語音讀《詩經》，韻多不和，便以為作品中某些字需臨時改讀某音，稱為叶韻。後人並以此應用於其他古代韻文。此風至宋代而大盛。明陳第始建立「時有古今，地有南北，字有更革，音有轉移」的歷史語言觀，認為所謂叶韻的音是古代本音，讀古音就能諧韻，不應隨意改讀。

[4] 見隋王通《中說·天地篇》。九師：典見《漢書·藝文志》：「《淮南道訓》二篇。淮南王安聘明《易》者九人，號九師說。」因稱《易經》學者為「九師」。

【點評】

這是顧炎武的卦象論。他認為《易傳》無別象，除了八卦之本象，或本之卦名，或本之卦辭，而孔子未嘗增設一象。他對「象外生象」予以否定，進而否定《易》之互體、卦變，《詩》之叶韻，《春秋》之例月日。

九二君德 [1]

為人臣者必先具有人君之德，而後可以堯舜其君。故伊尹之言曰：「惟尹躬暨湯，咸有一德。」[2] 武王之誓亦曰：「予有亂臣十人，同心同德。」[3]

【注釋】

[1] 君德：人主的德行或恩德。

[2] 見《尚書·咸有一德》。伊尹，名衡，一說名摯，尹是官名。

[3] 見《書·泰誓中》。亂臣：善於治國的臣子。同心同德：謂思想行動完全一致。

【點評】

這是顧炎武的君德論。他主張「為人臣者必先具有人君之德，而後可以堯舜其君」，即君臣同心同德，然後可以復堯舜之治。

師出以律 [1]

以湯、武之仁義為心，以桓、文之節制為用，斯之謂律。律即卦辭之所謂貞也。《論語》言：「子之所慎者戰。」長勺以詐而敗齊 [2]，泓以不禽二毛而敗於楚，《春秋》皆不予之。故先為不可勝，以待敵之可勝。雖三王之兵，未有易此者也。

【注釋】

[1] 師出以律：古代師出以律，凡軍出皆吹律聽聲。《史記·律書》：「六律為萬事根本焉。其於兵械尤所重，故云『望敵知吉凶，聞聲效勝負』，百王不易之道也。」按：《師卦》初六「師出以律」，《左傳》最早釋「律」為軍紀、法律。自唐司馬貞開始，把「律」釋為「吹律」。

[2] 長勺之戰：是發生在中國春秋時代魯國與齊國之間的一場戰役，發生於周莊王十四年（公元前 684 年）的長勺（今山東萊蕪）。魯國在此次戰役獲得勝利，間接促成數年後齊魯息兵言和。二毛：斑白的頭髮。常用以指老年人。

【點評】

　　這是顧炎武的律論。「以湯、武之仁義為心，以桓、文之節制為用，斯之謂律」，這是顧炎武的界說，既與「師出以律」之「律」不搭界，也與卦辭之所謂貞、《論語》言子之所慎者風馬牛不相及。顧炎武的詮釋未免過於大膽，其以經解經的解經方式也值得懷疑。

童觀 [1]

　　其在政教，則不能是訓是行，以近天子之光，而所司者籩豆之事 [2]。其在學術，則不能知類通達，以幾大學之道，而所習者占畢之文 [3]。樂師辨乎聲詩 [4]，故北面而弦；宗祝辨乎宗廟之禮 [5]，故後尸；商祝辨乎喪禮 [6]，故後主人。小人則无咎也。有大人之事，有小人之事，「雖小道，必有可觀者焉」。「致遠恐泥」[7]，故君子為之則吝也。

【注釋】

　　[1] 童觀：幼稚而淺陋的觀察。《易·觀》：「初六，童觀。小人无咎，君子吝。」孔穎達疏：「無所鑒見，唯如童稚之子而觀之。」

　　[2] 籩豆：籩和豆。古代祭祀及宴會時常用的兩種禮器。竹製為籩，木製為豆。此處借指祭儀。

　　[3] 占畢：誦讀，吟誦。

　　[4] 樂師：《周禮》官名，為大司樂之副。聲詩：樂歌。

　　[5] 宗祝：宗伯和太祝，主祭祀之官。

　　[6] 商祝：習商禮而任司祭的人。

　　[7] 致遠，到達遠方，比喻委以重任；泥，阻滯拘泥，難行。恐怕妨礙實現遠大目標。比喻小技無補於大業。

【點評】

　　顧炎武認為，童觀在政教方面不能「是訓是行」，在學術方面不能「知類通達」，對大學之道難以企及。顧炎武志存高遠，目標遠大，他對「童觀」是非常輕視的。

不遠復 [1]

　　《復》之初九，動之初也。自此以前，喜怒哀樂之未發也，至一陽之生而動矣，故曰：「《復》，其見天地之心乎？」[2] 顏子體此，故有不善未嘗不知，知之未嘗復行，此慎獨之學也 [3]。回之為人也，擇乎中庸，夫亦擇之於斯而

已，是以不遷怒，不貳過 [4]。

其在凡人，則《復》之初九，「日夜之所息，平旦之氣，其好惡與人相近也者幾希」。[5] 苟其知之，則擴而充之矣。故曰：「《復》，小而辨於物。」

【注釋】

[1]《復》初九：「不遠復，無祗悔，元吉。」指不遠而復，沒有大悔。

[2] 所謂《復》，是指一陽的來復。《剝》、《復》兩卦的卦象表現出陰陽交相反的地位。《剝》卦一陽在上，五陰在下；《復》卦一陽居下，五陰居上。按《易》例，無論陰氣陽氣，皆由下上長，上被下消。陰由初上長剝陽，經二、三、四、五，步步緊剝，以致上僅餘一果。而陽不能盡，復返初位後，勢必沛然上長，以消陰氣。故此，僅從卦象也可看出《復》卦的含義是陽氣衰而復興。凡事復興，都需從根本作起。一陽從上返下，必復歸於初。

[3] 慎獨：在獨處中謹慎不苟。語出《禮記・大學》：「此謂誠於中，形於外，故君子必慎其獨也。」

[4] 不貳過：不重犯同樣的錯誤。語見《論語・雍也》：「有顏回者，好學，不遷怒，不貳過。」

[5]《孟子・告子上》：「其日夜之所息，平旦之氣，其好惡與人相近也者幾希。」平旦：清晨。

【點評】

顧炎武喜歡以經解經，他以《禮記》之「慎獨之學」、《論語》之「不貳過」、《孟子》之「平旦之氣」詮釋《易・復》之初九爻，進而窺見天地之心，可謂舉一隅而三隅反。

罔孚裕无咎 [1]

君子信而後諫，未信則以為謗己也 [2]。而況初之居下位，未命於朝者乎！「孔子嘗為委吏矣，曰：『會計當而已矣。』嘗為乘田矣，曰：『牛羊茁壯，長而已矣。』」[3] 此所謂裕无咎也。若受君之命而任其事，有官守者不得其職則去，有言責者不得其言則去矣。

【注釋】

[1]《晉》初六：「晉如摧如，貞吉。罔孚裕，无咎。」罔：無。孚：抓，搶奪。裕：指財物。

[2] 見《論語・子張》。要先取得君主的信任，而後去勸諫；如果還未取得信任，君
　　主就會以為是誹謗自己。

[3] 見《孟子・萬章下》。委吏：古代管理糧倉的小官。乘田：春秋時魯國主管畜牧
　　的小吏。

【點評】

顧炎武以「信而後諫」詮釋「罔孚裕无咎」，以甲經釋乙經，未必會無縫對接，
此條就相當牽強。「若受君之命而任其事，有官守者不得其職則去，有言責者不得其言
則去矣」，但與「罔孚裕无咎」原旨似乎缺少關聯度。

有孚於小人 [1]

君子之於小人也，有知人則哲之明 [2]，有去邪勿疑之斷 [3]，堅如金石，
信如四時。使憸壬之類皆知上志之不可移 [4]，豈有不革面而從君者乎 [5]？所
謂「有孚於小人」者如此。

【注釋】

[1] 《解》六五：「君子維有解，吉，有孚於小人。」

[2] 知人則哲：謂能鑒察人的品行才能，即可謂之明智。《書・皋陶謨》：「知人則
　　哲，能官人。」曾運乾《尚書正讀》：「哲，智；官，任……言知人則能器使。」

[3] 《尚書・大禹謨》：「任賢勿二，去邪勿疑。」任用賢人不要對他存二心，去除邪
　　惡果斷不猶豫。

[4] 憸壬：姦佞的小人。

[5] 革面：謂改變臉色或態度。《革》上六：「君子豹變，小人革面。」

【點評】

顧炎武以《尚書》詮釋《周易》，套路與前面相同，利弊亦與前面相同。

上九弗損益之 [1]

有天下而欲厚民之生，正民之德，豈必自損以益人哉！「不違農時，穀不
可勝食也；數罟不入洿池，魚鱉不可勝食也；斧斤以時入山林，材木不可勝用
也」[2]，所謂「弗損益之」者也。「皇建其有極，斂時五福，用敷錫厥庶民。」
[3]《詩》曰：「奏格無言，時靡有爭。」[4] 是故君子不賞而民勸，不怒而民威
於鈇鉞，所謂「弗損益之」者也。以天下為一家，中國為一人，其道在是矣。

【注釋】

[1]《損》上九：「弗損，益之。」

[2] 見《孟子・梁惠王上》。

[3] 見《尚書・洪範》。極指中道、法則，意思是君王建立政事要有中道，基本是不偏不倚，取中庸之意。皇建有極：天子來制定建立中正的天下最高準則。

[4] 語出《詩・商頌・烈祖》「鬷假無言」，毛傳：「鬷，總；假，大也。總大無言，無爭也。」孔穎達疏：「莫不總集大眾而能寂然無言語。」後以「鬷假」指大眾。《中庸》作「奏格無言」。

【點評】

這是顧炎武的民生觀。他認為，厚民之生，正民之德，以天下為一家，以中國為一人，其意甚善，具有近代色彩，但在他的時代根本無法實現。《老子》云：「天之道，損有餘而補不足；人之道，損不足以奉有餘。」君主往往是實行「人之道」——損不足以奉有餘，哪裏談得上「自損以益人」？

姤 [1]

天下之生久矣，一治一亂。盛治之極，而亂萌焉，此一陰遇五陽之卦也。孔子之門，四科十哲 [2]，身通六藝者七十有二人，於是刪《詩》、《書》，定《禮》、《樂》，贊《周易》，修《春秋》，盛矣，而《老》、《莊》之書即出於其時。後漢立辟雍，養三老，臨白虎，論五經，太學諸生至三萬人，而三君、八俊、八顧、八及、八廚為之稱首 [3]，馬、鄭、服、何之注，經術為之大明，而佛、道之教即興於其世。是知邪說之作與世升降，聖人之所不能除也。故曰：「繫於金柅，柔道牽也。」[4] 嗚呼！豈獨君子、小人之辨而已乎？

【注釋】

[1] 姤：《易》卦名。六十四卦之一。《姤》：「女壯，勿用取女。象曰：『姤，遇也。』」孔穎達疏：「此卦一柔而遇五剛，故名為姤。」《姤・大象》：「天下有風，姤。」孔穎達疏：「風行天下，則無物不遇，故為遇象。」

[2] 四科：孔門四種科目。指德行、言語、政事、文學。《論語・先進》：「德行：顏淵、閔子騫、冉伯牛、仲弓。言語：宰我、子貢。政事：冉有、季路。文學：子游、子夏。」十哲：指孔子的十個弟子：顏淵、閔子騫、冉伯牛、仲弓、宰我、子貢、冉有、季路、子游、子夏。自唐定制，從祀孔廟，列侍孔子近側。開元時，顏淵配享，升曾參，後曾參配享，升子張。

[3] 辟雍：大學謂之辟廱，明堂亦謂之辟廱。四周環水，如壁，故曰辟雍。《禮記·王制》：「天子命之教，然後為學，小學在公宮南之左，大學在郊。天子曰辟雍，諸侯曰頖宮。」《大戴禮記·明堂》：「明堂者，古有之也。以茅蓋屋，上圓下方。明堂者，所以明諸侯尊卑。外水曰辟雍。」三老：古代掌教化之官，鄉、縣、郡均曾先後設置。白虎：漢宮殿名。故址在今陝西省西安市。三君：三個受人敬仰的人物。指東漢竇武、劉淑、陳蕃。八俊：稱同一時代有才望的八人。或指東漢的周舉、杜喬、周栩、馮羨、欒巴、張綱、郭遵、劉班八人，或指東漢的李膺、荀翌、杜密、王暢、劉祐、魏朗、趙典等八人，或指東漢的張儉、檀彬、褚鳳、張肅、薛蘭、馮禧、魏玄、徐乾八人。八顧：東漢士大夫互相標榜，稱郭林宗、宗慈、巴肅、夏馥、范滂、尹勳、蔡衍、羊陟等八人為八顧。又田林、張隱、劉表、薛郁、王訪、劉祇、宣靖、公緒恭亦稱「八顧」。顧：謂能以德行引導他人之意。八及：東漢士大夫互相標榜，稱有賢德、有影響的八人為「八及」。及：謂能引導他人追隨眾所宗仰之賢人。說有二：或指張儉、岑晊、劉表、陳翔、孔昱、苑康、檀敷、翟超八人，或指朱楷、田槃、疏耽、薛敦、宋布、唐龍、嬴諮、宣褒八人。八廚：稱東漢度尚、張邈、王考、劉儒、胡毋班、秦周、蕃向、王章等八人。

[4] 見《姤·象》。金柅：金屬製的車剎。柔道：溫和謙讓的處世之道。

【點評】

　　顧炎武則是一位處處從實際出發的經驗主義者。他說聖人也不能使天底下沒有異端邪說。像道學家那樣想要消滅一切「異端邪說」，想要用一個模式來支配人們的生活，以為這樣就可以建立一個道德理想主義的世界，實際上是不可能的。如果硬要這樣做，只能造成巨大的現實災難。從歷史的經驗認知中，顧炎武看出了傳統的道德理想主義的虛妄，看出了人和社會都不可能「止於至善」。應該肯定，顧炎武的這一思想是深刻的。這世界上沒有盡善、盡美，只有更善、更美。從理想主義回到經驗主義，是真正有益於社會進步的清醒的理性態度。〔註 3〕

包無魚 [1]

　　國猶水也，民猶魚也。幽王之詩曰：「魚在于沼，亦匪克樂。潛雖伏矣，亦孔之昭。憂心慘慘，念國之為虐。」秦始皇八年 [3]，河魚大上。《五行志》

〔註 3〕許蘇民：《日知錄一百句》，復旦大學出版社 2011 年版，第 4 頁。

以為魚陰，類民之象也；逆流而上，言民不從君，為逆行也。自人君有求，多於物之心，於是魚亂於下，鳥亂於上，而人情之所向必有起而收之者矣。

【注釋】

[1]《姤》九四：「包無魚，起凶。」包：通「庖」，廚房。

[2] 見《詩·小雅·正月》。慘慘：憂悶，憂愁。

[3] 秦始皇八年，即公元前 239 年。

【點評】

顧炎武認為歷代專制王朝之所以為人民所推翻，根本原因就在於人民不堪忍受統治者的橫征暴斂的緣故。他認為國家與民眾的關係是水與魚的關係，本應相依為命，然而由於君主的貪欲，「國之為虐」，於是便造成了「魚亂於下，鳥亂於上」的局面。人民再也不能忍受專制君主的橫征暴斂，「而人情之所向必有起而收之者矣」。在這裡，他認為一代專制王朝被人民所推翻乃是「人情之所向」，從而在相當大的程度上肯定了人民大眾推翻專制暴政的合理性，這是非常開明和進步的見解。〔註 4〕

顧炎武以《詩經》詮釋《周易》，又以史志加以坐實，套路與前面相同，其利在舉一反三，觸類旁通，其弊在不究文本原旨，只在字面表層作系聯。「包無魚」之「魚」與「魚在于沼」之「魚」是否存在通約關係，是否都是「類民之象」，這些環節似乎都存在問題，只能看作是「大膽的假設」，而缺少「小心的求證」。

艮其限 [1]

學者之患，莫甚乎執一而不化 [2]，及其施之於事，有捍格而不通，則忿懥生而五情瞀亂 [3]，與眾人之滑性而焚和者相去蓋無幾也 [4]。孔子惡果敢而窒者，非獨處事也，為學亦然。告子不動心之學，至於不得於言，勿求於心，而孟子以為其弊必將如蹶趨者之反動其心。此「艮其限，列其夤」之說也。君子之學不然，廓然而大公，物來而順應，故聞一善言、見一善行，若決江河，沛然莫之能禦，而無薰心之厲矣。

慈谿黃氏《日鈔》曰：「心者，吾身之主宰，所以治事而非治於事，惟隨事謹省則心自存，不待治之而後齊一也。孔子之教人曰：『居處恭，執事敬，與人忠。』曾子曰：『吾日三省吾身，為人謀而不忠乎？與朋友交而不信乎？傳不習乎？』不待言心而自貫通於動靜之間者也。孟子不幸當人慾橫流之時，

〔註 4〕許蘇民：《顧炎武評傳》，南京大學出版社 2006 年版，第 470～471 頁。

始單出而為求放心之說，然其言曰：『君子以仁存心，以禮存心。』則心有所主，非虛空以治之也。至於齋心服形之老、莊，一變而為坐脫立忘之禪學，乃始瞑目靜坐，日夜仇視其心而禁治之。及治之愈急而心愈亂，則曰：『易伏猛獸，難降寸心。』嗚呼！人之有心，猶家之有主也。反禁切之，使不得有為，其不能無擾者，勢也，而患心之難降歟？」又曰：「夫心之說有二，古人之所謂存心者，存此心於當用之地也；後世之所謂存心者，攝此心於空寂之境也。造化流行，無一息不運，人得之以為心，亦不容一息不運，心豈空寂無用之物哉！世乃有游手浮食之徒，株坐攝念，亦曰存心。而士大夫溺於其言，亦將遺落世事，以獨求其所謂心。迨其心跡冰炭，物我參商，所謂老子之弊流為申、韓者。一人之身已兼備之，而欲尤人之不我應，得乎？」此皆足以發明「厲薰心」之義，乃周公已先繫之於《易》矣。

【注釋】

[1] 艮其限：《艮》九三：「艮其限，列其夤，厲薰心。」

[2] 執一：固執一端，不知變通。《孟子・盡心上》：「執中無權，猶執一也。」

[3] 忿懥：發怒。《禮記・大學》：「所謂修身在正其心者，身有所忿懥，則不得其正。」鄭玄注：「懥，怒貌也。或作懫，或為疐。」瞀亂：紊亂，紛亂。

[4] 焚和：謂毀滅中和之性。《莊子・外物》：「利害相摩，生火甚多，眾人焚和。」郭象注：「眾人而遺利則和，若利害存懷，則其和焚也。」成玄英疏：「馳心利害，內熱如火，故燒焰中和之性。」

【點評】

　　顧炎武把思想僵化看作是學者的大患，是橫在真理之追求的道路上的最大絆腳石。這些學者把某一種思想學說當作教條來信奉，不是以社會實踐作為檢驗真理的標準，而是以某種據說是千古不變的教條來裁量活生生的社會現實，並以此作為判斷一切是非曲直的標準。顧炎武認為，這樣做的結果只能堵塞認識發展的道路，窒息人類社會發展的生機和活力。〔註5〕

　　顧氏寫這一段的意思，還是描著王陽明派後學中的狂禪派，使用《易》中《艮》卦的「厲薰心」爻辭來譴責他們「忿懥生而五情瞀亂」，在方法論上「執一而不化」，在處事上，「扞格而不通」，這樣在做學問上也不會成功的。〔註6〕

〔註5〕許蘇民：《日知錄一百句》，復旦大學出版社2011年版，第14頁。
〔註6〕趙儷生：《趙儷生文集》第三卷，蘭州大學出版社2002年版，第258～259頁。

君子以永終知敝 [1]

讀《新臺》、《桑中》、《鶉奔》之詩 [2]，而知衛有狄滅之禍；讀《宛丘》、《東門》、《月出》之詩 [3]，而察陳有徵舒之亂。書「齊侯送姜氏於讙」，而卜桓公之所以薨；書「夫人姜氏入」，書「大夫宗婦覿，用幣」，而兆子般、閔公之所以弒。昏姻之義，男女之節，君子可不慮其所終哉！

【注釋】

[1]《歸妹·大象》：「澤上有雷，歸妹，君子以永終知敝。」永終，長久，永久。君子因此永久地保持到終結，但也要知道存在敝壞之理。

[2] 桑中：《詩·鄘風·桑中》：「云誰之思？美孟姜矣。期我乎桑中，要我乎上宮，送我乎淇之上矣。」朱熹《詩集傳》：「桑中、上宮淇上，又沬鄉之中小地名也……衛俗淫亂，世族在位，相竊妻妾。故此人自言將採唐於沬，而與其所思之人相期會迎送如此也。」後因以指私奔幽會之處。鶉奔：《詩·鄘風》篇名《鶉之奔奔》的略稱。因《鶉之奔奔》係刺宣姜與公子頑之淫亂事，故後以「鶉奔」為私奔義。

[3] 宛丘：地名。古宛丘地為春秋時陳都，秦置陳縣，隋開皇初改稱宛丘縣，清為淮寧縣，即今河南淮陽縣。傳縣東南有宛丘，高二丈，但久已平沒，不可考。《詩·陳風·宛丘》：「子之湯兮，宛丘之上兮。」即指此丘。一說，四方高中央低為宛丘。

【點評】

在中國歷史上，每當一個王朝走向衰落和滅亡的時候，總是淫風昌熾，西門慶「文化」盛行。顧炎武總結明朝滅亡的教訓，認為先進的漢民族之所以被落後的游牧民族所征服，其中的一個重要原因就在於漢民族自身的道德危機，特別是晚明朝野上下所盛行的淫靡之風。由於君主淫靡無度，陷入男女獸欲的魔窟之中，哪裏還有心思和精力去治理國家，遂導致朝政的昏亂，國家的衰亡。可是明朝的統治者卻不知道總結歷史教訓。從明武宗開始，嘉靖、隆慶、萬曆、天啟幾個皇帝，無不恣情縱慾。總結歷史的教訓，國人們就必須在男女關係的問題上持一種非常慎重的態度；否則，就會造成巨大的民族災難。〔註7〕

近三十年來，西門慶「文化」再度盛行。不少腐敗分子大搞權色交易，淫靡無度，又陷入男女獸欲的魔窟之中。更有美女市長，「上下通吃」，做官無原則，做人無底線。

又有美女主播，以上半身服務大眾，以下半身服務領導。

妣

《爾雅》：「父曰考，母曰妣。」[1] 愚考古人自祖母以上，通謂之妣，經文多以妣對祖而並言之。若《詩》之云「似續妣祖」[2]，「烝畀祖妣」[3]；《易》之云「過其祖，遇其妣」[4]，是也。《左傳·昭十年》：「邑姜 [5]，晉之妣也。」平公之去邑姜，蓋二十世矣。《儀禮·士昏禮》：「勗帥以敬先妣之嗣。」蓋繼世主祭之通辭。

「過其祖，遇其妣」，據文義，妣當在祖之上。「不及其君，遇其臣」，臣則在君之下也。昔人未論此義。周人以姜嫄為妣。《周禮·大司樂》注，周人以「后稷為始祖，而姜嫄無所配，是以特立廟祭之，謂之閟宮 [6]。《周語》謂之「皇妣大姜」，是以妣先乎祖。《周禮·大司樂》「享先妣」在「享先祖」之前。而《斯干》之詩曰：「似續妣祖。」箋曰：「妣，先妣姜嫄也；祖，先祖也。」或乃謂「變文以協韻」，是不然矣。朱子《本義》以《晉》六二為享先妣之吉占。或曰，《易》爻何得及此？夫「帝乙歸妹」[7]，「箕子之明夷」[8]，「王用享於岐山」[9]，爻辭屢言之矣。

《易》本《周易》，故多以周之事言之。《小畜》卦辭：「密雲不雨，自我西郊。」《本義》：「我者，文王自我也。」

【注釋】

[1] 見《爾雅·釋親》。

[2] 見《詩經·小雅·斯干》。

[3] 《詩·周頌·豐年》：「為酒為醴，烝畀祖妣。」孔穎達疏：「為神所祐，致豐積如此。故以之為酒，以之為醴，而進與先祖先妣。」烝：進。畀：與。祖妣：先祖先妣，男女祖先。

[4] 見《易經·小過》六二爻辭。

[5] 邑姜：姜姓，齊太公呂尚之女。周朝開國之君周武王姬發的王后，周成王姬誦、唐叔虞的母親。據傳她懷成王的時候，「立而不跂，坐而不差，獨處而不倨，雖怒而不詈，胎教之謂也。」山西太原的晉祠就是供奉的唐叔虞和邑姜。

[6] 閟宮：神廟。《詩·魯頌·閟宮》：「閟宮有侐，實實枚枚。」毛傳：「閟，閉也。先妣姜嫄之廟在周，常閉而無事，孟仲子曰：是禖宮也。」鄭玄箋：「閟，神也。姜嫄神所依，故廟曰神宮。」

[7]《泰》六五：「帝乙歸妹，以祉元吉。」帝乙被認為是商代的帝王，歸是指女子出嫁。對於「帝乙歸妹」，歷來有兩種解釋：一是解為帝乙嫁出少女；一是帝乙嫁妹。

[8]《明夷》六五：「箕子之明夷。利貞。」孫星衍《周易集解》引鄭玄曰：「夷，傷也。日出地上，其明乃光，至其入地，明則傷矣，故謂之明夷。」後因以比喻昏君在上，賢人遭受艱難或不得志。

[9] 見《升》六四爻辭。用享：祭祀。岐山：在今寶雞市境東北部，為周文化發祥地。

【點評】

顧炎武說六經皆史，其中爭議最大的是《周易》。《周易》是一本什麼樣的書？有人說是卜筮之書，有人說是義理之書，顧炎武為什麼說它是一本歷史書呢？他首先致力於確定《易》產生的時代，認為「文王所作之辭始名為《易》」。他不僅引用了孔子關於「《易》之興也，其當殷之末世，周之盛德邪？當文王與紂之事邪」等論述來證明這一觀點，而且以《周易》中所記載的多為周代史事來證明，列舉了不少證據。在顧炎武以前，也有學者講「六經皆史」，但具體講到《周易》時，都認為《易》為「史之理」，似乎與史事無關。顧炎武以史事解《易》，發前人所未發，開創了以史事證《易》的新思路。〔註 8〕

繼之者善也成之者性也

「維天之命，於穆不已」[1]，繼之者善也；「天下雷行，物與无妄」[2]，成之者性也。是故「天有四時，春秋冬夏，風雨霜露，無非教也；地載神氣，神氣風霆，風霆流形，庶物露生，無非教也」[3]。

「天地絪縕，萬物化醇。」[4] 善之為言猶醇也。曰：何以謂之善也？曰：「誠者，天之道也。」[5] 豈非善乎？

【注釋】

[1] 見《詩經·周頌·維天之命》。此句大意為：上天所賦予人的命運，幽遠深邃（在冥冥中主宰人的命運）永不停歇。

[2] 見《无妄·大象》。

[3] 見《禮記·孔子閒居》。

［4］絪緼：古代指天地陰陽二氣交互作用的狀態。化醇：變化而精醇。

［5］《孟子‧離婁上》：「誠者，天之道也；誠之者，人之道也。」

【點評】

何謂「繼之者善也」？何謂「成之者性也」？源自乾元肇始萬物的剛健之德，坤元育養萬物的柔順之德，是由天地之自然本性（先天之性）決定的。起源雖為善，若要使其延續下去，善始善終，就必須對其「一陰」、「一陽」不斷調和，保持均衡。這是因為陰陽是相對的，但其變化是絕對的。善的作用是完成一陰一陽的均衡。任何人、事、物，凡同時具備了陰陽兩個方面的屬性，並能相對保持均衡，則其就生成了穩定的本性（後天之性）。《孟子》曰：「誠者，天之道也；誠之者，人之道也。」

形而下者謂之器

「形而上者謂之道，形而下者謂之器」，非器則道無所寓 ［1］。說在乎孔子之學琴於師襄也，已習其數，然後可以得其志；已習其志，然後可以得其為人。［2］是雖孔子之天縱，未嘗不求之象數也。［3］故其自言曰：「下學而上達。」［4］

【注釋】

［1］形而上：無形，抽象。形而下：實在，具體。顧炎武的「非器則道無所寓」的世界觀，是一種非本體論的哲學思維方式。

［2］《史記‧孔子世家》：「孔子學鼓琴師襄子，十日不進。師襄子曰：『可以益矣。』孔子曰：『丘已習其曲矣，未得其數也。』有間，曰：『已習其數，可以益矣。』孔子曰：『丘未得其志也。』有間，曰：『已習其志，可以益矣。』孔子曰：『丘未得其為人也。』有間，曰：『有所穆然深思焉，有所怡然高望而遠志焉。』曰：『丘得其為人，黯然而黑，幾然而長，眼如望羊，如王四國，非文王其誰能為此也。』師襄子辟席再拜，曰：『師蓋云文王操也。』」

［3］天縱：天所放任，意謂上天賦予。象數：《周易》中凡言天、日、山、澤之類為象，言九、六之類為數。

［4］下學上達：謂學習人情事理，進而認識自然的法則。

【點評】

這是顧炎武認識論之最簡明扼要的一次表達。他借用《史記》中孔子的一段故事。講他自己的樸素的、實踐的唯物主義思想，和由感性認識向理性認識的上升。顧炎武

一生一直奉行他自己的這一信條：「下學而上達。」但這一信條，又不可絕對化；絕對化了，就會排斥理性認識對感性認識的反作用。〔註9〕

這是顧炎武的道器觀。顧炎武所謂「德性」屬於「道」範疇。「非器則道無所寓」是他對宇宙的根本看法，亦是其思考問題處理問題的根本方法，它否定了天地萬物之外有一個永恆不變的宇宙本體作為其存在的棍據，認為「道」是天地萬物本身的運行法則，不能脫離天地萬物而獨立存在。他把「氣」看作現實世界（「器」）的統一性的基礎，並肯定了「氣」具有內在的能求、能應的能「感」性，這種性能使萬物能夠彼此互相作用，致使整個世界聯結成為一個整體。他所謂「性與天道」，是指宇宙間最普遍的、為天人所共有的規律，而以「正行」；為其內容。「正行」即行而無妄，是人事的所當然之理。所謂「性與天道在文行忠信中」，即認為天道與人道是在人實際的正行基礎上統一起來的。〔註10〕

困德之辨也

「內文明而外柔順」，其文王之困而亨者乎 [1]？「不怨天，不尤人」，「下學而上達」，其孔子之困而亨者乎？故在陳之厄，絃歌之志，顏淵知之，而子路、子貢之徒未足以達此也。故曰：「《困》，德之辨也。」[2]

【注釋】

[1]《明夷・大象》：「內文明而外柔順，以蒙大難，文王以之。」

[2] 見《易・繫辭下》。

【點評】

這是顧炎武的困境修身論。此段以周文王、孔夫子為例，論證困乃德之辨的易學命題，似可謂之「囚徒困境倫理」（此乃中國特色之「囚徒困境」，而非博弈論之「囚徒困境」）。何謂困亨？謂困窘至極則轉向通達。《易・困》卦辭曰：「《困》，亨。」唐孔穎達疏：「君子處困而不失其自通之道，故曰困亨也。」宋范仲淹《易義》：「極然後反，其困必亨，故曰困亨。」君子處困之際，雖蒙大難，也要效法文王「內文明而外柔順」；雖遭陳、蔡之厄，也要效法孔子「不怨天，不尤人」，「下學而上達」。近代惟章太炎深明此理，太炎先生被袁世凱羈押數年，不失其志，處困而亨。

〔註9〕趙儷生：《趙儷生文集》第三卷，蘭州大學出版社2002年版，第161頁。
〔註10〕周可真：《顧炎武哲學思想研究》，當代中國出版社1999年版，內容提要第1～2頁。

凡《易》之情

愛惡相攻 [1]，遠近相取 [2]，情偽相感 [3]，人心之至變也。於何知之？以其辭知之。「將叛者其辭慚，中心疑者其辭枝，吉人之辭寡，躁人之辭多，誣善之人其辭遊，失其守者其辭屈。聽其言也，觀其眸子，人焉廋哉！」[4] 是以聖人設卦以盡情偽。夫誠於中必形於外，君子之所以知人也；百物而為之備，使民知神奸 [5]，先王之所以鑄鼎也。故曰：「作《易》者，其有憂患乎？」周身之防，御物之智，其全於是矣。

【注釋】

[1] 愛惡相攻：人和人之間以其所愛、所惡而相互攻擊。《周易‧繫辭下》：「是故愛惡相攻而吉凶生。」干寶《晉紀總論》：「愛惡相攻，利害相奪，其勢常也。」《晉書‧張華傳》：「夫愛惡相攻，佞邪醜正，自古而有。」明黃道周《易象正》卷一：「彖則陰陽也，象則五行也。五行變動，或主或客，內外上下，自為主客，愛惡相攻，情偽相感，遠近相取，謹視父母，以命其主。然則《易》之論卦，合視兩象，以正厥象，又若是雜歟？曰：視彖辨象，正辭之義；觀位辨物，玩占之道也。《易》不以樂玩之辭廢居安之序。」

[2]《周易‧繫辭下》：「遠近相取而悔吝生。」

[3]《周易‧繫辭下》：「情偽相感而利害生。」

[4] 見《周易‧繫辭下》。吉人：善良的人。躁人：浮躁的人。誣善：欺騙善人。

[5] 神奸：指能禍害人的神異之物。《左傳‧宣公三年》：「遠方圖物，貢金九牧，鑄鼎象物，百物而為之備，使民知神奸。」杜預注：「圖鬼神百物之形，使民逆備之。」東漢王充《論衡‧儒增》：「安能入山澤不逢惡物，辟除神奸乎？」《尚書正讀》卷一引孫星衍云：「象刑者，刻刑殺之象於器物，使民知所戒，若鄭鑄刑鼎、晉鑄刑書之類，不僅載其條文，且又昭其形象也。禹鑄九鼎，使民知神奸，舜為象刑，使民知戒懼，其意一也。自言象刑者，均謂上古無肉刑而有象刑。」

【點評】

如何鑒別其人其言之真偽呢？顧炎武說：「世有知言者出焉，則其人之真偽即以其言辨之，而卒莫能逃也。」那些作假文、說假話、寫假詩的人，他們的那些欺偽的言詞也有其相應的語言特徵。無論這些人如何工於掩飾，善於作偽，也不能不讓人看出破綻。明末清初的社會劇變，顧炎武經歷了無數的憂患，兩入牢獄，親眼目睹了形形色色的人在這場歷史劇變中的面目，所以，他才能對識別各色人等的言辭、文辭的

真偽有如此明白透徹的認識。〔註11〕

劉寶楠《論語正義》卷二十三:「正義曰:言者心聲。言有是非,故聽而別之,則人之是非亦知也。《易‧繫辭傳》:『將叛者其辭慚,中心疑者其辭枝,吉人之辭寡,躁人之辭多,誣善之人其辭遊,失其守者其辭屈。』此孔子知言即知人之學。孟子自許知言云:『詖辭知其所蔽,淫辭知其所陷,邪辭知其所離,遁辭知其所窮。』亦謂知言即可知人也。」

《易》逆數也 [1]

「數往者順」,造化人事之跡有常而可驗,順以考之於前也;「知來者逆」,變化云為之動日新而無窮,逆以推之於後也。聖人神以知來,知以藏往,作為《易》書,以前民用。所設者,未然之占;所期者,未至之事,是以謂之逆數。雖然,若不本於八卦已成之跡,亦安所觀其會而繫之爻象乎?是以天下之言性也,則故而已矣。

劉汝佳曰 [2]:「天地間一理也,聖人因其理而畫為卦以象之,因其象而著為變以占之。象者,體也,象其已然者也。占者,用也,占其未然者也。已然者為往,往則有順之之義焉;未然者為來,來則有逆之之義焉。如象天而畫為《乾》,象地而畫為《坤》,象雷、風而畫為《震》、《巽》,象水、火而畫為《坎》、《離》,象山、澤而畫為《艮》、《兌》,此皆觀變於陰陽而立卦,發揮於剛柔而生爻者也,不謂之數往者順乎?如筮得《乾》,而知『乾,元亨利貞』;筮得《坤》,而知『坤,元亨,利牝馬之貞』;筮得《震》,而知『震亨,震來虩虩,笑言啞啞』;筮得《巽》,而知『巽,小亨,利有攸往,利見大人』;筮得《坎》,而知『習坎有孚,維心亨,行有尚』;筮得《離》,而知『離利貞亨,畜牝牛吉』;筮得《艮》,而知『艮其背,不獲其身,行其庭,不見其人』;筮得《兌》,而知『兌亨,利貞』,此皆通神明之德、類萬物之情者也,不謂之知來者逆乎?夫其順數已往,正所以逆推將來也。孔子曰:『殷因於夏禮,所損益可知也。周因於殷禮,所損益可知也。』數往者順也。『其或繼周者,雖百世可知也』,知來者逆也。故曰:『《易》,逆數也。』若如邵子之說,則是羲、文之《易》已判而為二,而又以《震》、《離》、《兌》、《乾》為數已生之卦,《巽》、《坎》、《艮》、《坤》為推未生之卦,殆不免強孔子之書以就己之說矣。」[3]

〔註11〕許蘇民:《日知錄一百句》,復旦大學出版社 2011 年版,第 244 頁。

【注釋】

[1] 逆數：猶預測。《易‧說卦》：「數往者順，知來者逆，是故《易》逆數也。」韓康伯注：「作《易》以逆睹來事。」孔穎達疏：「《易》之為用，人慾數知既往之事者，《易》則順後而知之，人慾數知將來之事者，《易》則逆前而數之，是故聖人用此《易》道，以逆數知來事也。」

[2] 劉汝佳：盧州府無為州人。萬曆三十五年進士。著有《劉婺州集》。《日知錄》卷七「武未盡善」條亦引其說。

[3] 胡渭《易圖明辨》卷六《先天古易上》引用此條，加案曰：「此章與八方之位無涉。……就其言解之，已有不可得通者矣。」

【點評】

　　因為《易》為逆數，所以有《周易》預測學。聖人神以知來，知以藏往，往聖因此神乎其技，為往聖繼絕學者更是神乎其技，吹噓自己可以「前知五百年，後知五百年」，於是乎《周易》預測學大有市場。網上有論者云：「正是用了太極理論才有了預測功能，這個就說明了占卜體系本身就是太極理論體系的驗證。而太極體系是占卜體系的理論指導。」是耶？非耶？

孔子論《易》

　　孔子論《易》，見於《論語》者二章而已，曰：「加我數年，五十以學《易》，可以無大過矣。」[1] 曰：「南人有言曰：『人而無恒，不可以作巫醫。』善夫，不恒其德，或承之羞。子曰：『不占而已矣。』」[2] 是則聖人之所以學《易》者，不過庸言、庸行之間，而不在乎圖書象數也。今之穿鑿圖像以自為能者，畔也。

　　《記》者於夫子學《易》之言而即繼之曰：「子所雅言，詩、書、執禮，皆雅言也。」[3] 是知夫子平日不言《易》而其言詩、書、執禮者，皆言《易》也。人苟循乎詩、書、執禮之常，而不越焉，則自天佑之，吉無不利矣。故其作《繫辭傳》，於「悔吝无咎」之旨，特諄諄焉；而《大象》所言，凡其體之於身、施之於政者，無非用《易》之事。然辭本乎象，故曰「君子居則觀其象而玩其辭」[4]。觀之者淺，玩之者深矣。其所以與民同患者，必於辭焉著之，故曰「聖人之情見乎辭」。若「天一地二」、「易有太極」二章皆言數之所起，亦贊《易》之所不可遺，而未嘗專以象數教人為學也。是故「出入以度，無有師保，如臨父母」[5]，文王、周公、孔子之《易》也；希夷之圖 [6]，康節之

書 [7]，道家之《易》也。自二子之學興，而空疏之人、迂怪之士舉竄跡於其中以為《易》，而其《易》為方術之書，於聖人寡過反身之學去之遠矣。

「《詩》三百，一言以蔽之，曰思無邪。」《易》六十四卦，三百八十四爻，一言以蔽之，曰「不恒其德，或承之羞」[8]。夫子所以思得見夫有恆也；有恆然後可以無大過。

【注釋】

[1] 見《論語·述而》。

[2] 見《論語·子路》。巫醫：巫師和醫師。

[3] 見《論語·述而》。雅言：雅正之言。古時指通語，與「方言」對稱。詩書執禮：或說當為「詩、書、藝、禮」。

[4] 《易·繫辭上》：「是故君子居則觀其象而玩其辭，動則觀其變而玩其占。」《文獻通考·經籍三》：「平時本諸踐履，則觀象玩辭，此義理也；一旦謀及卜筮，則觀變玩占，亦此義理也。」觀象：觀察卦爻之象，古人用以測吉凶。玩辭：玩味卦爻辭之義蘊。

[5] 見《易·繫辭下》。

[6] 希夷之圖：指陳摶所傳《太極圖》。陳摶（871～989），字圖南，號扶搖子，賜號白雲先生、希夷先生，北宋著名的道家學者、養生家，尊奉黃老之學。

[7] 康節之書：指邵雍的《皇極經世書》，這是一部運用易理和易教推究宇宙起源、自然演化和社會歷史變遷的著作，以河洛、象數之學顯於世。《皇極經世書》共十二卷六十四篇，首六卷《元會運世》凡三十四篇，次四卷《聲音律品》凡十六篇，次《觀物內篇》凡十二篇，末《觀物外篇》凡二篇。前六十二篇是邵氏自著，末二篇是門人弟子記述。其中《觀物篇》實乃邵雍之哲學、易理、歷史學的理論大綱。

[8] 見《易·恒》。

【點評】

《太極圖》是程朱理學的又一重要理論來源，其「天理」本體論就是借助於對「太極圖」的闡釋而建立起來的。周敦頤作《太極圖說》，故被程朱尊為道學之開山。朱熹除了借《太極圖》來發揮其「無極而太極，是無極中有個至極之理」的天理本體論以外，還全面繼承了邵雍的先天象數學，把《周易》神秘化。顧炎武要消解程朱理學的先驗本體論，就不能不「打破宋儒家中《太極圖》」。因此，顧炎武對朱熹的觀點給予

了極為嚴厲的批評。為了徹底消解宋儒的先驗本體論，顧炎武還從辨析字義入手，揭露了道學祖師周敦頤的「無極之真」說來自老莊道家和道教的學說。他指出老莊道家所講的「真」是「精誠之至」和「仙人變形登天」的意思，指的是精神上的神秘修煉，與分辨真假的「真」並不是同一種意義：在分辨真假的意義上，「今謂『真』，古曰『實』；今謂『假』，古曰『偽』。」但古人之所謂「假」又與「偽」的意思不同，「假王猶假君。假相國，唐人謂之『借職』是也」。後人不察，明用《孟子》之「良知」，暗用《莊子》之「真知」。莊子的「真知」取代了儒家的「實學」，道家的神秘的精神修煉取代了儒家的經世致用，這就為後來「御河之水變為赤血」的民族災難埋下了禍根。〔註12〕

　　讀者必須有預先的思想準備，即顧炎武氏是儒家的「正學」，一切「非正學」他都排斥，「二氏」（指道家與佛家）他排斥，連宋明理學開頭人陳摶、周敦頤、邵雍的《周易》象數之學，他也排斥。他只准許把《周易》納入人們日常生活遵禮守法的「庸言庸行」之中。接受「二氏」影響的，就是「畔」。「畔」，即叛逆之叛，即離經叛道。所有這些，都是最保守的觀點，擯斥了《周易》之學向不同方向的發展。由於「保守」，所以也最「信古」，堅信文王作《彖》、周公作《象》、孔子作《十翼》的傳統說法。其實，如《易繫辭》這樣羼雜了若干孔子以後，戰國以來的詞彙和意識的篇章，恪守凜遵以為孔子的手教，這種態度是否可取，也值得討論。但無論如何，顧氏是易學專家，他的一派之言，也值得我們借鑒、參考。〔註13〕

　　顧炎武不是傑出的易學專家，他的一派之言，也不過一孔之見，似乎還處在「童觀」層次，絕對不能盲從，值得懷疑與反思。所謂「聖人之所以學《易》者，不過庸言、庸行之間，而不在乎圖書象數也」，只是「下學而上達」的偏見，還遠遠沒有步入「極高明而道中庸」的境界。《易》本天地之書，既有庸言、庸行的一面，更有天地之蘊藏、宇宙之密鑰。《易》有太極，決不能只知其一，不知其二；只知其庸常，不知其神秘。神秘性也是《易》的本質屬性之一，不容抹殺。

〔註12〕許蘇民：《日知錄一百句》，復旦大學出版社 2011 年版，第 33 頁。
〔註13〕趙儷生：《趙儷生文集》第三卷，蘭州大學出版社 2002 年版，第 263 頁。

《日知錄》卷二

九族 [1]

宗盟之列，先同姓而後異姓 [2]；喪服之紀 [3]，重本屬而輕外親 [4]。此必有所受之，不自周人始矣。「克明后德，以親九族。」孔傳以為自高祖至玄孫之親，蓋本之《喪服小記》「以三為五，以五為九」之說，而百世不可易者也。《牧誓》數商之罪，但言「昏棄厥遺王父母弟」，而不及外親；《呂刑》申命有邦，歷舉伯父、伯兄、仲叔、季弟、幼子、童孫，而不言甥舅，古人所謂先後之序從可知矣。故《爾雅》謂於內宗曰「族」，於母妻則曰「黨」。而《昏禮》及《仲尼燕居》「三族」之文，康成並釋為父、子、孫。杜元凱乃謂：「外祖父、外祖母、從母子及妻父、妻母、姑之子、姊妹之子、女子之子非己之同族，皆外親有服而異族者。」然則史官之稱帝堯，舉其疏而遺其親，無乃顛倒之甚乎？且九族之為同姓，經傳之中有明證矣。《春秋·魯成公十五年》：「宋共公卒。」傳曰：「二華，戴族也；司城，莊族也；六官者，皆桓族也。」共公距戴公九世。而《唐六典·宗正卿》：「掌皇九族之屬籍，以別昭穆之序，紀親疏之別。」「九廟之子孫，其族五十有九。光皇帝一族，景皇帝之族六，元皇帝之族三，高祖之族二十有一，太宗之族十有三，高宗之族六，中宗之族四，睿宗之族五。」此在玄宗之時已有七族，若其歷世滋多，則有不止於九者。而五世親盡，故經文之言族者自九而止也。又孔氏《正義》謂高祖、玄孫無相及之理，不知高祖之兄弟與玄孫之兄弟固可以相及，如後魏國子博士李琰之所謂「壽有長短，世有延促，不可得而齊同」者。如宋洪邁《容齋隨筆》言：「嗣濮王士歆，在隆興為從叔祖，在紹熙為曾叔祖，在慶元為高叔祖。」其明證矣，

亦何必帝堯之世，高祖、玄孫之族，無一二人同在者乎？疑其不相及而以外戚當之，其亦昧於齊家治國之理矣。

《路史》曰：「親親[5]，治之始也。」《禮·小記》曰：「親親者，以三為五，以五為九，上殺[6]，下殺[7]，旁殺[8]，而親畢矣。」是所謂九族者也。夫人生則有父，壯則有子，父子與己，此《小宗伯》三族之別也。父者子之祖，因上推之，以及於己之祖；子者父之孫，因下推之，以及於己之孫。此《禮傳》之以三為五也。己之祖，自己子視之，則為曾祖王父；自己孫視之，則為高祖王父。己之孫，自己父視之，則為曾孫；自己祖視之，則為玄孫。故又上推以及己之曾、高，下推以及己之曾、玄，是所謂以五為九也。陳氏《禮書》曰：「己之所親，以一為三；祖孫所親，以五為七。《記》不言者，以父子一體，而高、玄與曾同服，故不辨異之也。服父三年，服祖期，則曾祖宜大功[9]，高祖宜小功[10]，而皆齊衰三月者，不敢以大小功旁親之服加乎至尊。故重其衰麻，尊尊也[11]；減其日月，恩殺也，此所謂上殺。服適子三年，庶子期，適孫期，庶孫大功，則曾孫宜五月，而與玄孫皆緦麻三月者[12]，曾孫服曾祖三月，曾祖報之亦三月。曾祖，尊也，故加齊衰；曾孫，卑也，故服緦麻，此所謂下殺。服祖期，則世叔宜大功，以其與父一體，故加以期。從世叔則疏矣，加所不及，故服小功。族世叔又疏矣，故服緦麻：此發父而旁殺者也。祖之兄弟小功，曾祖兄弟緦麻，高祖兄弟無服：此發祖而旁殺者也。同父至親，期；同祖為從，大功；同曾祖為再從，小功；同高祖為三從，緦麻：此發兄弟而旁殺者也。父為子期，兄弟之子宜九月，不九月而期者，以其猶子而進之也；從兄弟之子小功，再從兄弟之子緦麻：此發子而旁殺者也。祖為孫大功，兄弟之孫小功，從兄弟之孫緦麻：此發孫而旁殺者也。蓋服有加也，有報也，有降也。祖之齊衰，世叔從子之期，皆加也；曾孫之三月與兄弟之孫五月，皆報也。若夫降有四品，則非五服之正也。觀於九族之訓，如喪考妣之文，而知宗族之名、服紀之數，蓋前乎二帝而有之矣。

後魏孝文太和中，詔延四廟之子[13]，下逮玄孫之胄。申宗宴於皇信堂，不以爵秩為列[14]，悉序昭穆為次[15]，用家人之禮。此由古聖人睦族之意而推之者也。

【注釋】

[1] 九族：以自己為本位，上推至四世之高祖，下推至四世之玄孫為九族。
[2] 宗盟：天子與諸侯的盟會。《左傳·隱公十一年》：「周之宗盟，異姓為後。」楊

伯峻注：「宗盟者，猶言會盟也。」

[3] 喪服：居喪所穿的衣服。

[4] 本屬：謂本族的世系。外親：舊指女系的親屬，如母、祖母的親族，及女、孫女、諸姊妹、諸侄女、其他諸姑的子孫等。

[5] 親親：愛自己的親屬。

[6] 上殺：殺，減損。親屬間之親情，父子間最為襯密，由父上推至曾祖、高祖，則親情漸疏，此謂上殺。

[7] 下殺：由子下推至曾孫、玄孫，親情亦漸疏，此謂下殺。

[8] 旁殺：古時謂旁系親屬的喪服以親疏遠近不同而依次減等。《禮記・喪服小記》：「親親以三為五，以五為九，上殺、下殺、旁殺，而親畢矣。」鄭玄注：「殺，謂親益疏者服之則輕。」孔穎達疏：「旁殺者，世叔之屬是也。」孫希旦集解：「旁殺者，謂由己而殺己之昆弟，由父祖而殺父祖之昆弟，由子孫而殺子孫之昆弟也。」

[9] 大功：喪服五服之一，服期九月。其服用熟麻布做成，較齊衰稍細，較小功為粗，故稱大功。舊時堂兄弟、未婚的堂姊妹、已婚的姑、姊妹、侄女及眾孫、眾子婦、侄婦等之喪，都服大功。已婚女為伯父、叔父、兄弟、侄、未婚姑、姊妹、侄女等服喪，也服大功。

[10] 小功：服之第四等。其服以熟麻布製成，視大功為細，較緦麻為粗。服期五月。凡本宗為曾祖父母、伯叔祖父母、堂伯叔祖父母，未嫁祖姑、堂姑，已嫁堂姊妹，兄弟之妻，從堂兄弟及未嫁從堂姊妹；外親為外祖父母、母舅、母姨等，均服之。

[11] 尊尊：對上服享先祖先父。《禮記・大傳》：「上治祖禰，尊尊也。下治子孫，親親也。」

[12] 緦麻：古代喪服名。五服中之最輕者，孝服用細麻布製成，服期三月。凡本宗為高祖父母，曾伯叔祖父母，族伯叔祖父母，族兄弟及未嫁族姊妹，外姓中為表兄弟，岳父母等，均服之。

[13] 四廟：指高祖、曾祖、祖父、父四代之廟。《禮記・喪服小記》：「王者禘其祖之所自出，以其祖配之，而立四廟。」鄭玄注：「高祖以下。與始祖而五。」孔穎達疏：「而立四廟者，既有配天始祖之廟，而更立高祖以下四廟，與始祖而五也。」

[14] 爵秩：猶爵祿。

[15] 昭穆：古代宗法制度，宗廟或宗廟中神主的排列次序，始祖居中，以下父子（祖、父）遞為昭穆，左為昭，右為穆。

【點評】

這是顧炎武的宗族觀。他由九族的歷史演變進而推古聖人睦族之意。王國維追溯到周制的原則大義時說：「以上諸制，皆由尊尊、親親二義出。然尊尊、親親、賢賢，此三者治天下之通義也。周人以尊尊、親親二義，上治祖禰，下治子孫，旁治昆弟；而以賢賢之義治官。故天子諸侯世，而天子諸侯之卿大夫士皆不世。蓋天子諸侯者，有土之君也；有土之君，不傳子，不立嫡，則無以弭天下之爭；卿大夫士者，圖事之臣也，不任賢，無以治天下之事。」可與此條合觀。

惠迪吉從逆凶 [1]

善惡報應之說，聖人嘗言之矣。大禹言「惠迪吉，從逆凶，惟景響」，湯言「天道福善禍淫」[2]，伊尹言「惟上帝不常，作善，降之百祥；作不善，降之百殃」[3]，又言「惟吉凶不僭在人，惟天降災祥在德」[4]，孔子言「積善之家，必有餘慶；積不善之家，必有餘殃」[5]。豈真有上帝司其禍福，如道家所謂天神察其善惡，釋氏所謂地獄果報者哉！善與不善，一氣之相感，如水之流濕，火之就燥，不期然而然，無不感也，無不應也。此孟子所謂「志壹則動氣」[6]，而《詩》所云「天之牖民，如壎如篪，如璋如圭，如取如攜」者也 [7]。其有不齊，則如夏之寒，冬之燠，得於一日之偶逢，而非四時之正氣也。故曰：「誠者，天之道也。」[8] 若曰有鬼神司之，屑屑焉如人間官長之為，則報應之至近者，反推而之遠矣。

【注釋】

[1] 見《書・大禹謨》。偽孔傳：「迪，道也。順道吉，從逆凶。」

[2] 見《尚書・湯誥》。偽孔傳：「政善，天福之；淫過，天禍之。」福善禍淫，指行善的得福，作惡的受禍。

[3] 見《書・伊訓》。百祥，各種吉利的事物。百殃，各種災難。

[4] 見《書・咸有一德》。孔穎達疏：「指其已然，則為吉凶；言其徵兆，則曰災祥。」災祥，指吉凶災變的徵兆。

[5] 見《易・坤・文言》。

[6] 見《孟子・公孫丑上》。

[7] 見《詩・大雅・板》。毛傳：「牖，道也。」孔穎達疏：「牖與『誘』古字通用，

故以為導也。」牖民：誘導人民。壎篪：皆古代樂器，二者合奏時聲音相應和。因常以「壎篪」比喻兄弟親密和睦。

[8] 見《孟子·離婁上》。

【點評】

這是顧炎武的因果論與天道觀。善惡報應之說向來以為出自佛教，而顧炎武引經據典，從儒家經書中挖掘出大禹、商湯、伊尹、孔子、孟子等聖人論述善惡報應的名言，認為「善與不善，一氣之相感，如水之流濕，火之就燥，不期然而然」，善惡感應自然而然，無處不在，並將它與道家所謂「天神察其善惡」、釋氏所謂「地獄果報」區別開來。

錫土姓 [1]

今日之天下，人人無土，人人有姓。蓋自錫土之法廢 [2]，而唐、宋以下，帝王之裔儕於庶人，無世守之固；錫姓之法廢 [3]，而魏、齊以下，朔漠之姓雜於諸夏 [4]，失氏族之源。後之鄙儒 [5]，讀《禹貢》而不知其義者良多矣。

【注釋】

[1] 土姓：古時因土賜姓，即以生地、居處或封地的地名為姓，以顯揚之。《書·禹貢》：「錫土姓。」孔傳：「天子建德，因生以賜姓，謂有德之人，生此地以此地名賜為姓以顯之。」《史記·夏本紀》：「中國賜土姓：『祗臺德先，不距朕行。』」裴駰《史記集解》引鄭玄曰：「天子建其國，諸侯祚之土，賜之姓，命之氏，其敬悅天子之德既先，又不距違我天子政教所行。」

[2] 錫土：賜土封國。章炳麟《訄書·序種姓上》：「錫土因生而各統其德者，父子則亦殊姓。」

[3] 錫姓：謂天子據某人祖先所生之地或其功績而賜予姓氏。

[4] 朔漠：北方沙漠地帶，有時也泛指北方。諸夏：周代分封的中原各個諸侯國，泛指中原地區。

[5] 鄙儒：古代迂執而不通事理的儒生。

【點評】

這是顧炎武的封建論與姓氏論。他斷言：「自錫土之法廢，而唐、宋以下，帝王之裔儕於庶人，無世守之固；錫姓之法廢，而魏、齊以下，朔漠之姓雜於諸夏，失氏族之源。」顧炎武的這一判斷是基本符合歷史實際的，是一個真理性判斷。只有洞悉

上下五千年的歷史，才能做出如此高屋建瓴的大判斷。至於「朔漠之姓雜於諸夏」的歷史難題，他沒有具體論證，只好留給後來的歷史學家去解決。

厥弟五人

夏、商之世，天子之子其封國而為公侯者不見於經。以太康之尸位 [1]，而有厥弟五人，使其並建茅土 [2]，為國屏翰 [3]，羿何至篡夏哉 [4]？富辰言 [5]：「周公弔二叔之不咸，故封建親戚，以蕃屏周。」[6] 而少康封其庶子於會稽 [7]，以奉守禹祀，二十餘世，至於越之句踐，卒霸諸侯，有禹之遺烈，夫亦監於太康孤立之禍而然與？若乃孔子所謂「大道既隱，天下為家，各親其親，各子其子」者，亦從此而可知之矣。

【注釋】

[1] 太康：夏后啟長子，夏朝第三任夏后。太康繼位後遷都於斟鄩。太康即位後生活腐化，只顧遊獵，不問政事。剛即位的第一年，在去洛水北岸遊獵時，被后羿奪去國政，史稱「太康失國」。《竹書紀年》記載，太康死於第四年。四年，實際在位年數不到一年。葬於戈地（今河南省太康縣）。尸位：謂居位而無所作為。《古文尚書·五子之歌》：「太康尸位以逸豫，滅厥德，黎民咸貳。」王充《論衡·量知》：「無道藝之業，不曉政治，默坐朝廷，不能言事，故曰尸位。」

[2] 茅土：指王、侯的封爵。古天子分封王、侯時，用代表方位的五色土築壇，按封地所在方向取一色土，包以白茅而授之，作為受封者得以有國建社的表徵。《文選·李陵〈答蘇武書〉》：「陵謂足下當享茅土之薦，受千乘之賞。」李善注：「《尚書緯》曰：『天子社，東方青，南方赤，西方白，北方黑，上冒以黃土，將封諸侯，各取方土，苴以白茅，以為社。』」蔡邕《獨斷》卷下：「天下大社以五色土為壇，皇子封為王者受天子之社土，以所封之方色，東方受青，南方受赤，他如其方色，歸國以立社，故謂之受茅土。」

[3] 屏翰：《詩·大雅·板》：「价人維藩，大師維垣。大邦維屏，大宗維翰。」後因以「屏翰」比喻國家重臣。

[4] 羿：即后羿，上古夷族的首領，善射。相傳夏太康沉湎於遊樂，羿推翻其統治，自立為君，號有窮氏。不久因喜狩獵，不理民事，為其臣寒浞所殺。

[5] 富辰（？～前636？），周襄王的大夫。勸說周襄王召回王子帶，為日後的子帶之亂埋下伏筆。又因為攻打衛、滑二國遭遇周的阻攔，周鄭二國關係愈加不善。周襄王先依靠北方的翟國討伐鄭國，後娶狄國之女隗氏為妻，富辰對兩事阻攔

均無效。後子帶和隗氏私通，襄王欲廢後，遭到狄國軍隊的討伐，周襄王被迫出逃。富辰被迫率兵出戰，和周公忌父、原伯、毛伯戰死。

[6] 見《左傳·僖公二十四年》。蕃屏：護衛。蕃，通「藩」。

[7] 少康：夏代中興之主，帝相之子。寒浞使子澆殺相篡位。相後緡方娠，逃歸有仍，生少康。少康長大，逃奔有虞，虞君妻以二女。夏舊臣靡收集夏朝舊部，滅浞而立少康。少康又滅澆。

【點評】

　　這是顧炎武的封建論。他從太康孤立之禍中看到了封建的奧秘——「並建茅土，為國屏翰」，「封建親戚，以蕃屏周」。這是前人的觀點，也是他認同的觀點。他是從前人的成見中尋找符合自己的己見，披沙揀金，以抄為撰，這也是他的著述風格。

惟彼陶唐有此冀方 [1]

　　堯、舜、禹皆都河北，故曰冀方。至太康始失河北，而五子御其母以從之，於是僑國河南，傳至相，卒為浞所滅 [2]。古之天子失其故都，未有能國者也。周失豐、鎬，而平王以東；晉失洛陽，宋失開封，而元帝、高宗遷於江左 [3]，遂以不振。惟殷之五遷圯於河，而非敵人之窺伺，則勢不同爾。唐自玄宗以後，天子屢嘗出狩，乃未幾而復國者，以不棄長安也。故子儀回鑾之表，代宗垂泣；宗澤還京之奏，忠義歸心。嗚呼！幸而澆之縱慾 [4]，不為民心所附，少康乃得以一旅之眾而誅之。爾後之人主不幸失其都邑，而為興復之計者 [5]，其念之哉！

　　夏之都本在安邑，太康畋於洛表，而羿距於河，則冀方之地入於羿矣，惟河之東與南為夏所有。至後相失國，依於二斟。於是使澆用師殺斟灌 [6]，以伐斟鄩 [7]，而相遂滅。乃處澆於過，以制東方；處豷於戈 [8]，以控南國。其時靡奔有鬲 [9]，在河之東；少康奔有虞 [10]，在河之南。而自河以內，無不安於亂賊者矣。合魏絳、伍員二人之言，可以觀當日之形勢。而少康之所以布德兆謀者，亦難乎其為力矣。

　　古之天子常居冀州，後人因之，遂以冀州為中國之號。《楚辭·九歌》：「覽冀州兮有餘。」《淮南子》：「女媧氏殺黑龍以濟冀州。」[11]《路史》云：「中國總謂之冀州。」[12]《穀梁傳》曰：「鄭，同姓之國也，在乎冀州。」

【注釋】

[1]《古文尚書·五子之歌》：「惟彼陶唐，有此冀方。今失厥道，亂其紀綱，乃底而

亡。」陶唐：古帝名。即唐堯。帝嚳之子，姓伊祁，名放勳。初封於陶，後徙於唐。冀方：古泛指中原地區。蔡沈《書集傳》：「堯授舜，舜授禹，皆都冀州。言冀方者，舉中以包外也。」

[2] 浞：即寒浞，上古傳說中的人物。本為寒國宗族，輔寒國君伯明氏，被廢棄。后羿奪帝相位以代夏，號有窮，任浞為相。浞殺羿自立。後夏遺臣靡輔帝相子少康滅浞。寒，也寫作「韓」。

[3] 江左：江東。指長江下游以東地區。丘光庭《兼明書·雜說·江左》：「晉、宋、齊、梁之書，皆謂江東為江左。」魏禧《日錄·雜說》：「江東稱江左，江西稱江右，何也？曰：自江北視之，江東在左，江西在右耳。」東晉及南朝宋、齊、梁、陳各代的基業都在江左，故當時人又稱這五朝及其統治下的全部地區為江左，南朝人則專稱東晉為江左。

[4] 澆：即過澆。傳說為夏代寒浞之子。

[5] 興復：猶恢復。

[6] 斟灌：古國名。夏之同姓諸侯國。轄境在今山東省壽光縣東北。《左傳·哀公元年》：「昔有過澆殺斟灌以伐斟鄩，滅夏后相。」孔穎達疏：「二斟，夏同姓諸侯。」《史記·夏本紀》「中康崩，子帝相立」張守節正義引唐李泰等《括地志》：「斟灌故城在青州壽光縣東五十四里。」

[7] 斟鄩：古國名。夏同姓諸侯國。轄境在今山東省濰坊市西南。《左傳·襄公四年》：「（寒浞）使澆用師，滅斟灌及斟尋氏。」杜預注：「二國，夏同姓諸侯，仲康之子。」酈道元《水經注·河水二》：「北海有斟縣。京相璠曰：『故斟尋國，禹後。』」

[8] 豷：夏代寒浞之子。《左傳·襄公四年》：「靡奔有鬲氏，浞因羿室，生澆及豷。」

[9] 有鬲：古國名。有，詞頭。夏代為鬲國，又稱有鬲氏。故址在今山東省德州市附近。有窮國君后羿滅夏帝相，寒浞又詐取羿之位。夏臣靡奔有鬲氏，收集遺民，滅浞，立少康，夏室中興。

[10] 有虞：古國名。夏禹封舜子商均於虞，為今河南省虞城縣。夏少康自有仍奔虞，即此。

[11] 見《淮南子·覽冥訓》。

[12] 見《路史》後紀卷二女皇氏條注。

【點評】

這是顧炎武的中國復興說。他從三代之「冀方」說到「冀州為中國之號」，志在

恢復，雖失其都邑，神州陸沉，他念念不忘「為興復之計」，大力表章少康一類的中興之君。「惟彼陶唐，有此冀方」，他當時的希望確實很渺茫——觀當日之形勢，亦難乎其為力矣。恢復中華，驅除異族，這一歷史任務要等到孫中山那一代才能實現。

殷紂之所以亡

　　自古國家承平日久 [1]，法制廢馳 [2]，而上之令不能行於下，未有不亡者也。紂以不仁而亡，天下人人知之。吾謂不盡然。紂之為君，沉湎於酒，而逞一時之威，至於刳孕斮脛 [3]，蓋齊文宣之比耳 [4]。商之衰也久矣，一變而《盤庚》之書，則卿大夫不從君令；再變有《微子》之書，則小民不畏國法；至於「攘竊神祇之犧牷牲用以容，將食無災」[5]，可謂民玩其上，而威刑不立者矣。即以中主守之，猶不能保，而況以紂之狂酗昏虐，又祖伊奔告而不省乎？文宣之惡未必減於紂，而齊以強；高緯之惡未必甚於文宣 [6]，而齊以亡者：文宣承神武之餘，紀綱粗立，而又有楊愔輩為之佐 [7]，主昏於上，而政清於下也；至高緯而國法蕩然矣，故宇文得而取之。然則論紂之亡，武之興，而謂以至仁伐至不仁者，偏辭也，未得為窮源之論也。

【注釋】

　[1] 承平：治平相承。

　[2] 廢馳：廢棄懈怠。

　[3] 刳孕：刳孕婦之胎。這是商紂王的三種罪行之一。斮脛：斬斷脛骨。典出《尚書·泰誓下》：「斮朝涉之脛，剖賢人之心。」偽孔傳：「冬月見朝涉水者，謂其脛耐寒，斬而視之。」

　[4] 齊文宣：即高洋（526～559），南北朝時期北朝開國皇帝。在位初期，勵精圖治，厲行改革，勸農興學，編制齊律。其時，重用楊愔等相才，刪削律令，並省州郡縣，減少冗官，嚴禁貪污，注意肅清吏治；前後築北齊長城四千里，置邊鎮二十五所，屢次擊敗柔然、突厥、契丹，出擊蕭梁，拓地至淮南。征伐四克，威振戎夏。投杯而西人震恐，負甲而北胡驚慌，懷有聖主氣範，被稱為「英雄天子」，為北齊一代英主。執政後期，以功業自矜，縱慾酗酒，殘暴濫殺，大興土木，賞費無度，最終飲酒過度而暴斃。

　[5] 見《尚書·微子》。

　[6] 高緯（556～577），即齊後主（565年～576年在位），武成帝高湛次子，南北朝時期北齊第五位皇帝，是南北朝有名的昏君。即位之時，北齊政權已經搖搖欲

墜，他自己仍然荒淫無道，導致北齊軍隊衰弱，政治腐敗，後來投降陳朝，最後被賜死。

[7] 楊愔（511～560），字遵彥，小字秦王，弘農華陰人。北齊宰相。

【點評】

傳統的觀點認為，國家的興亡取決於君主個人的品德，例如殷紂之所以敗亡，周武王之所以興起，乃是「以至仁伐至不仁」的緣故。顧炎武不同意這種觀點，認為這只是一偏之見而非窮源之論；國家的興亡其實是並不完全取決於個人品德的，還有更深層的原因需要探究，這一更深層的原因就是法制。顧炎武列舉事實證明，商朝的國勢衰弱是由來已久的，並非到了商紂王才開始衰弱。《尚書·盤庚》表明，早在盤庚之時，卿大夫就不聽從君主的政令，不遵守法紀；由於卿大夫不守法紀，於是普通老百姓就更不畏國法了。在這種情況下，即使是具有中等才能的君主也不能守住這江山社稷，何況商紂王這樣狂酗昏虐的君主呢？北齊文宣王個人品德的惡劣並不亞於商紂，卻國勢強大；高緯品德的惡劣未必甚於齊文宣王，而北齊卻被宇文氏滅亡了。可見在君主的個人品德之外還有真正導致國家興亡的原因所在。齊文宣王之所以興，是因為有「紀綱粗立」的制度保障，君主個人的品德不能影響法律的實施，因而雖有「主昏於上」而卻能做到「政清於下」；而到了高緯的時代卻已是「國法蕩然」的局面，又豈能不亡？由此可見，比起君主的個人品德來說，制度的因素對於國家的興亡更為重要。顧炎武認為，這才是把握了興亡盛衰之關鍵的探本窮源之論。顧炎武重視法制，重在防止政府官員的腐敗。他認為政治腐敗是導致歷代王朝由興盛走向衰落的一個極其重要的原因，周朝之所以走向衰亡就是由於政治腐敗所導致的：「周之衰也，政以賄成，而官之師旅不勝其富。」歷代因政治腐敗而亡國的事實不勝枚舉，晚明更是如此，政治腐敗已經到了「無官不竊盜，無守不賂遺」的地步。如果明王朝真正能夠解決政治腐敗的問題，自然可以避免先進的漢民族被落後的游牧民族所征服的慘禍。所以，如何防止和懲治腐敗，就成為顧炎武著重加以探討的一個重要問題。〔註1〕

前人認為武王伐紂乃「以至仁伐至不仁」，此不過皮相之偏辭；顧炎武從法制的高度闡述國家興亡之道，洵為探本窮源之論。

武王伐紂

武王伐商，殺紂而立其子武庚 [1]，宗廟不毀，社稷不遷，時殷未嘗亡也。所以異乎曩日者，不朝諸侯，不有天下而已。故《書序》言：「三監及淮夷叛，

〔註 1〕許蘇民：《日知錄一百句》，復旦大學出版社 2011 年版，第 199 頁。

周公相成王，將黜殷，作《大誥》。」[2] 又言：「成王既黜殷命，殺武庚。」[3]
是則殷之亡其天下也，在紂之自燔；而亡其國也，在武庚之見殺。蓋武庚之存
殷者，猶十有餘年，使武庚不畔，則殷其不黜矣。

　　武王克商，天下大定，裂土奠國。乃不以其故都封周之臣，而仍以封武
庚，降在侯國，而猶得守先人之故土。武王無富天下之心，而不以叛逆之事疑
其子孫，所以異乎後世之篡弑其君者，於此可見矣。乃武庚既畔，乃命微子啟
代殷[4]，而必於宋焉，謂大火之祀，商人是因，弗遷其地也。是以知古聖王
之征誅也，取天下而不取其國，誅其君，弔其民，而存先世之宗祀焉，斯已矣。
武王豈不知商之臣民，其不願為周者，皆故都之人，公族、世家之所萃，流風
善政之所存，一有不靖，易為搖動，而必以封其遺胤[5]，蓋不以畔逆疑其子
孫[6]，而明告萬世以取天下者，無滅國之義也。故宋公朝周，則曰「臣」也；
周人待之，則曰「客」也。自天下言之，則侯服于周；自其國人言之，則以
商之臣事商之君，無變於其初也。平王以下；去微子之世遠矣，而曰「孝惠取
於商」，曰「天之棄商久矣」，曰「利以伐姜，不利子商」，吾是以知宋之得為
商也。蓋自武庚誅而宋復封，於是商人曉然知武王、周公之心，而君臣上下各
止其所，無復有怨懟不平之意[7]。**與後世之人主一戰取人之國，而毀其宗廟，
遷其重器者異矣。**

　　或曰：遷殷頑民於雒邑何與[8]？曰：以「頑民」為商俗靡靡之民者[9]，
先儒解誤也。蓋古先王之用兵也不殺，而待人也仁。東征之役，其誅者事主一
人，武庚而已；謀主一人，管叔而已。下此而囚，下此而降，下此而遷。而所
謂頑民者，皆畔逆之徒也。無連坐並誅之法，而又不何以復置之殷都，是不得
不遷而又原其心。不忍棄之四裔，故於雒邑；又不忍斥言其畔，故止曰「殷頑
民」。其與乎畔而遷者，大抵皆商之世臣大族；而其不與乎畔而留於殷者，如
祝佗所謂「分康叔以殷民七族：陶氏、施氏、繁氏、錡氏、樊氏、饑氏、終葵
氏」是也，非盡一國而遷之也。或曰：何以知其為畔黨也？曰：以召公之言仇
民知之，不畔何以言仇？非敵百姓也，古聖王無與一國為仇者也。

　　上古以來，無殺君之事。湯之於桀也，放之而已。使紂不自燔，武王未必
不以湯之所以待桀者待紂；紂而自燔也，此武王之不幸也。當時八百諸侯，雖
並有除殘之志，然一聞其君之見殺，則天下之人亦且恫疑震駭，而不能無歸過
於武王，此伯夷所以斥言其暴也。及其反商之政，封殷之後人，而無利於其土
地焉，天下於是知**武王之兵非得已也**，然後乃安於紂之亡，而不以為周師之

過，故《箕子之歌》，怨狡童而已，無餘恨焉。非伯夷親而箕子疏，又非武王始暴而終仁也，其時異也。

《多士》之書：「惟三月，周公初於新邑洛，用告商王士。曰：『非我小國，敢弋殷命。』」亡國之民而號之「商王士」，新朝之主而自稱「我小國」，以天下為公，而不沒其舊日之名分，殷人以此中心悅而誠服。「卜世三十，卜年七百」[10]，其始基之矣。

【注釋】

[1] 武庚（？～約前1118年），紂王之子，公元前1122年8月27日，商亡周立。武庚管理殷餘民，殷民大悅。武王為防武庚叛亂，又在朝歌周圍設邶、墉、衛三國。武庚發動叛亂，兵敗被誅。

[2] 見《尚書・大誥》。

[3] 見《古文尚書・微子之命》。

[4] 微子啟：後世稱微子、宋微子啟。微子是商王帝乙的長子、商紂王帝辛的長兄。

[5] 遺胤：後嗣，子孫。

[6] 畔逆：背叛。畔，通「叛」。

[7] 怨懟：怨恨，不滿。

[8] 頑民：本指殷代遺民中堅決不服從周朝統治的人。《古文尚書・畢命》：「毖殷頑民，遷於洛邑，密邇王室，式化厥訓。」偽孔傳：「惟殷頑民，恐其叛亂，故徙於洛邑，密近王室，用化其教。」宋趙與時《賓退錄》卷十：「『武王克商，遷九鼎於洛邑，義士猶或非之。』義士即《多士》所謂『遷殷頑民』者也。由周而言，則為頑民；由商而論，則為義士矣。」

[9] 靡靡：隨順貌。

[10] 見《左傳》宣公三年。

【點評】

這是顧炎武的革命觀與正統論。武王克商本來就是一次革命，而顧炎武站在正統的觀念上努力為武王漂白：首先把責任推給武庚，「使武庚不畔，則殷其不黜」；其次將「暴」論證為「仁」，「武王無富天下之心，而不以叛逆之事疑其子孫，所以異乎後世之篡弒其君者」，「古聖王之征誅也，取天下而不取其國」，「與後世之人主一戰取人之國，而毀其宗廟，遷其重器者異」，「古先王之用兵也不殺，而待人也仁」，「武王之

兵非得已也」，如此反覆論證，將「武王始暴而終仁」的歷史事實與後世之弒君篡國切割得乾乾淨淨。把簡單的問題搞得如此複雜，目的就是要維護文武之道。由此可見，一個思想家的立場至關重要，這是他思想的出發點。

泰誓

商之德澤深矣，尺地莫非其有也，一民莫非其臣也。武王伐紂，乃曰：「獨夫受，洪惟作威，乃汝世仇。」曰：「肆予小子，誕以爾眾士，殄殲乃仇。」[1] 何至於此？紂之不善，亦止其身，乃至並其先世而仇之，豈非《泰誓》之文出於魏晉間人之偽撰者邪？[2]

「朕夢協朕卜，襲於休祥，戎商必克。」[3] 伐君大事，而託之乎夢，其誰信之？殆即《呂氏春秋》載夷齊之言，謂武王揚夢以說眾者也。

《孟子》引《書》：「王曰：『無畏，寧爾也，非敵百姓也。』若崩厥角稽首。」[4] 今改之曰：「罔或無畏，寧執非敵，百姓懍懍，若崩厥角。」[5] 後儒雖曲為之說，而不可通矣。

【注釋】

[1] 見《古文尚書・泰誓下》。

[2] 原注：「蔡氏曰：『《泰誓》、《武成》一篇之中，似非盡出一人之口。』又引吳氏言，疑其書之晚出，或非盡當時之本文。蓋已見及乎此，特以注家之體，未敢直言其偽耳。」

[3] 見《古文尚書・泰誓中》。

[4] 見《孟子・盡心下》。

[5] 見《古文尚書・泰誓中》。

【點評】

顧炎武認為「《泰誓》之文出於魏晉間人之偽撰」，這是從思想出發，而不是從歷史出發。寧信《泰誓》偽，不信武王之革命宣傳。伐君大事託之於夢，乃是宣傳工作的需要，鼓舞士氣，本無可疑。今日復興中華不亦託之於夢嗎？顧炎武雖為考據大家，但在重大歷史問題上仍然會犯低級錯誤，先入為主，先認定周武王乃聖人，聖人不會說不仁不義之話，行不仁不義之事。如此一來，他只好懷疑文本，曲為之說。

王朝步自周

《武成》：「王朝步自周，於征伐商。」《召誥》：「王朝步自周，則至於豐。」

《畢命》:「王朝步自宗周,至於豐。」不敢乘車,而步出國門,敬之至也。後之人君驕恣惰佚 [1],於是有輦而行國中,坐而見群臣,非先王之制矣。

《呂氏春秋》:「出則以輿,入則以輦,務以自佚,命之曰招蹷之機。」[2] 宋呂大防言 [3]:「前代人主在宮禁之中亦乘輿輦,祖宗皆步自內庭,出御前殿,此勤身之法也。」[4]

《太祖實錄》:「吳元年,上以諸子年長,宜習勤勞,使不驕惰,命內侍製麻屨行縢。每出城稍遠,則馬行其二,步趨其一。」[5] 至崇禎帝 [6],亦嘗步禱南郊 [7]。嗚呼!皇祖之訓遠矣。

【注釋】

[1] 惰佚:懶惰放逸。

[2] 見《呂氏春秋·本生》。自佚:自圖安逸。蹷:腳上肌肉痿縮、神經麻痹而不能行走。

[3] 呂大防(1027～1097),字微仲,京兆府藍田(今陝西藍田)人。皇祐元年進士。官至尚書左僕射兼門下侍郎,封汲郡公。南宋初年追諡為正愍,追贈太師、宣國公。著有《文錄》二十卷、《文錄掇遺》一卷。

[4] 內庭:宮禁以內。出御:帝王臨幸。前殿:正殿。

[5] 見《明太祖實錄》二八下,吳元年十二月。麻屨:即麻鞋。

[6] 原作「至於先帝」。

[7] 步禱:謂進行禹步禱告。南郊:古代天子在京都南面的郊外築圜丘以祭天的地方。

【點評】

先王上朝不敢乘車,安步當車,後之人君驕恣惰佚,出則以輿,入則以輦,務以自佚。古之王子尚且宜習勤勞,使不驕惰;今之富翁驕子,四體不勤,驕恣惰佚,出入皆寶馬豪車,豈止招蹷?

汝其敬識百辟享 [1]

人主坐明堂而臨九牧 [2],不但察群心之向背,亦當知四國之忠奸。故嘉禾同穎,美侯服之宣風 [3];底貢厥獒,戒明王之慎德,所謂「敬識百辟享」也。昔者唐明皇之致理也,受張相千秋之鏡 [4],聽元生《於蔿之歌》,亦能以讐諤為珠璣 [5],以仁賢為器幣。及乎王心一蕩,佞諛日崇,開廣運之潭 [6],致江南之貨,廣陵銅器,京口綾衫,錦纜牙檣 [7],彌亙數里;靚妝鮮服,和

者百人，乃未幾而薊門之亂作矣 [8]。然則韋堅、王鉷之徒 [9]，剝民以奉其君者，皆「不役志於享」者也 [10]。《易》曰：「公用享於天子，小人弗克。」[11] 若明皇者，豈非享多儀而民曰不享者哉 [12]！

【注釋】

[1] 見《尚書·洛誥》。偽孔傳：「奉上謂之享。言汝為王，其當敬識百君諸侯之奉上者，亦識其有違上者。」識：察識。百辟：諸侯。享：諸侯朝見天子時的禮節。

[2] 明堂：古代帝王宣明政教的地方。凡朝會、祭祀、慶賞、選士、養老、教學等大典都在此舉行。九牧：九州之長。

[3] 侯服：古代王城外圍，按距離遠近劃分的區域之一。夏制稱離王城一千里的地方。周制稱王城周圍方千里以外的方五百里的地區。宣風：宣揚風教德化。

[4] 張相，指張九齡。千秋之鏡，指寶鏡。按：唐玄宗千秋節，群臣皆獻寶鏡。張九齡曰：「以鏡自照見形容，以人自照見吉凶。」乃述前世興廢之源，為書五卷，謂之《千秋金鑑錄》。又按：後世所傳《千秋金鑑錄》乃偽作。

[5] 謇諤：正直敢言。

[6] 廣運潭：位於灞河中下游，此地史稱「灞上」地區，歷史悠久、文化積澱深厚，廣運潭是盛唐時期主要的港口之一。時過境遷，廣運潭盛況不再。而今重建，廣運潭再次恢復舊貌。

[7] 錦纜：錦制的纜繩；精美的纜繩。牙檣：象牙裝飾的桅杆。一說桅杆頂端尖銳如牙，故名。後為桅杆的美稱。

[8] 薊門：即薊丘。蔣一葵《長安客話·古薊門》：「京師古薊地，以薊草多得名……今都城德勝門外有土城關，相傳是古薊門遺址，亦曰薊邱。」

[9] 韋堅，字子金，唐京兆萬年（今陝西西安）人。唐朝大臣。事蹟相見《舊唐書》本傳。王鉷（？～752），太原郡祁縣人，唐朝大臣，封太原縣公，兼殿中監。事蹟相見《舊唐書》本傳。

[10] 見《尚書·洛誥》。役志：用心。

[11] 見《易·大有》九三爻辭。

[12] 多：重視。儀：禮儀。

【點評】

這是顧炎武的君主慎德論。君主尤其是聖明的君主要注重道德修養，不但要明察

民心之向背，也當明辨天下之忠奸。他以唐明皇為例，前期能夠接受宰相張九齡的《千秋金鑒錄》，重用正直敢言之士，國力大盛；後期王心一蕩，佞諛小人剝民以奉君，雖然表面上看起來重視禮儀，實際上老百姓還是認為不用心。透過字裏行間，我們不難看出，這也是顧炎武的「辨奸論」，他對禍國殃民之奸臣始終是不肯饒恕的。

文侯之命

　　《竹書紀年》：幽王三年，嬖褒姒。五年，王世子宜臼出奔申。八年，王立褒姒之子伯盤為太子 [1]。九年，申侯聘西戎及鄫。十年，王師伐申。十一年，申人、鄫人及犬戎入周，弒王及王子伯盤。申侯、魯侯、許男、鄭子立宜臼於申，虢公翰立不子餘臣於攜，周二王並立。平王元年，王東徙雒邑。晉侯會衛侯、鄭伯、秦伯，以師從王入於成周。二十一年，晉文侯殺不子餘臣於攜 [2]。然則《文侯之命》，報其立己之功，而望之以殺攜王之效也。鄭公子蘭之從晉文公而東也，請無與圍鄭，晉人許之。今平王既立於申 [3]，自申遷於雒邑，而復使周人為之戍申，則申侯之伐，幽王之弒，不可謂非出於平王之志者矣。當日諸侯但知其家嗣為當立，而不察其與聞乎弒為可誅，虢公之立不子餘臣，或有見乎此也。自文侯用師，替攜王以除其偪 [4]，而平王之位定矣。後之人徒以成敗論，而不察其故，遂謂平王能繼文、武之緒，而惜其棄岐豐七百里之地，豈為能得當日之情者哉？孔子生於二百年之後，蓋有所不忍言，而錄《文侯之命》於《書》，錄《揚之水》之篇於《詩》，其旨微矣。《傳》言「平王東遷」，蓋周之臣子美其名爾，綜其實不然。凡言遷者，自彼而之此之辭，盤庚遷於殷是也。幽王之亡，宗廟社稷以及典章文物蕩然皆盡，鎬京之地已為西戎所有；平王乃自申東保於雒。天子之國，與諸侯無異，而又有攜王與之頡頏，並為人主者二十年，其得存周之祀幸矣，而望其中興哉？

【注釋】

[1] 伯盤，即伯服。原注：「古『服』字與『盤』字相近而誤。」伯服（前779～前750），周幽王與褒姒之子。即周攜王。

[2] 原注：《左傳·昭二十六年》，王子朝告諸侯之辭曰：「攜王奸命，諸侯替之，而建王嗣。」杜氏以攜王為伯服，蓋失之不考。

[3] 申：古國名。姜姓。周封伯夷之後於申，春秋時滅於楚。故城在今河南省南陽市。

[4] 偪：逼迫；威脅。

【點評】

從來的史書都講「平王中興」，顧炎武不同意這一觀點，他說這是後人徒以成敗論英雄而不考察歷史事實的典型。根據汲冢出土的《竹書紀年》所提供的史料，他為我們講述了歷史的真相。顧炎武獨具隻眼地看到：正是周平王勾結犬戎，才使得西周的典章文物蕩然皆盡，鎬京之地盡為西戎所有，而他自己則不得不東徙雒邑以自保。這其實是一部華夏民族的敗類們為了一己之私利而出賣民族利益、引狼入室、殺害自己的父兄和同胞的恥辱史，哪裏說得上是什麼「周室之中興」、什麼「繼文武之緒」呢？〔註2〕

顧炎武還獨具隻眼地看出，自宋朝以來，夷狄的入侵之所以如入無人之境，就在於專制統治者出於家天下的自私考慮，把防止民眾的反抗看得比防止夷狄入侵更為重要。「我不能守，賊亦不能據」九個字，把宋太祖以來專制帝王的陰暗心理揭露得淋漓盡致。他認為自宋太祖以來，防備的重點已不是周邊的夷狄，而是境內的臣民。宋太祖趙匡胤為了使反抗的民眾不能憑藉堅固的城池與官軍作戰，遂盡撤各地的城防，使各城市不再有「城郭溝池以為固」的防守優勢。這樣，當民眾起來造反時，即使佔據了某座城池也不可能守住。於是，造反的民眾就只能退居山中以自保了。這一策略對於防備境內民眾的反抗確實是有一定效果的，但卻為境外夷狄的入侵而大開方便之門，由於各地城防的廢棄，遂導致「風塵乍起，而天下無完邑」的悲慘結局。北宋和南宋的情形是如此，明朝末年的情形也是如此。讀顧炎武的這一論述，確能使人「開拓萬古之心胸」，他使我們認識到，專制統治者把家天下的一己之私利置於民族利益之上，是造成外敵入侵、喪權辱國的根本原因，是阻礙中國社會發展的根本因素。吳三桂引清軍入關來鎮壓農民起義，不過是承續了三千年專制統治者「寧贈友邦，勿與家奴」的反動政治哲學的餘緒。中國近代的專制統治者，從曾國藩借助美國人華爾的洋槍隊來鎮壓太平天國農民起義，到慈禧太后的「量中華之物力，結與國之歡心」，依然奉行的是「寧贈友邦，勿與家奴」的反動政治哲學。顧炎武對於這一反動政治哲學的批判，不僅明清之際的其他哲人沒有講過，就是後人也很少有認識到這一點的，真可謂是獨步今古。〔註3〕

顧炎武曰：「後之人徒以成敗論，而不察其故，遂謂平王能繼文、武之緒，而惜其棄岐豐七百里之地，豈為能得當日之情者哉？」不以成敗論英雄，所論至為正大。

〔註2〕許蘇民：《日知錄一百句》，復旦大學出版社2011年版，第46頁。
〔註3〕許蘇民：《顧炎武評傳》，南京大學出版社2006年版，第449～452頁。

《日知錄》卷三

孔子刪詩 [1]

孔子刪詩，所以存列國之風也，有善有不善，兼而存之。猶古之太師陳詩，以觀民風 [2]；而季札聽之，以知其國之興衰。正以二者之並陳，故可以觀，可以聽。世非二帝，時非上古，固不能使四方之風有貞而無淫，有治而無亂也。文王之化被於南國，而北鄙殺伐之聲，文王不能化也。使其詩尚存，而入夫子之刪，必將存南音以係文王之風，存北音以係紂之風，而不容於沒一也。是以《桑中》之篇，《溱洧》之作，夫子不刪，志淫風也。《叔于田》為譽段之辭，《揚之水》、《椒聊》為從沃之語，夫子不刪，著亂本也。淫奔之詩錄之不一而止者，所以志其風之甚也。一國皆淫，而中有不變者焉，則亟錄之，《將仲子》畏人言也，《女曰雞鳴》相警以勤生也，《出其東門》不慕乎色也，《衡門》不願外也，選其辭，比其音，去其煩且濫者，此夫子之所謂刪也。後之拘儒不達旨，乃謂淫奔之作不當錄於聖人之經，是何異唐太子弘謂商臣弒君不當載於《春秋》之策乎？真希元《文章正宗》[3]，其所選詩一掃千古之陋，歸之正旨。然病其以理為宗，不得詩人之趣。且如《古詩十九首》，雖非一人之作，而漢代之風略具乎此。今以希元之所刪者讀之，「不如飲美酒，被服紈與素」[4]，何以異乎《唐詩·山有樞》之篇；「良人惟古歡，枉駕惠前綏」[5]，蓋亦《邶詩》「雄雉于飛」之義；「牽牛織女」意仿《大東》，「兔絲女蘿」情同《車舝》。十九作中無甚優劣，必以坊淫正俗之旨，嚴為繩削，雖矯昭明之枉，恐失國風之義。六代浮華，固當芟落，使徐、庾不得為人，陳、隋不得為代，無乃太甚！豈非執理之過乎？

【注釋】

[1] 孔子刪詩：此說出自《史記・孔子世家》。謂古者詩三千餘篇，及至孔子，去其重，取可施於禮義者凡三百篇，孔子皆絃歌之，以求合韶、武雅頌之音。後世以司馬遷去古較近，所言必有因而然，多信之。然亦有疑者。唐孔穎達於《詩譜序疏》中稱：「如《史記》之言，則孔子之前，詩篇多矣，案書傳所引之詩，見在者多，亡逸者少，則孔子所錄不容十分去九，馬遷言古詩三千餘篇，未可信也。」更有甚者，如清崔述則以《論語》有「詩三百」之語，斷言「當孔子之時，已止此數，非自孔子刪之而後為三百也。」考今存《詩經》三百零五篇內容，歷歲久遠，布地遼廣，而分體編排，井然有序，比音用韻，大致相近，謂此未經刪汰整理，本來如此，殆難想像。凡有成就，歸美一聖，固未可信，而必謂孔子未曾刪詩，亦逞臆之談。

[2]《禮記・王制》：「命大師陳詩，以觀民風。」鄭玄注：「陳詩，謂採其詩而視之。」孔穎達疏：「此謂王巡守見諸侯畢，乃命其方諸侯大師是掌樂之官，各陳其國風之詩，以觀其政令之善惡。」陳詩：採集並進獻民間詩歌。

[3]《文章正宗》：宋真德秀編。真德秀（1178～1235），字景元，世人稱西山先生，福建浦城人。慶元五年（1199）進士，拜參知政事，卒諡文忠。此集分為辭令、議論、敘事、詩歌四類，錄《左傳》、《國語》以下，至於唐末之作。持論甚嚴，大意主於論理，而不論文。

[4] 見《古詩十九首・驅車上東門》。

[5] 見《古詩十九首・凜凜歲雲暮》。前綏：車前供登車用的挽繩。

【點評】

宋代以來，道學家評論文學作品，「以理為宗」，故對於反映人的感性生活欲求的作品，特別是反映男女情愛的作品「必以坊淫正俗之旨嚴為繩削」，如朱熹的弟子王柏竟然荒唐到了刪《詩經》的地步，就是頗為典型的一例。對此，顧炎武提出了嚴正的批評。他從存列國之詩以觀民風的觀點出發，認為孔子對於列國之詩兼而存之的做法是正確的。《詩經》中的《桑中》之篇、《溱洧》之作，都是反映人民的自由的情愛生活的作品。在文明史的初期，情感與道德理性的衝突，是以在特定的節日中恢復舊時自由的兩性關係來補償的，即使在中國早期儒家經典中也有這樣的記載。他不否認《詩經》中的《桑中》、《溱洧》等詩篇是「淫奔之作」，但他認為即使是淫奔之作也不是不可以保存，因為要做到「使四方之風有貞而無淫」是不可能的。孔子把反映這種風俗的詩篇保存在《詩經》中，正是為了反映當時社會生活的真實狀況。因此，他批評朱

熹一派的道學家為「後之拘儒」，說他們由於不明白這些道理，才會說出「淫奔之作，不當錄於聖人之經」這樣的蠢話來。真德秀卻以程朱理學的「天理」作為衡量文學的標準，連《古詩十九首》這樣優美的詩歌也要被排斥於道學家的所謂「文章正宗」之外，所以顧炎武批評其不得詩人之趣。〔註1〕

言私其豵

「雨我公田，遂及我私」[1]，先公而後私也。「言私其豵，獻豜于公」[2]，先私而後公也。自天下為家，各親其親，各子其子 [3]。而人之有私，固情之所不能免矣。故先王弗為之禁，非惟弗禁，且從而恤之。建國親侯，胙土命氏，畫井分田，合天下之私以成天下之公：此所以為王政也 [4]。至於當官之訓，則曰：「以公滅私。」然而祿足以代其耕，田足以供其祭，使之無將母之嗟，室人之謫，又所以恤其私也 [5]。此義不明久矣。世之君子必曰：「有公而無私。」此後世之美言，非先王之至訓也。

【注釋】

[1] 公田：古代井田制度下，把土地劃成「井」字形，分為九區，中區由若干農夫共同耕種，將收穫物全部繳給統治者，稱為「公田」。同中區以外的「私田」相對稱。

[2] 豵：一歲的豬。豜：三歲的豬。

[3] 見《禮記·禮運》。

[4] 胙土：指帝王將土地賜封功臣宗室，以酬其勳勞。

[5] 《詩·四牡》篇五章有「將母來諗」句。《詩·北門》篇二章及三章有「室人交遍謫我」句。

【點評】

顧炎武對於儒家倫理學說的一個重大貢獻，就在於把著名異端思想家李贄的「人必有私」說引進了儒家倫理學。在李贄之前，「私」字在中國是一個極其敏感的字眼。程朱理學的「天理人慾之辨」的實質，也就是所謂「公私之辨」：天理是公，人慾是私。所謂「存天理，滅人慾」，就是要破私立公，狠鬥私字一閃念。王陽明把程朱理學的外在的「天理」轉化為人的內心的「良知」，他所主張的「滅心中賊」，就是要人們在破私立公方面來一個靈魂深處爆發革命。只是到了公然以異端自居的李贄，才公然提出「人必有私」說，將自古以來不承認人性有私、無視合理的私人利益的傳統觀

〔註1〕許蘇民：《日知錄一百句》，復旦大學出版社 2011 年版，第 233～238 頁。

念一掃而空之。李贄說，不僅老百姓有私，哪個當官的沒有私，如果沒有俸祿之私，雖召之亦必不肯來；如果沒有爵位之私，雖勸之亦必不肯去。「然則為無私之說者，皆畫餅之談，觀場之見，但令隔壁好聽，不管腳跟虛實。」（《德業儒臣後論》）這一觀點在傳統的中國，真可謂是石破天驚之論；沒有正視現實的勇氣，是絕不敢說出這樣的大實話的。顧炎武與李贄有一個共同的特點，就是都敢於正視現實，所以他接受了李贄的「人必有私」說。但與李贄不同的是，李贄是赤膊上陣，顧炎武則要引經據典地給這一說法披上一件「先王之至訓」的外衣。〔註2〕

大原

「薄伐玁狁，至于大原。」[1] 毛、鄭皆不詳其地 [2]。其以為今太原陽曲縣者，始於朱子，而愚未敢信也。古之言大原者多矣，若此是必先求涇陽所在，而後大原可得而明也。《漢書·地理志》安定郡有涇陽縣，开頭山在西，《禹貢》涇水所出。《後漢書·靈帝紀》：「段熲破先零羌於涇陽。」注：「涇陽縣屬安定，在原州。」《郡縣志》：「原州平涼縣，本漢涇陽縣地，今縣西四十里涇陽故城是也。」然則大原當即今之平涼，而後魏立為原州，亦是取古大原之名爾。計周人之御玁狁，必在涇、原之間。若晉陽之太原，在大河之東，距周京千五百里，豈有寇從西來，兵乃東出者乎？故曰「天子命我城彼朔方」。而《國語》「宣王料民於大原」，亦以其地近邊而為禦戎之備，必不料之於晉國也。又按《漢書》賈捐之言：「秦地南不過閩越，北不過大原，而天下潰畔。」[3] 亦是平涼而非晉陽也。若《書·禹貢》「既修大原，至於岳陽」，《春秋》「晉荀吳帥師敗狄於大原」，及子產對叔向：「宣汾、洮，障大澤，以處大原。」[4] 則是今之晉陽。而豈可以晉之大原為周之大原乎？

【注釋】

[1] 見《詩·六月》篇五章。玁狁：即獫狁，我國古代北方少數民族。

[2] 毛、鄭指毛亨、毛萇兄弟及鄭玄（康成）。

[3] 見《漢書·賈捐之傳》。

[4] 見《春秋左傳》昭公元年。

【點評】

玁狁即西方世界所說的 saka 族，後來在次大陸北部定居的，叫做印度塞西安人。

〔註2〕許蘇民：《日知錄一百句》，復旦大學出版社 2011 年版，第 93 頁。

兩個大原，一是周之大原，方位在涇水發源地的平涼；一是晉之大原，方位在汾水中游的晉陽：二者是不容混淆的。〔註3〕

誇毗

「天之方懠，無為夸毗。」[1]《釋訓》曰：「誇毗，體柔也。」《後漢書·崔駰傳》注：「誇毗，謂佞人足恭，善為進退。」[2] 天下惟體柔之人，常足以遺民憂而召天禍。夏侯湛有云：「居位者以善身為靜，以寡交為慎，以弱斷為重，以怯言為信。」《抵疑》。[3] 白居易有云：「以拱默保位者為明智，以柔順安身者為賢能，以直行危言者為狂愚，以中立守道者為凝滯。故朝寡敢言之士，庭鮮執咎之臣，自國至家，寢而成俗。故父訓其子曰：『無介直以立仇敵。』兄教其弟曰：『無方正以賈悔尤。』且慎默積於中，則職事廢於外；強毅果斷之心屈，畏忌因循之性成。反謂率職而居正者不達於時宜，當官而行法者不通於事變。是以殿最之文，雖書而不實；黜陟之典，雖備不行。」《長慶集·策》。[4] 羅點有云：「無所可否，則曰得體；與世沉浮，則曰有量；眾皆皆默，己獨言，則曰沽名；眾皆濁，己獨清，則曰立異。」《宋史》本傳。觀三子之言，其於末俗之敝，可謂懇切而詳盡矣。

至於佞諂日熾，剛克消亡，朝多沓沓之流，士保容容之福，苟由其道，無變其俗，必將使一國之人皆化為巧言令色孔壬而後已。[5] 然則喪亂之所從生，豈不階於誇毗之輩乎？樂天作《胡旋女》詩曰：「天寶季年時欲變，臣妾人人學圓轉。」是以屈原疾楚國之士，謂之如脂如韋，而孔子亦云：「吾未見剛者。」[6]

【注釋】

[1] 懠：憤怒。誇毗：以諂諛、卑屈取媚於人。

[2] 足恭：過度謙敬，以取媚於人。

[3] 怯言：不輕易表示意見。《晉書·夏侯湛傳》：「居位者以善身為靜，以寡交為慎，以弱斷為重，以怯言為信。」

[4] 拱默：拱手緘默。危言：直言。執咎：《詩·小旻》：「發言盈庭，誰敢執其咎。」鄭玄箋：「謀事者眾，訩訩滿庭，而無敢決當是非，事若不成，誰云己當其咎責者。言小人爭知而讓過。」後以「執咎」稱敢於建言，不怕任過。

[5] 容容：隨眾附和貌。

[6] 脂韋：油脂和軟皮。《楚辭·卜居》：「寧廉潔正直以自清乎？將突梯滑稽如脂如

〔註3〕趙儷生：《趙儷生文集》第三卷，蘭州大學出版社2002年版，第164頁。

韋以絜楹乎？」後因以「脂韋」比喻阿諛或圓滑。

【點評】

什麼叫「誇毗」？顧炎武引《釋訓》和《後漢書》告訴我們：所謂誇毗，就是身體軟得像沒有骨頭，指做人沒骨氣、沒操守。用今天的話來說，所謂誇毗之性，就是奴才之性，諂媚之性，善於變化、毫無操守之性。誇毗的價值觀念是，以多磕頭、少說話為明智，以對上司柔順為賢能，以言行正直為狂愚，以不肯同流合污為不達時宜。誇毗之性造成了嚴重的社會危害。首先是造成了政治的昏亂：朝廷中很少有敢說真話的人，也很少有真正負責任的人，官員問責制度徒具虛文，一切都是假大空的官樣文章。其次是造成了社會風氣的敗壞：從朝廷到家庭，父親教育兒子不要耿介正直以樹仇敵，兄長教育弟弟不要方正以招悔尤。在這種教育下成長起來的人，只有畏忌因循之性而沒有強毅果斷之心。朝廷中諂佞日熾，剛克消亡，到處都是一幫杳茸無能之輩，到處充斥著精明而委瑣的小男人。這樣一種國民性，在遭遇外敵入侵的時候，又怎麼會不亡國？〔註4〕

魯頌商頌 [1]

《詩》之次序，猶《春秋》之年月，夫子因其舊文，述而不作也 [2]。頌者，美盛德之形容，以告宗廟。魯之頌，頌其君而已，而列之周頌之後者，魯人謂之頌也。世儒謂夫子尊魯，而進之為頌，是不然。魯人謂之頌，夫子安得不謂之頌乎？為下不倍也。《春秋》書「公」、書「郊禘」[3]，亦同此義。孟子曰：「其文則史。」不獨《春秋》也，雖六經皆然。今人以為聖人作書，必有驚世絕俗之見 [4]，此是以私心待聖人。世人讀書如王介甫 [5]，才入貢院 [6]，而一院之事「皆欲紛更」，此學者之大病也。

【注釋】

[1] 魯頌：《詩》「三頌」之一。共四篇。周成王封周公、伯禽於魯，周公有大功德於王室，故雖為諸侯國亦得有頌。四篇作於魯僖公晚年，為春秋中期作品。《商頌》是商朝及周朝時期宋國的詩歌，產生於商朝發源及建都地、宋國國都商丘。共有五篇。前三篇《那》、《烈祖》、《玄鳥》為祭祀商朝祖先的樂歌，不分章，產生的時間較早，早於周朝之前。後兩篇《長發》、《殷武》是歌頌商朝武丁伐荊楚的勝利，皆分章，產生的時間較晚，晚於宋襄公時期。

〔註4〕許蘇民：《日知錄一百句》，復旦大學出版社 2011 年版，第 76 頁。

[2] 述而不作：闡述前人成說，自己並不創新。《論語・述而》：「述而不作，信而好古。」

[3] 郊禘：古帝王以祖先配祭昊天上帝。

[4] 驚世絕俗：指卓絕特異，使世人震動。

[5] 王介甫：即王安石。

[6] 貢院：科舉時代鄉試的考場，即開科取士的場所。

【點評】

顧炎武以歷史的眼光去看待古代聖人經典，認為一切古代經典都不過是歷史的記載，無須加以人為的神化：「今人以為聖人作書，必有驚世絕俗之見，此是以私心待聖人。」他把這一思想貫穿於以史解經、以經證史的學術研究之中，從而對「六經皆史」的命題作出了頗有說服力的具體論證。……與傳統的以政治倫理需要去詮釋經典的治學態度不同，顧炎武論證六經皆史，乃是一種歷史學家的態度；他強調「經學自有源流」（《與人書四》），亦表現出一種歷史學家的眼光；又講「經學即理學」，講道在器中，理在事中，亦明顯具有從古代文獻記載所展示的歷史進程中去探尋規律的意味。由此可見，他已具有建立一種融經學於史學或以史學統攝經學的歷史科學的意向。〔註5〕

詩序

《詩》之世次必不可信 [1]，今《詩》亦未必皆孔子所正。且如褒姒滅之 [2]，幽王之詩也，而次於前；召伯營之 [3]，宣王之詩也，而次於後。序者不得其說，遂並《楚茨》、《信南山》、《甫田》、《大田》、《瞻彼洛矣》、《裳裳者華》、《桑扈》、《鴛鴦》、《魚藻》、《采菽》十詩，皆為刺幽王之作，恐不然也。又如《碩人》，莊姜初歸事也，而次於後；《綠衣》、《日月》、《終風》，莊姜失位而作，《燕燕》，送歸妾作，《擊鼓》，國人怨州吁而作也，而次於前。《渭陽》，秦康公為太子時作也，而次於後；《黃鳥》，穆公薨後事也，而次於前。此皆經有明文可據，故鄭氏謂《十月之交》、《雨無正》、《小旻》、《小宛》，皆刺厲王之詩。漢興之初，師移其第耳。而《左氏傳》楚莊王之言曰：「武王作《武》，其卒章曰『耆定爾功』，其三曰『敷時繹思，我徂維求定』，其六曰：『綏萬邦，屢豐年』。」今詩但以「耆定爾功」一章為《武》，而其三為《賚》，其六為《桓》，章次復相隔越。《儀禮》歌《召南》三篇，越《草蟲》而取《采蘋》，正義以為《采蘋》舊在《草蟲》之前。知今日之詩已失古人之次，非夫子所謂「雅頌各

〔註5〕許蘇民：《日知錄一百句》，復旦大學出版社2011年版，第6頁。

得其所」者矣。

【注釋】

[1] 世次：世系相承的先後。

[2] 褒姒：古之妖姬。幽王：即周幽王，周代第十二位王，在位期間不務朝政，沉溺於美色，甚至導演烽火戲諸侯的鬧劇，直接導致西周的滅亡，可以說是亡國之君的典型代表。宣王：周代第十一位王，政治上任用召穆公、尹吉甫、程伯休父等賢臣輔佐朝政；軍事上借助諸侯之力，任用南仲、召穆公、尹吉甫等陸續討伐玁狁、西戎、淮夷、徐國和楚國，使西周的國力得到短暫恢復，史稱「宣王中興」。

[3] 召伯：西周宗室。因采邑於召（今陝西岐山西南），故稱召公。成功輔佐成王、康王，世稱「成康之治」。

【點評】

　　《詩經》中的詩歌的次序，原本是按照史事發生的年代先後編排的，正如《春秋》的年月一樣，《詩經》是一部以藝術的形式出現的編年史。根據這一觀點，他斷定如今的《詩經》編次已經不是當年之舊，早就被後人搞亂了。他說如今《詩經》的次序必不可信，並不是孔子所訂正的本子。為了恢復《詩經》的本來次序，顧炎武作了大量的考證。這些考證不僅在相當大的程度上據實恢復了《詩經》按史事發生年代的先後排列的次序，說明我們中華民族也有自己的古代史詩或詩史；而且在以史解《詩》、以詩證史的方法運用方面，也達到了一種方法論的自覺。〔註6〕

〔註6〕許蘇民：《日知錄一百句》，復旦大學出版社 2011 年版，第 10 頁。

《日知錄》卷四

魯之《春秋》

《春秋》不始於隱公。晉韓宣子聘魯 [1]，觀書於太史氏 [2]，見《易象》與《魯春秋》，曰：「周禮盡在魯矣，吾乃今知周公之德與周之所以王也。」蓋必起自伯禽之封 [3]，以洎於中世。當周之盛，朝覲會同征伐之事皆在焉 [4]，故曰：周禮而成之者，古之良史也 [5]。自隱公以下，世道衰微，史失其官，於是孔子懼而修之，自惠公以上之文無所改焉，所謂「述而不作」者也。自隱公以下，則孔子以己意修之，所謂「作《春秋》」也。然則自惠公以上之《春秋》，固夫子所善而從之者也，惜乎其書之不存也。

【注釋】

[1] 韓宣子：即韓起，春秋時期晉國卿大夫。

[2] 太史氏：史官。

[3] 伯禽：名禽，伯是其排行，尊稱禽父，周文王姬昌之孫，周公旦長子，周武王姬發之侄，周朝諸侯國魯國第一任國君。

[4] 朝覲：謂臣子朝見君主。會同：古代諸侯朝見天子的通稱。

[5] 良史：優秀的史官。指能秉筆直書、記事信而有徵者。

【點評】

「述而不作」本是中國古代文化傳統，至晚清民國時期尚遵行之。近三十年來，尤其是新世紀以來，舉國上下，言必稱「創新」。「創新是一個民族進步的靈魂，是一個國家興旺發達的不竭源泉，也是中華民族最鮮明的民族稟賦。」誠然誠然。科技日

新月異，需要創新，完全可以做到苟日新，日日新，又日新；而人文需要繼承，首先必須恪守「述而不作」，然後才能守正出新，推陳出新。因此，「述而不作」這一優秀的人文傳統不應該棄若敝屣，理應得到同情之理解。

《春秋》闕疑之書 [1]

孔子曰：「吾猶及史之闕文也。」[2] 史之闕文，聖人不敢益也 [3]。《春秋‧桓公十七年》：「冬十月朔，日有食之。」傳曰：「不書日，官失之也。」《僖公十五年》：「夏五月，日有食之。」傳曰：「不書朔與日，官失之也。」以聖人之明，千歲之日至可坐而致，豈難考歷布算以補其闕，而夫子不敢也，況於史文之誤而無從取正者乎？況於列國之事得之傳聞不登於史策者乎？《左氏》之書，成之者非一人，錄之者非一世，可謂富矣，而夫子當時未必見也。史之所不書，則雖聖人有所不知焉者。且《春秋》，魯國之史也，即使歷聘之餘，必聞其政，遂可以百二十國之寶書增入本國之記注乎？若乃改葬惠公之類，不書者，舊史之所無也。曹大夫、宋大夫、司馬、司城之不名者，闕也。鄭伯髡頑、楚子麇、齊侯陽生之實弒而書卒者，傳聞不勝簡書，是以從舊史之文也。《左氏》出於獲麟之後，網羅浩博，實夫子之所未見。乃後之儒者似謂已有此書，夫子據而筆削之。即《左氏》之解經，於所不合者亦多曲為之說；而經生之論遂以聖人所不知為諱。是以新說愈多，而是非靡定。故今人學《春秋》之言皆郢書燕說 [4]，而夫子之不能逆料者也 [5]。子不云乎：「多聞闕疑，慎言其餘。」豈特告子張乎？修《春秋》之法亦不過此。

《春秋》因魯史而修者也，《左氏傳》採列國之史而作者也。故所書晉事，自文公主夏盟，政交於中國，則以列國之史參之，而一從周正，自惠公以前，則間用夏正。其不出於一人明矣。其謂賵仲子為子氏，未薨；平王崩，為赴以庚戌；陳侯鮑卒，為再赴：似皆揣摩而為之說。

【注釋】

[1] 闕疑：遇有疑惑，暫時空著，不作主觀推測。

[2] 闕文：原指有疑暫缺的字。後亦指有意存疑而未寫出的文句。《論語‧衛靈公》：「吾猶及史之闕文也。」何晏《論語集解》引包咸曰：「古之良史，於書字有疑則闕之，以待知者。」

[3] 《文心雕龍‧鍊字》：「史之闕文，聖人所慎，若依義棄奇，則可與正文字矣。」

[4] 郢書燕說：《韓非子‧外儲說左上》：「郢人有遺燕相國書者，夜書，火不明，因

謂持燭者曰：『舉燭』，云而過書『舉燭』。舉燭，非書意也。燕相受書而說之，曰：『舉燭者，尚明也；尚明也者，舉賢而任之。』燕相白王，王大悅，國以治。治則治矣，非書意也。」後因以「郢書燕說」比喻曲解原意，以訛傳訛。

[5] 逆料：預料。

【點評】

顧炎武認為孔子作《春秋》的方法只是「多聞闕疑，慎言其餘」八個字，只有按照這一方法去理解《春秋》，才是一種「甚易而實是」的方法；而從《春秋》中去尋找什麼「筆削大義微言」，則是一種「甚難而實非」的方法。他說《春秋》所記載的史實，按照年代的遠近，可分為三世：即「所見世」、「所聞世」、「所傳聞世」。孔子對於其所親見的魯昭公、魯定公、魯哀公三朝之事，乃直接用以補國史所缺；而對於「所聞世」和「所傳聞世」的史事，就不得不採取十分慎重的態度了。顧炎武致力於祛除後儒籠罩在《春秋》一書上的神秘色彩，把後儒借闡說《春秋》而發揮的一套維護專制政治倫理的說教統統說成是對孔子的曲解，具有難能可貴的積極意義；但他忽略了孔子的「為尊者諱」，又是他的不足之處。〔註1〕

「明先王之道」是以「言」（「經」）為媒介的人（「君子」）與人（「聖人」）之間的精神交往關係，以此聯繫來看其「發揮王道」的主張，則不難看出其中實在還包含著這樣一種精神，就是他不再像傳統儒者那樣「畏聖人之言」，唯「聖人之言」是從，而是肯定了「君子」在判斷是非方面的自主性，強調「君子」應該有判斷是非的自決權——他所謂「雖聖人有所不知焉者」可以看作就是為此觀點作辯護的。在顧炎武看來，聖人之知與常人之知並沒有什麼本質區別，聖人之知不見得一定比常人之知高明，「今人以為聖人作書必有驚世絕俗之見，此是以私心待聖人」（《日知錄》卷三「魯頌商頌」條）也。這種不迷信「聖人」，不以「聖人」之所是所非為是非的標準，而敢於自作主張的態度，反映了顧炎武雖力倡「明先王之道」，卻絕不崇拜「先王」，其於古今關係的根本態度是現實的，進取的。他在史學上提倡「引古籌今」、「鑒往所以訓今」，就正與其進取的歷史觀緊密相關。〔註2〕

謂一為元

楊龜山《答胡康侯書》曰 [1]：「蒙錄示《春秋》第一段義，所謂元者，仁也；仁，人心也。《春秋》深明其用，當自貴者始，故治國先正其心。其說

〔註1〕許蘇民：《日知錄一百句》，復旦大學出版社2011年版，第44頁。
〔註2〕周可真：《顧炎武哲學思想研究》，當代中國出版社1999年版，第71～72頁。

似太支離矣，恐改元初無此意。三代正朔，如忠質文之尚，循環無端，不可增損也。斗綱之端，連貫營室 [2]，織女之紀，指牽牛之初，以紀日月，故曰星紀 [3]。五星起其初，日月起其中，其時為冬至，其辰為丑。三代各據一統，明三統常合 [4]，而迭為首，周環五行之道也。周據天統，以時言也；商據地統，以辰言也；夏據人統，以人事言也。故三代之時，惟夏為正。謂《春秋》以周正紀事是也，正朔必自天子出，改正朔，恐聖人不為也。若謂以夏時冠月，如《定公元年》：『冬十月，隕霜殺菽。』若以夏時言之，則十月隕霜，乃其時也，不足為異。周十月，乃夏之八月，若以夏時冠月，當曰『秋十月』也。」

　　《五代史·漢本紀》論曰：「人君即位稱元年，常事爾，孔子未修《春秋》其前固已如此。雖暴君昏主、妄庸之史，其記事先後遠近，莫不以歲月一、二數之，乃理之自然也，其謂一為『元』，蓋古人之語爾。及後世曲學之士，始謂孔子書『元年』為《春秋》大法，遂以改元為重事。」徐無黨注曰：「古謂歲之一月亦不云一而曰『正月』，《國語》言六呂曰『元間大呂』，《周易》列六爻曰『初九』，大抵古人言數多不云『一』，不獨謂年為『元』也。」呂伯恭《春秋講義》曰：「命日以『元』，《虞典》也。命祀以『元』，《商訓》也。年紀日辰之首其謂之元，蓋已久矣，豈孔子作《春秋》而始名之哉！說《春秋》者乃言《春秋》謂一為『元』，殆欲深求經旨，而反淺之也。」

【注釋】

[1] 楊龜山：即楊時（1053～1135），字中立，號龜山，將樂人。熙寧九年進士。以龍圖閣直學士專事著述講學。先後學於二程，同游酢、呂大臨、謝良佐並稱「程門四大弟子」。晚年隱居龜山，學者稱龜山先生。胡康侯：即胡安國（1074～1138），字康侯，號青山，謚號文定，學者稱武夷先生，後世稱胡文定公。建寧崇安（今屬福建省武夷山市）人。紹聖四年（1097）進士。提舉湖南學事，後遷居衡陽南嶽，開湖湘學派。事蹟詳見《宋史·儒林傳》。

[2] 營室：星名。即室宿，二十八宿之一。

[3] 星紀：星次名。十二次之一。與十二辰之醜相對應，二十八宿中之斗、牛二宿屬之。

[4] 三統：指夏、商、周三代的正朔。夏正建寅為人統，商正建丑為地統，周正建子為天統。亦謂之三正。

【點評】

　　胡安國是宋代著名的《春秋》學家，著有《春秋傳》三十卷，其書作於宋室南渡之後，故感激時事，往往借《春秋》以寓意，不必一一悉合於經旨。如胡安國講解《春秋》第一段義時說：「元者，仁也；仁，人心也。《春秋》深明其用，當自貴者始，故治國先正其心。」楊時認為其說似太支離矣，恐改元初無此意。顧炎武引用徐無黨、呂伯恭，強烈批評那些宋學家欲深求經旨反而失之於淺的做法，在明清之際顯然有轉變學風的意圖。《朱子語錄》曰：「胡氏《春秋傳》有牽強處，然議論有開合精神。」《四庫提要》認為此為「千古之定評」。

　　清儒陳祖範《經咫》云：「治《春秋》者，尊聖人太過，索聖人之意太深，至於苛密煩擾，彼此義例自相乖剌，而經旨愈益茫昧。如開卷『元年春王正月』，魯史奉周正朔，紀事之常規，有何深義，而謂《春秋》謹五始之要？董子治《公羊》，以『正』次『王』，『王』次『春』，為對策論端。假使冠『王』於『春』上，雖初學亦知其不順也。後來『夏時冠周月，改正不改時』之辨益紛紛矣。說者巧為先數後數、目治耳治之別，讚歎為聖人性命之文，果其然乎？孔穎達譏劉焯釋《尚書》『非險而更為險，無義而更生義』，蓋是治經之通病，而春秋家尤甚。凡若此類，但可資為談助，以為得聖人之意則未也。」這種批評可謂正中肯綮。

《春秋》言天之學

　　天文五行之說，愈疏則多中，愈密則愈多不中。春秋時言天者，不過本之分星 [1]，合之五行，驗之日食、星孛之類而已 [2]。五緯之中但言歲星 [3]，而餘四星占不之及，何其簡也。而其所詳者，往往在於君卿大夫言語動作威儀之間及人事之治亂敬怠，故其說也易知，而其驗也不爽。揚子《法言》曰：「史以天占人，聖人以人占天。」

【注釋】

[1] 分星：與地上分野相對應的星次。

[2] 星孛：彗星。

[3] 五緯：金、木、水、火、土五星。清夏炘《學禮管釋·釋十有二歲》：「五緯之名，木曰歲星，火曰熒惑，土曰填星，金曰太白，水曰辰星。」歲星：即木星。古人認識到木星約十二年運行一周天，其軌道與黃道相近，因將周天分為十二分，稱十二次。木星每年行經一次，即以其所在星次來紀年，故稱歲星。

【點評】

顧炎武雖然相信天人感應，對於「天道幽且深」懷有一份虔誠而神聖的敬畏，但他更注重人事，強調人事才是決定國家興衰存亡的最重要因素。〔註3〕

今按：「天文五行之說，愈疏則多中，愈密則愈多不中。」善哉斯言！

歐陽修《新五代史》卷五十九《司天考第二》云：「昔孔子作《春秋》而天人備。予述本紀，書人而不書天，予何敢異於聖人哉！其文雖異，其意一也。自堯、舜、三代以來，莫不稱天以舉事，孔子刪《詩》、《書》不去也。蓋聖人不絕天於人，亦不以天參人。絕天於人則天道廢，以天參人則人事惑，故常存而不究也。《春秋》雖書日食、星變之類，孔子未嘗道其所以然者，故其弟子之徒，莫得有所述於後世也。然則天果與於人乎？果不與乎？曰：天，吾不知，質諸聖人之言可也。《易》曰：『天道虧盈而益謙，地道變盈而流謙，鬼神害盈而福謙，人道惡盈而好謙。』此聖人極論天人之際，最詳而明者也。其於天地鬼神，以不可知為言；其可知者，人而已。夫日中則昃，盛衰必復。天，吾不知，吾見其虧益於物者矣。草木之成者，變而衰落之；物之下者，進而流行之。地，吾不知，吾見其變流於物者矣。人之貪滿者多禍，其守約者多福。鬼神，吾不知，吾見人之禍福者矣。天地鬼神，不可知其心，則因其著於物者以測之。故據其跡之可見者以為言，曰虧益，曰變流，曰害福。若人，則可知者，故直言其情曰好惡。其知與不知，異辭也，參而會之，與人無以異也。其果與於人乎，不與於人乎，則所不知也。以其不可知，故常尊而遠之；以其與人無所異也，則修吾人事而已。人事者，天意也。《書》曰：『天視自我民視，天聽自我民聽。』未有人心悅於下，而天意怒於上者；未有人理逆於下，而天道順於上者。然則王者君天下，子生民，布德行政，以順人心，是之謂奉天。至於三辰五星常動而不息，不能無盈縮差忒之變，而占之有中有不中，不可以為常者，有司之事也。本紀所述人君行事詳矣，其興亡治亂可以見。至於三辰五星逆順變見，有司之所佔者，故以其官志之，以備司天之所考。嗚呼，聖人既沒而異端起。自秦、漢以來，學者惑於災異矣，天文五行之說，不勝其繁也。予之所述，不得不異乎《春秋》也，考者可以知焉。」對天文五行之說也持強烈的批評。

《左氏》不必盡信

昔人所言興亡禍福之故不必盡驗。《左氏》但記其信而有徵者爾，而亦不盡信也 [1]。三良殉死 [2]，君子是以知秦之不復東征；至於孝公，而天子致伯，諸侯畢賀，其後始皇遂併天下。季札聞齊風 [3]，以為國未可量；乃不久而篡

〔註3〕許蘇民：《日知錄一百句》，復旦大學出版社 2011 年版，第 25 頁。

於陳氏。聞鄭風，以為其先亡乎；而鄭至三家分晉之後始滅於韓 [4]。渾罕言：「姬在列者，蔡及曹、滕其先亡乎？」而滕滅於宋王偃，在諸姬為最後。《僖三十一年》：狄圍衛，衛遷於帝丘。卜曰：「三百年。」而衛至秦二世元年始廢，歷四百二十一年。是《左氏》所記之言亦不盡信也。

【注釋】

[1] 信而有徵：真實而有依據。

[2] 三良：三賢臣。指秦穆公時的奄息、仲行、針虎。殉死：陪同死亡。

[3] 季札：（前 576 年～前 484 年），姬姓，壽氏，名札，又稱公子札、延州來季子、吳札，春秋時吳王壽夢第四子，封於延陵（今常州），是一位具有遠見卓識的政治家和外交家。

[4] 三家分晉：公元前 453 年，趙聯合韓、魏滅掉了智氏，晉國公室名存實亡。

【點評】

「信而有徵」是顧炎武堅持的考據學原則，也是清代樸學的第一原則。顧炎武竟然以此標準衡量《左傳》，這在當時需要勇氣與膽識，因為《左傳》屬於經，他卻根據幾條鐵證，大膽地宣稱：「《左氏》所記之言亦不盡信。」《左傳·昭公八年》強調：「君子之言，信而有徵，故怨遠於其身。」無異於以經之矛攻經之盾。顧炎武所說並非乖戾狠悖的害道之言，而是實事求是，徵而後信。

母弟稱弟

「齊侯使其弟年來聘。」《公羊傳》：「其稱弟何？母弟稱弟，母兄稱兄。」[1]《左氏·宣公十七年傳》亦曰：「凡稱弟，皆母弟也。」何休以為：「春秋變周之文，從殷之質，質家親親，明當親厚，異於群公子也。」[2] 夫一父之子，而以同母、不同母為親疏，此時人至陋之見。春秋以下，骨肉衰薄，禍亂萌生，鮮不由此。詩人美鳲鳩均愛七子 [3]，豈有於父母則望之以均平，於兄弟則教之以疏外？以此為質，是所謂「直情而徑行，戎狄之道也」[4]。郭氏曰：「若如《公羊》之說，則異母兄弟不謂之兄弟乎？」[5] 程子曰：「禮文有『立嫡子同母弟』之說。其曰同母弟，蓋謂嫡耳，非以同母弟為加親也。若以同母弟為加親，則知有母，不知有父，是禽獸也。」[6]

【注釋】

[1] 見《公羊傳》隱公七年。母弟：同母之弟，別於庶弟。母兄：同母之兄，別於

庶兄。

［2］見《公羊傳》隱公七年何休解詁。

［3］《詩·鳲鳩》：「鳲鳩在桑，其子七兮。」鳲鳩：即布穀。

［4］見《禮記·檀弓下》。孔穎達疏：「謂直肆己情而徑行也。」直情：剛直的性情。徑行：任性而行。

［5］郭氏：兼山郭忠孝，字立之。此引見《禮記集說》。

［6］見程頤《程氏經說》五。《朱子語類》卷九十《禮七》：「宗子只得立適，雖庶長，立不得。若無遺子，則亦立庶子，所謂『世子之同母弟』。」

【點評】

這是顧炎武的人格平等觀。反對等差觀念、提倡平等待人，是顧炎武倫理道德學說中最富於近代性的因素之一。針對傳統的中國社會所盛行勢利觀念、澆薄之風，顧炎武鮮明地提出了決不以勢利之心待人的原則，作為其主張的「行己有恥」的道德底線的一個重要內容。顧炎武敏銳地意識到，儒家道德倫理的一大弊病在於待人接物總是以關係之親疏、人情之厚薄為轉移，而根源在於序尊卑、明貴賤的等級制度過於森嚴，乃至於連同父異母的兄弟也要分出個尊卑貴賤來，以嫡出為尊貴，以庶出為卑賤，並要求以「等差之愛」的態度來區別親疏。他深刻揭露了傳統儒家的「等差之愛」的觀念的危害性，駁斥了為等差觀念辯護的所謂「《春秋》變周之文，從殷之質」的觀點，明確認為傳統儒家「等差之愛」的觀念是「戎狄之道」，不是文化先進的漢民族應該有的道德觀念，這是對傳統的儒家倫理的一個重大突破，表現了明清之際社會關係變動所引發的道德觀念變化的新特色。〔註4〕

而為《日知錄》做集釋工作的黃汝成則堅持認為：「母弟稱弟，重適妻而嚴父統也。此義不明，而以妾為妻，廢嫡立庶之禍起矣。母弟加親，非為母也，乃為父也。」即使在父權行將結束之際，顧炎武的觀點也難以得到認同，可見他的觀念已大大超前。

〔註 4〕許蘇民：《顧炎武評傳》，南京大學出版社 2006 年版，第 405～406 頁。

《日知錄》卷五

醫師

　　古之時，庸醫殺人；今之時，庸醫不殺人，亦不活人，使其人在不死不活之間，其病日深，而卒至於死。夫藥有君臣 [1]，人有強弱。有君臣則用有多少，有強弱則劑有半倍。多則專，專則效速；倍則厚，厚則其力深。今之用藥者大抵雜泛而均停 [2]，既見之不明，而又治之不勇，病所以不能愈也。而世但以不殺人為賢，豈知古之上醫不能無失 [3]。《周禮‧醫師》：「歲終，稽其醫事以制其食：十全為上；十失一，次之；十失二，次之；十失三，次之，十失四為下。」是十失三四，古人猶用之。而淳于意之對孝文，尚謂：「時時失之，臣意不能全也。」《易》曰：「裕父之蠱，往見吝。」[4] 奈何獨取夫裕蠱者 [5]，以為其人雖死，而不出於我之為。嗚呼，此張禹之所以亡漢 [6]，李林甫之所以亡唐也！

　　《唐書》，許胤宗言 [7]：「古之上醫，惟是別脈。脈既精別，然後識病。夫病之與藥，有正相當者，惟須單用一味，直攻彼病，藥力既純，病即立愈。今人不能別脈，莫識病源。以情臆度，多安藥味。譬之於獵，未知兔所，多發人馬，空地遮圍，冀有一人獲之，術亦疏矣！假令一藥偶然當病，他味相制，氣勢不行，所以難差，諒由於此。」[8]《後漢書》：「華佗精於方藥，處齊不過數種。」[9] 夫《師》之六五，任九二則吉，參以三、四則凶。是故官多則亂，將多則敗，天下之事亦猶此矣。

—79—

【注釋】

[1] 藥有君臣：中醫方劑中的主藥與輔藥。《素問·至真要大論》：「方制君臣何謂也？岐伯曰：『主病之謂君，佐君之謂臣。』」

[2] 雜泛：謂雜多而無針對性。

[3] 上醫：高明的醫生。

[4] 見《易·蠱》六四爻辭。

[5] 裕蠱：即「裕父之蠱」，謂光大父業。高亨注為「子擴大其父之事」，近之；又解釋經意為「子寬容其父之益蠱」，匪夷所思。

[6] 張禹（？～前5年），字子文，河內軹縣（今河南濟源東）人。官至丞相，封安昌侯，諡節侯。

[7] 許胤宗：隋唐間醫家。常州義興（今江蘇宜興）人。官至尚藥奉御。善治骨蒸證，其醫術頗為人稱讚，或有促其著書立說者，對曰：「醫者，意也，在人思慮，又脈候幽微，苦其難別，意之所解，口莫能宣。」終不著書傳世。

[8] 見《舊唐書·方伎傳》，而《新唐書·方伎傳》已易其詞。

[9] 見《後漢書·方伎傳》。處齊：亦作「處劑」，開列治療某一疾病的各種藥物及分量。

【點評】

顧炎武認為專制統治對人才的禁防束縛，加上傳統的束身寡過之學的教育，只能造就一些使社會毫無生機和活力的庸人，這種庸人對醫治社會的病症沒有絲毫的本領，只能使社會弊病日益加深而最終導致國家的滅亡。顧炎武以「庸醫」作比喻，來說明這一觀點。李贄《黨籍碑》認為「君子尤能誤國」。李贄所批評的道學「君子」也正是顧炎武所說的「今之庸醫」。顧炎武不像李贄說話那麼激烈和走極端，但內在的精神卻有相通之處。〔註1〕

像庸醫這樣的人雖然無用、無能，但這種人在中國又是最適宜生存、而又最容易獲得道德的美名的。所謂「庸醫不殺人，亦不活人，使其人在不死不活之間，其病癒深而卒至於死」，正是對傳統的束身寡過主義的教化所造成的「道德完人」的絕妙寫照。而顧炎武所推崇的「古之上醫」則不然，這種人雖不能保證沒有過失，但他們真正懂得醫道，善於抓主要矛盾，勇於決斷，用藥專而收效速；而古人衡量醫術高低的標準，也並不求全責備，允許其有失誤，乃至「十失三四古人猶用之」，不像後世論人，

〔註1〕許蘇民：《顧炎武評傳》，南京大學出版社2006年版，第483～485頁。

一有過失，就將其人全盤否定，於是便只能造就大量的但以無過為賢的庸人。顧炎武認為，治理國家也是如此，要醫治國家的弊病，絕不能用那些但以無過為賢的庸人，而應重用那些雖然不能無過失，但卻確有真才實學、果敢剛毅、勇於負責的「醫國手」。〔註2〕

傳統的政治體制內不是沒有權力制衡，但這種權力制衡是為君主「人人而疑之，事事而制之」的政治目的服務的；這種權力制衡是行政系統內的權力制衡，與近代西方啟蒙學者所講的立法、行政、司法「三權分立」的權力制衡完全是兩回事。專制君主出於「人人而疑之」的陰暗心理，實現其「事事而制之」的目的，就在行政系統內多設官職，在軍隊內多設將領，讓他們互相牽制，互相掣肘。在國家民族處於生死存亡的緊要關頭，這種體制的弊病就足以導致亡國；而明朝的滅亡就在於實行這種政治體制的結果。所以顧炎武感慨地說：「官多則亂，將多則敗，天下之事亦猶此矣！」〔註3〕

今按：「官多則亂，將多則敗，天下之事亦猶此矣」，結局如撞洪鐘。由醫官引申到職官，由此及彼，郢書燕說，善哉善哉！

又按：古代庸醫殺人處以斬刑。沈家本《寄簃文存》卷二《故殺餘論》引庸醫殺人律云：「若故違本方詐療疾病而取財物者，計贓準竊盜論，因而致死及因事（私有所謀害）。故用（反證之）。藥殺人者斬。」《輯注》：「詐療而故違本方，初無必殺之意，已施可殺之術，其心可誅。」詐療意在取財，非以殺人而致死即擬斬，是亦以故殺論。

邦朋 [1]

《士師》「掌士之八成，七曰為邦朋」[2]。太公對武王，民有十大，而曰：「民有百里之譽，千里之交，六大也。」又曰：「一家害一里，一里害諸侯，諸侯害天下。」[3] 嗟乎！此太公之所以誅華士也[4]。世衰道微，王綱馳於上，而私黨植於下，故箕子之陳《洪範》，必「皇建其有極」，而後庶民人無「淫朋」「比德」[5]。《易‧泰》之九二曰：「朋亡。」《渙》之六四曰：「渙其群，元吉。」《莊子》：「文王寓政於臧丈人，而列士壞植散群。」[6]

荀悅論曰：「言論者計薄厚而吐辭，選舉者度親疏而舉筆，苟且盈於門庭，聘問交於道路，書記繁於公文，私務眾於官事。」[7] 世之弊也，古今同之，可為太息者此也。

〔註2〕許蘇民：《日知錄一百句》，復旦大學出版社2011年版，第144頁。
〔註3〕許蘇民：《顧炎武評傳》，南京大學出版社2006年版，第461頁。

【注釋】

[1] 邦朋：朋黨。

[2] 見《周禮・秋官・司寇》士師條。

[3]《漢書・百官志五》引《太公陰符》。

[4]「華士」見《韓非子》卷十三《外儲說右上》。

[5] 見《尚書・洪範》。淫朋：邪黨。比德：指結黨營私的行為。

[6] 見《莊子・田子方》。

[7] 見《漢紀》十武帝建元二年四月「族郭解」條。苞苴：賄賂。

【點評】

　　儒家倫理的基本原則是「親親」、「尊尊」、「愛有差等」，如果這一原則僅僅侷限於家庭關係和私人生活的領域，倒也無可厚非；問題在於這一原則從家庭推廣到社會，就造成了人們日益滋長的勢利之性。顧炎武敏銳地意識到這一點，因而對人們的勢利之性，特別是普遍盛行於社會公共生活中的勢利之性做了全面而深刻的揭露和批判。他認為勢利之性在社會公共生活中具有以下表現：一是庸俗關係學盛行，只認關係，不講道義。人們為了謀取私利，才不擇手段地攀附權貴，使得宗法關係全面滲入官場和學界，形成政治上的朋黨、學術上的門戶。二是導致人們為追求富貴而榮辱不分、以恥為榮，乃至無恥到了靠裙帶關係取富貴，甚至自宮以進的地步。顧炎武感歎說：「世之弊也，古今同之，可為太息者此也。」他認為國人們的勢利之性也足以導致亡國。〔註4〕

　　這是顧炎武的朋黨論。朋黨也是導致明朝滅亡的一個重要原因。顧炎武的問題意識很多來自對亡明的反思。「渙其群」本義為洪水沖散了人群，而顧炎武皆以比喻渙散朋黨之群。自古以賄交官長，朋比為奸。

〔註4〕許蘇民：《日知錄一百句》，復旦大學出版社2011年版，第81頁。

《日知錄》卷六

愛百姓故刑罰中

　　人君之於天下，不能以獨治也 [1]。獨治之而刑繁矣，眾治之而刑措矣 [2]。古之王者不忍以刑窮天下之民也，是故一家之中，父兄治之；一族之間，宗子治之 [3]。其有不善之萌，莫不自化於閨門之內；而猶有不帥教者，然後歸之士。然則人君之所治者約矣，然後原父子之親、立君臣之義以權之，意論輕重之序、慎測淺深之量以別之，悉其聰明、致其忠愛以盡之。夫然，刑罰焉得而不中乎？是故宗法立而刑清。天下之宗子各治其族，以輔人君之治，「罔攸兼於庶獄」[4]，而民自不犯於有司。風欲之醇，科條之簡，有自來矣。《詩》曰：「君之宗之。」[5] 吾是以知宗子之次於君道也。

【注釋】

[1] 獨治：指由君主專制的政治體制來管理鄉村的一切事務，一切公共事務都必須由官府來處理，一切民間糾紛也必須通過訴諸法律的途徑才能解決。

[2] 刑措：亦作「刑錯」、「刑厝」，置刑法而不用。

[3] 宗子：古代宗法制度稱大宗的嫡長子。

[4] 見《書‧立政》。庶獄：諸凡刑獄訴訟之事。

[5] 見《詩‧公劉》。

【點評】

　　顧炎武的這句話——人君之於天下，不能以獨治也。獨治之而刑繁矣，眾治之而刑措矣——主要講鄉村自治。農村是中國社會的基礎，家族制的農業經濟組織形式是

中國社會的基本結構，這是中國傳統社會最基本的國情。對於農村的治理，是依靠農民自己的家族組織來處理自己的事務，還是把農民的一切事務全部由官府來處理呢？顧炎武認為，農村的事務主要應由農民自己來處理，而不必由官府來越俎代庖。因此，他提出了與君主的「獨治」相對立的「眾治」的政治主張，著重論述了為什麼要實行鄉村自治，以及如何實行鄉村自治的問題。如何實行鄉村自治呢？顧炎武認為必須靠宗族制度。顧炎武特別推崇漢代以「三老」來實行鄉村自治的制度，認為只有實行像漢代那樣的「三老」制度，鄉村自治才能真正落到實處，亦才能從根本上改變姦猾之徒擔任鄉職、依仗官府之勢欺凌鄉民的狀況。農村問題在中國是一個極其複雜的問題。以往的顧炎武研究，往往把顧炎武維護農村的宗族制度的思想看作是封建性的糟粕。其實問題沒有這麼簡單。在一個民族現代化的社會轉型過程中，是否一定要徹底破壞原有的天然的社會組織形式呢？這種天然的社會組織形式就一定是完全阻礙現代化的嗎？恐怕要作具體分析。〔註1〕

「愛百姓故刑罰中」這一具有親民色彩的命題出自《禮記·大傳》。顧炎武關於宗族治理的思想至今仍有現實價值與啟發意義。

未有上好仁而下不好義者也

治化之隆 [1]，則「遺秉」、「滯穗」之利及於寡婦 [2]；恩情之薄，則耰鋤、箕帚之色加於父母 [3]。故欲使民興孝、興弟，莫急於生財。以好仁之君，用不畜聚斂之臣 [4]，則財足而化行。「人人親其親，長其長，而天下平矣」[5]。

【注釋】

[1] 治化：謂治理國家、教化人民。

[2] 遺秉：指成把的遺穗。滯穗：亦指遺穗。

[3] 《漢書·賈誼傳》引《治安策》：「借父耰鋤，慮有德色，母取箕帚，立而誶語。」耰鋤：泛指農具。箕帚：畚箕和掃帚，皆掃除之具。

[4] 《禮記·大學》：「百乘之家，不畜聚斂之臣。與其有聚斂之臣，寧有盜臣。」聚斂：搜刮財貨。

[5] 見《孟子·離婁下》。

【點評】

由於顧炎武特別注重社會實際的考察，因而對社會的弊病有更為深刻的認識，從

〔註1〕許蘇民：《日知錄一百句》，復旦大學出版社2011年版，第187頁。

而能夠在理論上對道德與經濟發展、道德與政治制度的關係多創特解。他認為滿足民眾的物質生活需要既是道德教化的題中應有之義，同時也是推行道德教化的必要前提。要使民眾講道德，首先就要讓老百姓富起來，只有「財足」才能「化行」。但是，「急於生財」並不排斥教化，生財且需有道德教化的保障，君必須是有愛民之心的君，臣必須是不用重稅去搜括民財的臣，如此才能做到上好仁而下好義；否則，急於生財的功利性追求必將走上「金令司天，錢神卓地，貪婪罔極，骨肉相殘」的邪路。道德教化不應與人們追求美好的物質生活的欲望相對立，而是應該服務於人們對美好生活的追求。〔註2〕

　　「未有上好仁而下不好義者也」，此話未必能夠成立。「上好仁而下不好義」，自古有之。這一判斷能否成立是有前提條件的，可能要到了共產主義社會才能最終成立。

肫肫其仁 [1]

　　五品之人倫 [2]，莫不本於中心之仁愛，故曰：「拜稽顙，哀戚之至隱也。稽顙，隱之甚也。」[3] 又曰：「其道往也，望望然，汲汲然，如有追而弗及也。其反哭也，皇皇然，如有求而弗得也。故其往送也如慕，其反也如疑。求而無所得之也，入門而弗見也，上堂又弗見也，入室又弗見也，亡矣喪矣，不可復見已矣！故哭泣辟踴，盡哀而止矣。心悵焉愴焉，惚焉愾焉，心絕志悲而已矣。」[4] 此於喪而觀其仁也。「喪三日而殯，凡附於身者心誠必信，勿之有悔焉耳矣。三月而葬，凡附於棺者，必誠必信，勿之有悔焉耳矣。」[5] 又曰：「且比化者，無使土親膚，於人心獨無恔乎？」[6] 此於葬而觀其仁也。「齊之日，思其居處，思其笑語，思其志意，思其所樂，思其所嗜。齊三日，乃見其所為齊者。祭之日，入室，僾然必有見乎其位。周還出戶，肅然必有聞乎其容聲。出戶而聽，愾然必有聞乎其歎息之聲。是故先王之孝也，色不忘乎目，聲不絕乎耳，心志嗜欲不忘乎心。」[7] 又曰：「祭之明日，明發不寐，饗而致之，又從而思之。祭之日，樂與哀半，饗之必樂，已至必哀。」[8] 此於祭而觀其仁也。自此而推之，「郊社之禮，所以仁鬼神也；射鄉之禮，所以仁鄉黨也；食饗之禮，所以仁賓客也」[9]。「親親而仁民，仁民而愛物」[10]，而天下之大經畢舉而無遺矣。故曰：「孝悌為仁之本。」[11]

【注釋】

　　[1]《禮記・中庸》：「夫焉有所倚，肫肫其仁，淵淵其淵，浩浩其天。」肫肫：誠懇。

〔註2〕許蘇民：《日知錄一百句》，復旦大學出版社2011年版，第98頁。

[2] 五品：五常。指舊時的五種倫常道德。《古文尚書‧舜典》：「帝曰：『契，百姓不親，五品不遜。』」偽孔傳：「五品謂五常。」孔穎達疏：「品謂品秩，一家之內尊卑之差，即父母兄弟子是也。教之義、慈、友、恭、孝，此事可常行，乃為五常耳。」

[3] 見《禮記‧檀弓下》。稽顙：古代一種跪拜禮，屈膝下拜，以額觸地，表示極度的虔誠。

[4] 見《禮記‧問喪》。望望：瞻望貌；依戀貌。汲汲：心情急切貌。皇皇：惶恐貌；彷徨不安貌。辟踴：捶胸頓足，形容哀痛至極。

[5] 見《禮記‧檀弓上》。

[6] 見《孟子‧公孫丑下》。恔：快慰，滿。

[7] 見《禮記‧祭義》。愾然：感慨貌；歎息貌。

[8] 見《禮記‧祭義》。

[9] 見《禮記‧仲尼燕居》。郊社：祭祀天地。周代冬至祭天稱郊，夏至祭地稱社。《禮記‧中庸》：「郊社之禮，所以事上帝也。」射鄉：指鄉射禮和鄉飲酒禮。古代鄉飲酒禮之後舉行鄉射禮。食饗：謂以酒食宴請賓客或祭祀宗廟。《孔子家語‧論禮》：「食饗之禮，所以仁賓客也。」

[10] 見《孟子‧盡心上》。仁民：將仁愛和仁義施之於人。

[11] 見《論語‧學而》。孝悌：孝順父母，敬愛兄長。

【點評】

顧炎武以《禮記‧中庸》「肫肫其仁」為標題，旁徵博引，以經解經，首曰「五品之人倫，莫不本於中心之仁愛」，次於喪而觀其仁，次於葬而觀其仁，次於祭而觀其仁，推之至於郊社之禮，以觀鬼神之仁，射鄉之禮，以觀鄉黨之仁，食饗之禮，以觀賓客之仁，最後結論為：「孝悌為仁之本。」這就是顧炎武的「以禮觀仁論」。仁是抽象的，而禮是具體的。通過具體的禮觀察其抽象的仁，顧炎武的這一辦法是透過現象看本質。心中的仁愛是會流露出來的，所謂誠於中而形於外。如果心中缺少仁愛的人，不管他如何偽裝，在某些環節總會露出馬腳。

《日知錄》卷七

孝悌為仁之本

　　堯舜之道，孝悌而已矣 [1]。是故「克明俊德 [2]，以親九族；九族既睦，平章百姓 [3]；百姓昭明，協和萬邦，黎民於變時雍 [4]」[5]。此之謂孝悌為仁之本。

【注釋】

　　[1] 孝悌：亦作「孝悌」。孝順父母，敬愛兄長。

　　[2] 克明：能明。後亦用作歇後語，謂任用賢能之士。俊德：才德傑出的人。

　　[3] 平章：辨別彰明。百姓：百官。

　　[4] 時雍：猶和熙。

　　[5] 見《尚書‧堯典》。

【點評】

　　這是接著上一條「肫肫其仁」講的，也是顧炎武的「仁論」。先申之以「堯舜之道孝悌而已」，接著輔之以《尚書‧堯典》的一段話，最後回到論題。堯舜之道，由九族而百官而萬邦，環環相扣，由家而國，看似容易，要落到實處則並非易事。

子張問十世 [1]

　　《記》曰：「聖人南面而治天下，必自人道始矣。立權度量，考文章，改正朔，易服色，殊徽號，異器械，別衣服，此其所得與民變革者也。其不可得變革者則有矣，親親也，尊尊也，長長也，男女有別，此其不可得與民變革者

也。」[2] 自春秋之並為七國，七國之並為秦，而大變先王之禮。然其所以辨上下，別親疏，決嫌疑，定是非，則固未嘗有異乎三王也。故曰：「其或繼周者，雖百世可知也。」[3]

　　自古帝王相傳之統，至秦而大變。然而秦之所以亡，漢之所以興，則亦不待讖緯而識之矣[4]。「不仁而得天下，未之有也」[5]，此百世可知者也。「保民而王，莫之能禦也」[6]，此百世可知者也。

【注釋】

　　[1]《論語·為政》：「子張問：『十世可知也？』子曰：『殷因於夏禮，所損益可知也；周因於殷禮，所損益可知也。其或繼周者，雖百世可知也。』」

　　[2] 見《禮記·大傳》。南面：古代以坐北朝南為尊位，故帝王諸侯見群臣，或卿大夫見僚屬，皆面向南而坐，因用以指居帝王或諸侯、卿大夫之位。正朔：謂帝王新頒的曆法。古代帝王易姓受命，必改正朔；故夏、殷、周、秦及漢初的正朔各不相同。自漢武帝後，直至現今的農曆，都用夏制，即以建寅之月為歲首。服色：車馬和祭牲的顏色。歷代各有所尚。《禮記·大傳》：「易服色。」鄭玄注：「服色，車馬也。」孔穎達疏：「謂夏尚黑，殷尚白，周尚赤，車之與馬，各用從所尚之正色也。」孫希旦《集解》：「服，如服牛乘馬之服，謂戎事所乘；若夏乘驪，殷乘翰，周乘騵是也。色，謂祭牲所用之牲色；若夏玄牡，殷白牡，周騂犅是也。」徽號：旗幟的名號。指旗的式樣、圖案、顏色。舊時作為新興朝代或某一帝王新政的標誌之一。

　　[3] 見《論語·為政》。

　　[4] 讖緯：漢代流行的神學迷信。「讖」是巫師或方士制作的一種隱語或預言，作為吉凶的符驗或徵兆。「緯」指方士化的儒生編集起來附會儒家經典的各種著作。

　　[5]《孟子·盡心下》：「不仁而得國者，有之矣；不仁而得天下者，未之有也。」

　　[6] 見《孟子·梁惠王下》。

【點評】

　　三十年為一世，十世為三百年，百世為三千年。這是顧炎武的王道觀。他認為，度量、文章、正朔、服色、徽號、器械、衣服是「與民變革者」，親親、尊尊、長長、男子有別是「不可得與民變革者」。顧炎武縱覽三千年帝王相傳之統、朝代興亡之跡，認為「百世可知」的僅有兩條，一曰「不仁而得天下，未之有也」，二曰「保民而王，

莫之能禦也」。一言以蔽之曰，推行王道仁政，才是「百世可知」的真理。孟子之後，其道失傳。韓愈以降，皆以肩負孟子道統自居，宋儒如此，顧炎武也不例外。

夫子之言性與天道 [1]

夫子之教人，文行忠信，而性與天道在其中矣 [2]。故曰「不可得而聞」[3]。

子曰：「二三子以我為隱乎？吾無隱乎爾。吾無行而不與二三子者，是丘也。」[4] 謂夫子之言性與天道不可得而聞，是疑其有隱者也。不知夫子之文章，無非夫子之言性與天道，所謂「吾無行而不與二三子者，是丘也」。

子貢之意，猶以文章與性與天道為二，故曰：「子如不言，則小子何述焉？」子曰：「天何言哉？四時行焉，百物生焉。天何言哉！」[5] 是故可仕、可止，可久、可速，無一而非天也。恂恂便便 [6]，侃侃誾誾 [7]，無一而非天也。

「動容周旋中禮者，盛德之至也。」[8] 孟子以為堯舜性之之事。夫子之文章，莫大乎《春秋》。《春秋》之義，尊天王，攘戎翟 [9]，誅亂臣賊子 [10]，皆性也，皆天道也。故胡氏以《春秋》為聖人性命之文 [11]，而「子如不言，則小子其何述」乎？

今人但以《繫辭》為夫子言性與天道之書 [12]。愚嘗三復其文，如「鳴鶴在陰」，七爻；「自天佑之」，一爻；「憧憧往來」，十一爻；「履，德之基也」，九卦。所以教人學《易》者，無不在於言行之間矣。故曰：「初率其辭，而揆其方，既有典常，苟非其人，道不虛行。」[13]

樊遲問仁，子曰：「居處恭，執事敬，與人忠。」[14] 司馬牛問仁，子曰：「仁者，其言也訒。」[15] 由是而充之，「一日克己復禮」[16]。有異道乎？今之君子學未及乎樊遲、司馬牛，而欲其說之高於顏、曾二子，是以終日言性與天道，而不自知其墮於禪學也 [17]。

朱子曰：「聖人教人，不過孝悌忠信。持守誦習之間，此是下學之本。今之學者，以為鈍根，不足留意，其平居道說，無非子貢所謂不可得而聞者。」[18] 又曰：「近日學者病在好高。《論語》未問『學而時習』，便說『一貫』；《孟子》未言『梁惠王問利』，便說『盡心』；《易》未看六十四卦，便讀《繫辭》，此皆躐等之病。」[19] 又曰：「聖賢立言，本自平易，今推之使高，鑿之使深。」[20]

　　《黃氏日鈔》曰：「夫子述六經，後來者溺於訓詁，未害也。濂洛言道學，後來者藉以談禪，則其害深矣。」[21]

　　孔門弟子不過四科[22]，自宋以下之為學者則有五科，曰「語錄科」。

　　劉、石亂華[23]，本於清談之流禍，人人知之。孰知今日之清談有甚於前代者。昔之清談談老、莊，今之清談談孔、孟。未得其精，而已遺其粗，未究其本，而先辭其末。不習六藝之文，不考百王之典，不綜當代之務，舉夫子論學、論政之大端一切不問，而曰「一貫」，曰「無言」，以明心見性之空言，代修己治人之實學。股肱惰而萬事荒，爪牙亡而四國亂，神州蕩覆，宗社丘墟。昔王衍妙善玄言，自比子貢，及為石勒所殺，「將死，顧而言曰：『嗚呼！吾曹雖不如古人，向若不祖尚浮虛，戮力以匡天下，猶可不至今日。』」[24] 今之君子得不有愧乎其言？

【注釋】

[1] 見《論語・公冶長》。性：關於天地萬物之性和人性的總稱。天道：宇宙規律。

[2] 《論語・述而》：「子以四教，文行忠信。」文行：文章與德行。忠信：忠實與誠信。

[3] 見《論語・公冶長》。

[4] 見《論語・述而》。

[5] 見《論語・陽貨》。

[6] 恂恂：溫順恭謹貌。便便：形容言語明白流暢。

[7] 侃侃：和樂貌。誾誾：說話和悅而又能辯明是非之貌。

[8] 見《孟子・盡心下》。動容：舉止儀容。

[9] 戎翟：原作「夷狄」，因為避諱而改易。古稱東方部族為夷，北方部族為狄。常用以泛稱除華夏族以外的各族。

[10] 亂臣賊子：不守臣道、心懷異志的人。

[11] 胡氏：指胡安國。

[12] 《易・繫辭上》：「昔者聖人之作《易》也，將以順性命之理。是以立天之道曰陰與陽，立地之道曰柔與剛，立人之道曰仁與義。兼三才而兩之，故《易》六畫而成卦；分陰分陽，迭用柔剛，故《易》六位而成章。」

[13] 見《易・繫辭下》。《周易集解》引侯果曰：「率，循也。」

[14] 見《論語・子路》。

[15] 見《論語・顏淵》。訒：語言遲緩，難出口。訒言：慎言。

[16] 見《論語‧顏淵》。克己復禮：約束自我，使言行合乎先王之禮。

[17] 此句原作「無怪乎與聖人之道背而馳矣」。

[18] 見《晦庵集》卷三八《答林謙之》。持守：操守。誦習：誦讀以學習。鈍根：佛教語。謂根機愚鈍，不能領悟佛法。

[19] 見《朱子語類》卷十九。一貫：謂用一種道理貫穿於萬事萬物。語出《論語‧里仁》：「吾道一以貫之。」邢昺疏：「言夫子之道唯以忠恕一理以統天下萬事之理。」曹月川曰：「克己復禮為仁，是孔顏所傳之心法。吾道一以貫之，是孔曾所傳之心法。夫聖人之心法一也，何所傳之旨不一歟？蓋一是仁之體，貫是仁之用。」盡心：竭盡心力。躐等：逾越等級；不按次序。《禮記‧學記》：「幼者聽而弗問，學不躐等也。」

[20] 見《晦庵集》卷三八《答劉子澄》。

[21] 見《黃氏日鈔》卷三十八《讀朱子語類續集》。濂洛：北宋理學的兩個學派。「濂」指濂溪周敦頤；「洛」指洛陽程顥、程頤。

[22] 孔門四科：孔門四種科目。指德行、言語、政事、文學。《論語‧先進》「德行：顏淵、閔子騫、冉伯牛、仲弓。言語：宰我、子貢。政事：冉有、季路。文學：子游、子夏」邢昺疏：「夫子門徒三千，達者七十有二，而此四科惟舉十人者，但言其翹楚者耳。」今按：孔門四科之間的關係向來有等差與並重二說。前者見《建炎以來繫年要錄》卷一百十三：「上曰：『文學、政事，自是兩科。詩賦止是文詞，策論則須通之古今。所貴於學者，修身齊家治國以治天下。專取文詞，亦復何用？』張守曰：『此孔門四科所以文學為下科也。』」後者見《二曲先生年譜》：「竊惟孔門四科，文學與德行並重。有行而無文，其蔽也魯；有文而無行，其蔽也誇。若二者之兼優，則一生可概觀。」又按：德行之於經、言語之於子、政事之於史、文學之於集，似有重大之關聯。

[23] 「劉、石亂華」：原作「五胡亂華」。指在西晉時期塞外眾多游牧民族趁西晉八王之亂，國力衰弱之際，陸續建立數個非漢族政權，形成與南方漢人政權對峙的時期。「五胡」主要指匈奴、鮮卑、羯、氐、羌五個胡人大部落，但事實上五胡是西晉末各亂華胡人的代表，數目遠非五個。

[24] 見《世說新語‧輕詆》「桓公入洛」劉孝標注引晉孫盛《晉陽秋》。玄言：指魏晉間崇尚老莊玄理的言論或言談。浮虛：指魏晉清談的虛無玄理。

【點評】

　　顧炎武認為，不是孔子不講性與天道這些形而上的學問，而是說性與天道就在人

們日常的生活與實踐之中，在文行忠信的道德踐履之中，脫離了生活與實踐就無所謂性與天道。有人懷疑孔子是否有所隱瞞而有意迴避性與天道的問題，對此，顧炎武引述孔子的自我表白來予以澄清。他認為「性與天道」要在日用之常中去體察，反對空談性理而墮入禪學。他反對空談心性，但並不拒斥講「一貫」、講「盡心」、講「下學而上達」，而是要把哲理從虛無縹緲的幽冥世界拉回到現實的人間，講現實生活世界中的道理，提倡就在現實的生活和實踐中「盡心」、「上達」、「一以貫之」。對於宋儒整天在那裡從事心性空談、以致道學語錄汗牛充棟的現象，他嘲諷說：「孔門弟子不過四科，自宋以下學者則有五科，曰『語錄科』。」關於孔門四科，一說是指文、行、忠、信，又一說是指德行、言語、政事、文學，但無論如何，是沒有所謂「語錄科」的。

顧炎武在從思想文化方面總結明朝滅亡的教訓時說，當年五胡亂華，是由於魏晉文人的清談所造成的，誰知道到了晚明，文人的清談之風更甚於以往的朝代。這些人不習六藝之文，不考百王之典，不綜當代之務，卻只知道心性空談。其結果是「股肱惰而萬事荒，爪牙亡而四國亂。神州蕩覆，宗社丘墟」，一個有一億左右人口，綜合國力比關外的滿清要強百倍也不止的明王朝，竟被一個只有十萬人口的民族所征服。顧炎武把王陽明學說看作是導致「神州蕩覆、宗社丘墟」的禍根，以此解釋明朝的滅亡，未免有些簡單化了。王陽明學說及其學派極其複雜，並不全是空疏。後人空談「良知」，並不踐行，是不能歸罪於王陽明的。對此，清代學者彭定求曾作《姚江釋毀錄》一書予以辨正。他說：「論者謂明之滅亡，不亡於流寇，而亡於學術。意以此歸罪陽明。嗟乎，誠使明季臣工，以『致良知』之說，互相提撕警戒，則必不敢招勸納賄，必不敢防賢虐忠，必不敢縱盜戕民。識者方恨陽明之道不行，不圖誣底者，顛倒黑白，逞戈矛，弄簧鼓，一至斯極也。」其實，顧炎武與王陽明的分歧，也不在於要不要講良知，而在於是否重視經世致用的學問。顧炎武的「行己有恥」說，實際上就是對王陽明的「良知」說的繼承。其對王陽明的批判，也主要是從是否重視「實學」的方面立論的。從這一特定的語境來理解顧炎武對王陽明學說的憤激批判，庶幾可以做到入情合理，有知人論世之明。〔註1〕

夫子之言性與天道，不可得而聞，當時弟子即疑其有所隱瞞，此重孔門公案一直是疑案。孔子晚而好《易》，韋編三絕，性與天道乃必究之功課，他獨自探索，寫成《易傳》；孔子修六經，論述性與天道的地方也不在少數，當時未傳授給弟子，有所保留，難免引發疑問。

「聖賢立言，本自平易。今推之使高，鑿之使深。」經典本義本自平易，而後代

〔註1〕許蘇民：《日知錄一百句》，復旦大學出版社2011年版，第36～41頁。

學者在解釋經典時往往過度詮釋，玄學家如此，宋學家更是如此，而倡導樸學的顧炎武則背道而馳，反對過度詮釋，主張尊重經典的原意。

博學於文 [1]

「君子博學於文」，自身而至於家國天下，制之為度數，發之為音容，莫非文也。「品節斯，斯之謂禮。」[2] 孔子曰：「伯母、叔母疏衰，踊不絕地；姑姊妹之大功，踊絕於地。知此者，由文矣哉！由文矣哉！」[3]《記》曰：「三年之喪，人道之至文者也。」[4] 又曰：「禮減而進，以進為文；樂盈而反，以反為文。」[5]《傳》曰：「文明以止，人文也。觀乎人文以化成天下。」[6] 故曰：「文王既沒，文不在茲乎！」[7] 而《謚法》「經緯天地曰文」[8]，與弟子之學《詩》、《書》六藝之文，有深淺之不同矣。

【注釋】

[1]《論語·雍也》：「君子博學於文，約之以禮，亦可以弗畔矣夫。」鄭玄曰：「弗畔，不違道。」

[2] 見《禮記·檀弓下》。

[2] 人文：指禮樂教化。《易·賁》：「觀乎天文以察時變，觀乎人文以化成天下。」孔穎達疏：「言聖人觀察人文，則詩書禮樂之謂，當法此教而化成天下也。」

[3] 見《禮記·雜記下》。

[4] 見《禮記·三年問》。

[5] 見《禮記·樂記》及《祭義》。

[6] 見《易·賁卦》。

[7] 見《論語·子罕》。

[8] 見《汲冢周書·謚法解》。

【點評】

顧炎武的治學宗旨是「博學於文，行己有恥」。所謂博學於文，就是要廣博地學習和研究人類文明所創造的一切知識成果。其中包含兩大部類，一是自然知識和工藝知識，二是社會歷史的知識。他強調「士當求實學，凡天文、地理、兵農、水土，及一代典章之故不可不熟究」，從而把人們引向對於自然知識和社會知識之探討的廣闊天地。〔註2〕

〔註 2〕許蘇民：《日知錄一百句》，復旦大學出版社 2011 年版，第 18 頁。

陳垣《日知錄校注》云：「此條為『文』字索引。」所見甚是。顧炎武運用此法，類聚材料，最後得出「自身而至於家國天下，制之為度數，發之為音容，莫非文也」的結論，又稱「與弟子之學《詩》、《書》六藝之文有深淺之不同」。此法在今日即為關鍵詞檢索法。在數據庫時代，此法非常盛行。我們與顧炎武的差距在哪裏？顧炎武是在博覽群書之後，蓄疑於心，選擇有意義的關鍵詞，有目的地編制索引，排比材料，然後歸納出可靠的結論。而現在的研究者尤其是還沒有入門的初學者，他們沒有蓄疑的過程，不知道要檢索什麼樣的關鍵詞。

予一以貫之 [1]

「好古敏求」[2]，「多見而識」[3]，夫子之所自道也，然有進乎是者。六爻之義，至賾也 [4]，而曰：「知者觀其彖辭，則思過半矣。」[5] 三百之《詩》，至泛也，而曰：「一言以蔽之，曰思無邪。」[6] 三千三百之儀，至多也，而曰：「禮與其奢也，寧儉。」[7] 十世之事，至遠也，而曰：「殷因於夏禮，周因於殷禮，雖百世可知。」[8] 百王之治，至殊也，而曰：「道二，仁與不仁而已矣。」[9] 此所謂「予一以貫之」者也。其教門人也，必先叩其兩端，而使之以三隅反。故顏子則聞一以知十，而子貢切磋之言，子夏禮後之問，則皆善其可與言《詩》，豈非天下之理殊途而同歸，大人之學舉本以該末乎？彼章句之士，既不足以觀其會通；而高明之君子，又或語德性而遺問學，均失聖人之指矣。

【注釋】

[1] 見《論語・衛靈公》。皇侃《論語義疏》：「貫，猶穿也。既答曰『非也』，故此更答所以不多學而識之由也。言我所以多識者，我以一善之理貫穿萬事，而萬事自然可識，故得知之，故云『予一以貫之』也。」

[2]《論語・述而》：「我非生而知之者，好古敏以求之者也。」劉寶楠《論語正義》：「敏，勉也。言黽勉以求之者也。」敏求：勉力以求。

[3]《論語・述而》：「多聞，擇其善者而從之；多見而識之，知之次也。」

[4] 至賾：極其深奧微妙。亦指極深奧微妙的道理。

[5] 見《易・繫辭下》。

[6] 見《論語・為政》。

[7] 見《論語・八佾》。

[8] 見《論語・為政》。

[9] 見《孟子・離婁下》。

【點評】

　　一以貫之，原指孔子的忠恕之道貫穿在一切事物中。後亦泛指一種思想或理論貫通始終。《論語·里仁》：「吾道一以貫之。」邢昺疏：「言夫子之道唯以忠恕一理以統天下萬事之理。」「一以貫之」是方法問題，以什麼樣的「一」以貫之，則是立場問題。無論至賾、至泛、至多、至遠、至殊，皆可一以貫之。天下之理，殊途而同歸，大人之學，舉本以該末。「一以貫之」，這其實就是顧炎武的會通觀。他被尊為有清一代考據學的不祧之祖，但他對於那些不足以觀其會通的章句之士是不屑一顧的，當然，他對於那樣語德性而遺問學的所謂高明之君子同樣也不會「青眼高歌望吾子」。可見他既尊德性而道問學，也主張舉一反三，觀其會通。

君子疾沒世而名不稱焉 [1]

　　疾名之不稱，則必求其實矣，君子豈有務名之心哉 [2]！是以《乾》初九之傳曰：「不易乎世，不成乎名。」[3]

　　古人求沒世之名，今人求當世之名。吾自幼及老，見人所以求當世之名者，無非為利也。名之所在，則利歸之，故求之惟恐不及也。苟不求利，亦何慕名？

【注釋】

　　[1] 見《論語·衛靈公》。

　　[2] 務名：與「務實」相對，講究名利。

　　[3]《周易·乾·文言》：「潛龍勿用，何謂也？子曰：龍德而隱者也。不易乎世，不成乎名，遁世無悶，不見世而無悶，樂則行之，憂則違之，確乎其不可拔也，潛龍也。」不易乎世，不成乎名：不因為外物的改變而改變，不追求功名利祿。

【點評】

　　儒家以名為教，本來的目的是為了要人們講究道德，追求美好的名聲。然而在實際生活中卻變了味、走了樣，以名為教變成了實際上的以利為教。那些孜孜於求當世之名的人，其實都是為了求利；他甚至說，如果不是為了求利的話，又何必求名呢？這是十分深刻的見解。為了讓官員們做好事，不做壞事，顧炎武甚至主張「以名為治」，只要官員沒有貪污的劣跡，沒有打著道德的旗號幹壞事，就在退休時給他們很高的榮譽和相應的經濟待遇，滿足他們對名利的追求。〔註3〕

〔註3〕許蘇民：《日知錄一百句》，復旦大學出版社 2011 年版，第 101 頁。

　　「古人求沒世之名，今人求當世之名。」沒世之名是終極關懷，可望而不可即。當世之名就是現實目標，可以套現。今之當世之名最高為兩院院士，其他如資深教授、傑出教授、名譽教授、終身教授、×江學者、×河學者、×山學者，五花八門，不一而足。「名之所在，則利歸之」，各種名號明碼標價，於是求之惟恐不及，一時顛倒多少英雄好漢，似乎天下英雄盡入彀中矣。如此折騰，好不熱鬧，於是乎遍地是大師。嗚呼！必也正名乎？必也廢名乎？

　　顧炎武《亭林文集》卷三《答李紫瀾》：「或曰『君子疾沒世而名不稱』，何與？曰：君子所求者，沒世之名，今人所求者，當世之名也。當世之名，沒則已焉，其所求者，正君子之所疾也。而何俗士之難寤與？城郭溝池以為固，甲兵以為防，米粟芻茭以為守，三代以來，王者之所不廢。自宋太祖懲五季之亂，一舉而盡撤之，於是風塵乍起，而天下無完邑矣。我不能守，賊亦不能據，而椎埋攻剽之徒乃盡保於山中。於是四皓之商顏，劉、阮之天姥，凡昔日兵革之所不經，高真之所託跡者，無不為戎藪盜區。故避世之難，未有甚於今日，推原其故，而藝祖、韓王有不得辭其咎者矣。讀書論世而不及此，豈得為『開拓萬古之心胸』者乎？」此信討論主題與此條相同，可以合觀。

不動心 [1]

　　凡人之動心與否，固在其加卿相行道之時也。枉道事人 [2]，曲學阿世 [3]，皆從此而始矣。「我四十不動心」者，不動其「行一不義，殺一不辜，而得天下，有不為也」之心 [4]。

【注釋】

　　[1] 見《孟子·公孫丑上》。

　　[2] 枉道事人：本謂違背正道侍奉人。後形容不擇手段地討好人。《論語·微子》：「柳下惠為士師，三黜。人曰：『子未可以去乎？』曰：『直道而事人，焉往而不三黜？枉道而事人，何必去父母之邦？』」

　　[3] 曲學阿世：歪曲自己的學術，以投世俗之好。

　　[4] 見《孟子·公孫丑上》。不義：不合乎道義。不辜：無罪。按：此句原意是盛讚伯夷、伊尹、孔子。

【點評】

　　這是顧炎武的人道主義原則。人道主義原則是人類社會最基本的原則，是人之所以為人的最低限度的道德底線，但同時也是至高無上的道德原則，是無以復加的最高

的道德境界。在以有數千年「相斫史」著稱的中國傳統社會，還有比「行一不義，殺一不辜，而得天下，有不為之心」更高的道德境界嗎？在現代社會，還有比尊重普遍人權更高的道德境界嗎？〔註4〕

這句話（「我四十不動心」者，不動其「行一不義，殺一不辜，而得天下，有不為也」之心）來自孟子，被顧炎武用來闡述自己的人生理念。在顧炎武的學說中，它被看作是人生必須堅守的道德底線的最重要的一條基本原則。可是，在有數千年「相斫史」的中國傳統社會，誰能真正做到「行一不義，殺一不辜，而得天下，有不為之心」呢？所以儒家的這條原則，從來就沒有實行過。這條原則需要好好進行闡述，可是我們從來也沒有好好地闡述過。〔註5〕

中國自古有「正學以言」的優良傳統，也有「曲學阿世」的惡劣傳統。《史記·儒林列傳》：「固曰：『公孫子，務正學以言，無曲學以阿世。』」宋葉紹翁《四朝聞見錄·褒贈伊川》：「間有老師大儒……則曲學阿世者，又從而排陷之。」《明史·陸粲傳》：「南京禮部尚書黃綰曲學阿世，虛談眩人。」吳晗《論內戰運動》：「正統是不存在的，假如有，也只是一些道統論者一相情願的虛構，用以侍候新主人，『曲學阿世』。」百年之前，北京大學校長蔡元培被首席教授黃侃譏諷為「阿曲」，當時不少人也要東施效顰，跟著去「阿」一下。哲學教授馮友蘭自稱不是立辭以其誠，而是立辭以其偽，關鍵時刻往往曲學阿世，甘當諛儒，不免貽笑大方。士大夫之無恥乃國恥。假如舉國皆阿曲，士林皆敗類，則國將不國矣。

凡人之動心與否，視其關鍵時刻能否 hold 住其心，能則不動心，否則心旌搖曳，步武阿曲去矣。

文王以百里 [1]

「湯以七十里，文王以百里。」孟子為此言，以證王之不待大爾。其實文王之國不止百里。周自王季伐諸戎 [2]，疆土日大。文王自岐遷豐 [3]，其國已跨三四百里之地。伐崇伐密 [4]，自河以西，舉屬之周。未克商以前，無滅國者，但臣屬而已。至於武王，而西及梁、益，庸、蜀、羌、髳、微、盧、彭、濮 [5]。東臨上黨，勘黎。無非周地。紂之所有，不過河內殷墟。其從之者，亦但東方諸國而已。一舉而克商，宜其如振槁也 [6]。《書》之言文王曰「大邦畏其力」[7]，文王何嘗不藉力哉？

〔註4〕許蘇民：《顧炎武評傳》，南京大學出版社2006年版，第397～398頁。
〔註5〕許蘇民：《日知錄一百句》，復旦大學出版社2011年版，第106頁。

【注釋】

[1] 見《孟子・公孫丑上》。

[2] 王季：即季歷，姬姓，名歷，季是排行，所以稱季歷，尊稱公季、周王季。周文王之父，武王和周公之祖父。季歷接位後，師承古公亶父遺道，篤於行義，領導部落興修水利，發展農業生產，訓練軍隊，又與商貴族任氏通婚，積極吸收商文化，加強政治聯繫。在商朝朝的支持下，他對周圍戎狄部落大動干戈，不斷擴張軍事實力。商王文丁時，成為西方諸侯之長。後因遭忌，被文丁軟禁，絕食而死。

[3] 岐：即岐山。在今陝西省岐山縣境。豐：地名。周國都名。在今陝西省西安市西南。文王邑豐，在今陝西西安西南豐水以西。武王遷鎬，在豐水以東。其後周公雖營洛邑，豐鎬仍為當時政治文化中心。

[4] 崇：古國名。商的與國。為周文王所滅。在今陝西西安市灃水西。密：即密須，古國名。商時姞姓之國，周文王滅之，以封姬姓。後又為周共王所滅。在今甘肅省靈臺縣西。

[5] 庸：古國名。都上庸（今湖北竹山縣東南），春秋時為楚國所滅。蜀：古族名、國名。分布在今四川西部。相傳最早的首領名蠶叢，稱蜀王。公元前 316 年歸併於秦，秦於其地置蜀郡。羌：我國古代民族名。主要分布地相當於今甘肅、青海、四川一帶。秦漢時，部落眾多，總稱西羌。以游牧為主。其後逐漸與西北地區的漢族及其他民族融合。髳：古代西南少數民族名。微古國名。商周時西南夷之國，曾和周武王會師討紂，地約在今四川巴縣。盧：古國名。約在今湖北省南漳縣東北。彭：古國名。在今四川省彭山縣。濮：我國古族名。最早見於《書・牧誓》，為商周時八個少數民族之一。分布在江漢之南或楚國西南。曾參加周武王伐紂會盟。周匡王二年（公元前 611 年），與麇人伐楚。周景王二十二年（公元前 523 年），楚為舟師以伐濮。以後，滇西南亦有濮人記載。其演變有三說：一說戰國以後演變為百越，發展為漢藏語系壯侗語族各族；一說百濮與百越是兩個不同的族體，元代以後稱蒲人，以後發展為南亞語系孟高棉語族各族；一說前期的百濮與百越有密切關係，後期的百濮指孟高棉語族各族。

[6] 振槁：擊落枯葉。喻事極易成。

[7] 見《尚書・武成》。

【點評】

聖人不憑藉武力是儒家的傳統觀念。孟子說，周文王的國土只有百里，卻能夠

取得天下，靠的是仁義道德。這雖然完全不合乎歷史事實，但卻反映了孔孟儒家崇尚文治、不尚暴力的思想特徵。顧炎武總結明朝被游牧民族征服的教訓，對「聖人不藉力」的傳統觀念提出了質疑。他通過考證，發現周朝從其祖先王季起就不斷憑藉武力擴張疆土，周文王從岐山遷到豐地時，其國土已跨三四百里之地，然後又把疆土擴張到黃河邊上。到了周武王，更把勢力範圍擴大到西及梁、益，東臨山西上黨的廣大地區；而商紂王的勢力範圍，不過河內殷墟和東方諸國而已。周武王伐紂勢如破竹，憑藉的正是其軍事實力，誰說聖人不憑藉武力呢？他以事實證明，孟子之所謂「文王以百里」而得天下、聖人從不憑藉軍事實力的說法是不合乎歷史事實的。顧炎武從歷史研究中體會到，在歷史發展中真正起決定作用的不是空洞的道德說教，而是現實的政治、經濟、軍事實力的對比，是實力的較量。因此，一個民族要立於不敗之地，就不能不講實力。他是從保衛自己民族的角度來講要憑藉武力的，所以是合理的。至於對內，他還是繼承了先秦儒家提倡文治、不尚暴力的合理思想因素。〔註6〕

今按：這是顧炎武的武力觀。

周室班爵祿 [1]

為民而立之君，故班爵之意 [2]，天子與公、侯、伯、子、男一也，而非絕世之貴 [3]。代耕而賦之祿，故班祿之意 [4]，君、卿、大夫、士與庶人在官一也，而非無事之食。原注：《黃氏日鈔·讀王制》曰：「必本於上農夫者，示祿出於農，等而上之，皆以代耕者也。」[5] 是故知天子一位之義，則不敢肆於民上以自尊；知祿以代耕之義，則不敢厚取於民以自奉。不明乎此，而侮奪人之君 [6]，常多於三代之下矣。

【注釋】

[1] 見《孟子·萬章下》。爵祿：官爵和俸祿。

[2] 班爵：爵位；官階。

[3] 絕世：冠絕當世。

[4] 班祿：分等制定俸祿。

[5] 見《黃氏日鈔》卷十六。

[6] 侮奪：侮慢他人，侵奪他人所有之物。

〔註6〕許蘇民：《日知錄一百句》，復旦大學出版社2011年版，第67頁。

【點評】

顧炎武借解釋「周室班爵祿」之義，來發揮君、臣、民政治平等的觀點。他說周室班爵之意，說明天子與公、侯、伯、子、男同處於班爵之列，並不是什麼「絕世之貴」；班爵之意，寓「天子一位之義」，即天子也只是一種爵位，不過是幾種爵位中的一種而已，因而也就「不敢肆於民上以自尊」。顧炎武認為，三代以下之所以會有那麼多的侮辱他人人格、掠奪他人財產的君主，就是因為「周室班爵祿」之義不明於天下的緣故。顧炎武還認為，帝王不應享有任何特權。以往的儒家總是通過談論禮，甚至偽造古禮來強化皇帝的特權，而顧炎武則通過對古禮的詮釋來極力地限制皇帝的特權。例如漢儒戴聖所造的《禮經》，說周文王有九嬪、二十七世婦、八十一御妻，一夕御九女，這是天子的盛德。清代文學家袁枚說得好，關於周代宮廷嬪妃數目的禮制是戴聖編造出來向皇帝獻媚的，他說周文王宮女原無定數，最多不過二三十人，也沒有這樣那樣的名號，且文王勤於政事，日昃不暇，哪有精力十五夜睡一百多個女人！可是由於戴聖的作偽和鄭玄師弟的大力宣揚，遂導致後來隋宮每日用煙螺五石，開元宮女達六萬餘人之多。清朝的大考據學家阮元說，儒家的「禮」的核心價值觀念，就是對權勢者充分地顯示其威風，讓他們最大限度地享受食色兩大主義的人生快樂的注重，這是非常有眼光的論斷。〔註7〕

這是顧炎武的政治平等觀。舊時官吏不耕而食，因稱為官食祿為代耕。「代耕」語本《禮記・王制》「諸侯之下士，視上農夫，祿足以代其耕也」。漢代思想家荀悅在《漢紀・惠帝紀論》中說：「先王之制祿也，下足以代耕，上足以克祀。故食祿之家，不與下民爭利，所以屬其公義，塞其私心。」舊時帝王「肆於民上以自尊」，「厚取於民以自奉」，完全不明「周室班爵祿」之義。現代不少人民的公僕與勤務員，為了自尊自奉，肆於民上，厚取於民，作威作福，腐化墮落，塞其公義，縱其私心，也早已忘記了「為人民服務」的初心。

自視欿然 [1]

人之為學，不可自小，又不可自大。「得百里之地而君之，皆足以朝諸侯、有天下，不敢自小也；附之以韓、魏之家，如其自視欿然，則過人遠矣」[2]，不敢自大也。「予將以斯道覺斯民也。思天下之民，匹夫匹婦有不被堯舜之澤者，若己推而內之溝中」[3]，則可謂不自小矣。「自耕稼、陶漁以至為帝，無非取於人者」[4]，則可謂不自大矣。故自小，小也；自大，亦小也。今之學者，

〔註7〕許蘇民：《日知錄一百句》，復旦大學出版社2011年版，第177頁。

非自小則自大，吾見其同為小人之歸而已。

【注釋】

[1]《孟子・盡心上》：「附之以韓、魏之家，如其自視欿然，則過人遠矣。」朱熹《四書集注》：「欿然，不自滿之意。」

[2] 見《孟子・盡心上》。

[3] 見《孟子・萬章下》。

[4] 見《孟子・公孫丑上》。

【點評】

　　學者最可貴的品格是大氣。這大氣，不僅是指學問大，更是指胸懷的寬廣和富於智慧洞觀的眼光。然而，在實際生活中，人們所見到的大氣的學者實在太少了，更多的乃是那些不是自小就是自大的人。對於這兩種類型的學者，顧炎武提出了頗為嚴厲的批評。顧炎武對於「自大」與「自小」的關係的這一辯證分析，閃爍著近代平等觀念的思想光輝。當然，關於自大與自小，還可以從學問的氣象方面來看，自大的人自以為真理在握，容不得不同的意見；自小的人缺乏遠大的學術眼光，盲目崇拜古人和洋人，同樣缺乏海納百川的胸懷，所以這兩種人的歸宿不是道德意義上的小人，就是學術意義上的小家子氣的人。〔註8〕

　　顧炎武此條以經解經，以孟解孟。他的觀點是：「人之為學，不可自小，又不可自大。」以入世之心治學，勇猛精進；以出世之心治學，海納百川。果如此，必然進入光明之境界。得百里之地而君之，不敢自小，尚需終日乾乾；匹夫匹婦有不被堯舜之澤者，不敢自大，尚需普渡眾生。自小指自己縮小，自大則指自己誇大。自小通常表現為過分謙虛，自大則不免過於自誇，兩者殊途同歸，都是「小」。顧炎武又說：「今之學者，非自小則自大。」自今觀之，自小型的學者較少，而自大型的學者越來越多。嗚呼！後者一般都自以為可以與長江、黃河齊名，也可以與天山、泰山甚至珠峰一爭高下，不亦慎乎！

士何事 [1]

　　士、農、工、商，謂之四民 [2]。其說始於《管子》[3]。三代之時，民之秀者乃收之鄉序 [4]，升之司徒 [5]，而謂之士，固千百之中不得一焉。大宰「以九職任萬民 [6]，五曰百工 [7]，飭化八材 [8]」，計亦無多人爾。武王作《酒誥》

〔註8〕許蘇民：《日知錄一百句》，復旦大學出版社 2011 年版，第 115 頁。

之書，曰：「妹土嗣爾股肱，純其藝黍稷，奔走事厥考厥長。」此謂農也。「肇牽車牛，遠服賈，用孝養厥父母。」此謂商也。又曰：「庶士有正，越庶伯君子，其爾典聽朕教。」則謂之士者。大抵皆有職之人矣，惡有所謂「群萃而州處，四民各自為鄉」之法哉 [9]！春秋以後，遊士日多 [10]。《齊語》言桓公為遊士八十人奉以車馬衣裘，多其資幣，使周遊四方，以號召天下之賢士。而戰國之君遂以士為輕重，文者為儒，武者為俠。嗚呼！遊士興而先王之法壞矣。彭更之言 [11]，王子墊之問 [12]，其猶近古之意與？

【注釋】

[1] 見《孟子・盡心上》。

[2] 四民：舊稱士、農、工、商為四民。《書・周官》：「司空掌邦土，居四民，時地利。」蔡沈《書集傳》：「冬官，卿，主國邦土，以居士、農、工、商四民。」《穀梁傳・成公元年》：「古者有四民：有士民，有商民，有農民，有工民。」《漢書・食貨志上》：「士、農、工、商，四民有業：學以居位曰士，闢土殖穀曰農，作巧成器曰工，通財鬻貨曰商。」宋葉適《留耕堂記》：「四民百藝，朝營暮逐，各競其力，各私其求。」元王惲《儒用說》認為：「士農工賈，謂之四民。四民之業，惟士為最貴。」

[3] 《管子・小匡》曰：「士農工商四民者，國之石民也。不可使雜處。雜處則其言哤，其事亂。是故聖王之處士必於閒燕，處農必就田野，處工必就官府，處商必就市井。」尹知章注：「四者國之本，猶柱之石也，故曰石也。」石民即作為國家柱石的人民。一說指正民，與閒民相對。

[4] 鄉序：古代學校的名稱。《周禮・地官・州長》：「春秋以禮會民而射於州序。」鄭玄注：「序，州黨之學也。」《禮記・王制》：「夏后氏養國老於東序，養庶老於西序。」鄭玄注：「皆學名也。」《孟子・滕文公上》：「夏曰校，殷曰序，周曰庠，學則三代共之。」《漢書・儒林傳序》：「三代之道，鄉里有教，夏曰校，殷曰庠，周曰序。」

[5] 司徒：官名。相傳少昊始置，唐虞因之。周時為六卿之一，曰地官大司徒。掌管國家的土地和人民的教化。漢哀帝元壽二年，改丞相為大司徒，與大司馬、大司空並列三公。東漢時改稱司徒。歷代因之，明廢。後別稱戶部尚書為大司徒。

[6] 大宰：即太宰，相傳殷置太宰。周稱冢宰，為天官之長，掌建邦之六典，以佐王治邦國。春秋列國亦多置太宰之官，職權不盡相同。秦、漢、魏皆不置。晉

以避司馬師諱，置太宰以代太師。北周文帝依《周禮》建六官，置天官大冢宰卿一人。隋唐均無此官。宋崇寧間，改左僕射為太宰、右僕射為少宰，靖康末復故。

[7] 百工：指古代司營建製造等事務的官。《周禮・考工記序》：「國有六職，百工與居一焉……審曲面埶，以飭五材，以辨民器，謂之百工。」鄭玄注：「百工，司空事官之屬……司空掌營城郭，建都邑，立社稷宗廟，造宮室車服器械。」

[8] 八材：指珠、玉、石、木、金屬、象牙、皮革、羽毛等八種供製作器物的材料。《周禮・天官・大宰》：「以九職任萬民……五曰百工，飭化八材。」鄭玄注引鄭司農云：「八材：珠曰切，象曰磋，玉曰琢，石曰磨，木曰刻，金曰鏤，革曰剟，羽曰析。」

[9] 《管子・小匡》曰：「今夫士，群萃而州處，閒燕，則父與父言義，子與子言孝，其事君者言敬，長者言愛，幼者言弟，旦昔從事於此，以教其子弟。少而習焉，其心安焉，不見異物而遷焉。是故其父兄之教，不肅而成。其子弟之學，不勞而能。夫是，故士之子常為士。今夫農，群萃而州處，審其四時權節。……故以耕則多粟，以仕則多賢，是以聖王敬畏戚農。有司見之而不以告，其罪五，有司已於事而竣。以農民能致粟，又秀材生焉，故聖王敬畏農而戚近之。今夫工，群萃而州處，相良材，審其四時，辨其功苦，權節其用，論比計制，斷器尚完利。相語以事，相示以功，相陳以巧，相高以知事。旦昔從事於此，以教其子弟。少而習焉，其心安焉，不見異物而遷焉。是故其父兄之教，不肅而成。其子弟之學，不勞而能。夫是，故工之子常為工。今夫商，群萃而州處，觀凶饑，審國變，察其四時，而監其鄉之貨，以知其市之賈。負任擔荷，服牛軺馬，以周四方，料多少，計貴賤，以其所有，易其所無，買賤鬻貴。是以羽旄不求而至，竹箭有餘於國，奇怪時來，珍異物聚。旦昔從事於此，以教其子弟。相語以利，相示以時，相陳以知賈。少而習焉，其心安焉，不見異物而遷焉。是故其父兄之教，不肅而成。其子弟之學，不勞而能。夫是，故商之子常為商。相地而衰其政，則民不移矣。正旅舊，則民不惰。山澤各以其時至，則民不苟。陵陸丘井田疇均，則民不惑。無奪民時，則百姓富，犧牲不勞，則牛馬育。」

[10] 遊士：原指戰國時的說客。泛指雲遊四方以謀生的文人。

[11] 《孟子・滕文公下》：「彭更問曰：『後車數十乘，從者數百人，以傳食於諸侯，不以泰乎？』孟子曰：『非其道，則一簞食不可受於人；如其道，則舜受堯之天下，不以為泰——子以為泰乎？』曰：『否！士無事而食，不可也。』曰：『子

不通功易事以羨補不足，則農有餘粟，女有餘布；子如通之，則梓匠輪輿皆得食於子。於此有人焉，入則孝，出則悌，守先王之道，以待後之學者，而不得食於子。子何尊梓匠輪輿而輕為仁義者哉？』曰：『梓匠輪輿，其志將以求食也；君子之為道也，其志亦將以求食與？』曰：『子何以其志為哉？其有功於子，可食而食之矣。且子食志乎？食功乎？』曰：『食志。』曰：『有人於此，毀瓦畫墁，其念將以求食也，則偉之乎？』曰：『否。』曰：『然則子非食志也，食功也。』」

[12]《孟子·盡心上》：「王子墊問曰：『士何事？』孟子曰：『尚志。』曰：『何謂尚志？』曰：『仁義而已矣。殺一無罪，非仁也，非其有而取之，非義也，居惡在仁是也，路惡在義是也。居仁由義，大人之事備矣。』」王子墊為齊王之子，他問的是士當以何事為事，孟子回答以仁義為事。

【點評】

這是顧炎武的四民觀（或「社會分工論」）。面對社會分工問題，《管子·小匡》率先提出了一套「四民各自為鄉」之法──各自獨立的四重世界，而顧炎武根據《尚書·酒誥》斷然予以否定。伴隨著社會的大動盪，社會流動的問題隨之出現，戰國之世，遊士興起，文者為儒，武者為俠，從此先王之法遭到破壞。遊士問題無疑是一個社會流動問題。清人秦篤輝《經學質疑錄》卷二十對此條給予嚴厲的批評：「顧炎武《日知錄》一書，兼疏通知遠、屬辭比事之長，惟論《孟子》『士何事』甚謬。如所論，則孔孟之門皆不容於先王之世矣。《甫田》之詩曰『烝我髦士』，《載芟》之詩曰『有依其士』，亦豈有職之人乎？論士之實，必《孟子》居仁由義及所謂無恆產而有恒心者，始足以當之，使有職而放僻邪侈，猶陽為士而陰為不肖之民也。論士之名，則列鄉序者，亦可共之，非移郊移遂、屏遠不齒，無由奪其為士也，奚以職為哉？彼蓋懲處士橫議之禍，而不知投鼠忌器之思，使有如秦皇之君，執而用之，焚坑之慘，將有不可勝言，而國亦隨之矣，豈非顧氏一言喪邦哉？夫立言不可不慎也。顧氏之學，雖以正人心、厚風俗為說，而亦頗雜商鞅、韓非、李斯之術，又不能權衡本末，斟酌時宜，蓋得失亦參半焉。」

清儒陳遷鶴《儲功篇下》曰：「性命與經濟之學，合之則一貫，分之若兩途。有平居高言性命，臨事茫無措手者，彼徒求空虛之理，於當世之事未嘗親歷而明試之。」又曰：「蘇子瞻曰：『士不以天下之重自任久矣。』歷山川，但抒吟詠，而不考其形勢。閱井疆，但觀市肆，而不察其風俗。攬人才，但肆清談，侈浮華，而不揣其德之所宜，才之所堪。若而人者，掩抑弗彰，無失為善士。倘或司民之牧，秉國之鈞，俾

之因革，委以調劑，興創不知孰利，改革不知誰害，薦舉不識其賢，廢黜不知其不肖，徇陋踵弊，貽毒已滋，忽然倡建，自申論議，非觸戾人情，犯時之好，即膠固成跡，滯古之法，為患豈可勝道哉！夫士欲知用舍，必自勤訪問始；勤訪問，必自無事之日始。」（載《清經世文編》卷一學術一）

士與中國文化關係至為密切，也是學界關注的重大課題。在「後士時代」（古代的士已經轉化為現代的知識分子），「士何事」的問題至今仍然不失其重要價值，值得我們深思。天下興亡，匹夫有責，士為四民之首，兩耳不聞窗外事，一心只讀聖賢書，可乎？飽食終日，無所用心，可乎？事不關己，高高掛起，可乎？

飯糗茹草 [1]

享天下之大福者，必先天下之勞；宅天下之至貴者，必執天下之至賤。是以殷王小乙，使其子武丁舊勞於外 [2]，知小人之依。而周之后妃，亦必「服澣濯之衣 [3]，修煩縟之事 [4]。及周公遭變，陳后稷先公王業之所由者，則皆農夫女工衣食之務也」。干寶《晉紀論》。古先王之教，能事人而後能使人。其心不敢失於一物之細，而後可以勝天下之大。舜之聖也，而飯糗茹草。禹之聖也，而手足胼胝 [5]，面目黧黑 [6]。此其所以道濟天下，而為萬世帝王之祖也。況乎其不如舜禹者乎？《朱子語類》言舜之耕稼陶漁，夫子之釣弋 [7]，子路之負米 [8]，子貢之理馬，皆賤者之事，而古人不辟也。有若三踴於魯大夫之庭，冉有用矛以入齊軍，而樊須雖少，能用命，此執干戈以衛社稷，而古人所不辭也。後世驕侈日甚，反以臣子之職為恥。

【注釋】

[1]《孟子·盡心下》：「孟子曰：『舜之飯糗茹草也，若將終身焉。及其為天子也，被袗衣，鼓琴，二女果，若固有之。』」飯糗，乾糒。

[2]《尚書·無逸》：「其在高宗時，舊勞於外。」鄭玄注：「舊，猶久也。」舊勞：猶久勞。

[3] 澣濯：亦作「浣濯」。洗滌。

[4] 煩縟：繁複。

[5]《史記·李斯列傳》：「禹鑿龍門，通大廈，疏九河，曲九防……手足胼胝，面目黧黑。」手足胼胝：手足生繭。極言勞瘁。《墨子·備梯》：「禽滑釐子事子墨子，三年，手足胼胝，面目黧黑，役身給使，不敢問欲。」

[6] 黧黑：謂臉色黑。

[7] 釣弋：釣魚和射鳥。

［8］負米：謂外出求取俸祿錢財等以孝養父母。《孔子家語‧致思》：「子路見於孔子
曰：『負重涉遠，不擇地而休；家貧親老，不擇祿而仕。昔由也，事二親之時，
常食藜藿之實，為親負米百里之外。』」

【點評】

　　顧炎武認為帝王不僅不應該「肆於民上以自尊」，而且應該具有謙卑的精神。他
認為君主的這種謙卑的精神應該通過「先天下之勞」、「執天下之至賤」的實際生活鍛
鍊來加以培養。他主張君主應當以謙卑的態度來對待自己的臣下。那些自以為高人一
等的人，自以為高明而不能容忍任何不同意見的人，適見其不自量而已。〔註9〕

　　本條觀點句為：「享天下之大福者，必先天下之勞；宅天下之至貴者，必執天下
之至賤。」然後舉舜、禹、孔子、子路、子貢等人之例，一一證明之。顧炎武所提倡
的這種君王謙卑精神，既與基督教倫理的精神具有內在相通之處，也與馬克思所倡導
的「公僕」精神契合。

〔註9〕許蘇民：《日知錄一百句》，復旦大學出版社2011年版，第180頁。

《日知錄》卷八

州縣賦稅

　　王士性《廣志繹》曰 [1]：「天下賦稅，有土地肥瘠不甚相遠，而徵科乃至懸絕者。當是國初草草，未定畫一之制，而其後相沿不敢議耳。如真定之轄五州二十七縣，蘇州之轄一州七縣，無論所轄，即其廣輪之數，真定已當蘇之五，而蘇州糧二百三萬八千石，真定止一十萬六千石。然猶南北異也。若同一北方也，河間之繁富，二州十六縣；登州之貧寡，一州七縣，相去殆若廷楹，而河間糧止六萬一千，登州乃二十三萬六千。然猶直隸、山東異也。若在同省，漢中二州十四縣之殷庶，視臨洮二州三縣之衝疲，易知也，而漢中糧止三萬，臨洮乃四萬四千。然猶各道異也。若在同道，順慶不大於保寧，其轄二州八縣，均也，而順慶糧七萬五千，保寧止二萬。然猶兩郡異也。若在一邑，則同一西南充也，而負郭十里，田以步計，賦以田起，二十里外，則田以絚量，不步矣，五十里外，田以約計，不絚矣。官賦無定數，私價亦無定估，何其懸絕也。惟是太平日久，累世相傳，民皆安之，以為固然，不自覺耳。」[2] 夫王者制邑居民，則壞成賊，豈有大小輕重不同若此之甚哉！且以所轄州縣言之，真定三十二，西安三十六，開封、平陽各三十四，濟南三十，成都三十一，而松江、鎮江、太平止三縣，漢陽、興化止二縣，潼川之七縣，儼然一府也；而其小者或至於無縣可轄。且明初之制，多因元舊，平陽一路共領降州，殆據山西之半。至洪武二年，始以澤、潞、遼、沁四州直隸山西行省，而今尚有五州。若蒲州，自古別為一郡，屢次建言，皆為戶部所格。歸德一州，向屬開封，至嘉靖二十四年始分為府。天下初定，日不暇給，沿元之非，遂至二三百年。然則後之王

者，審形勢以制統轄，度輻員以界郡縣，則土田以起徵科，乃平天下之先務，不可以慮始之艱，而廢萬年之利者矣。

　　《太祖實錄》：「洪武八年三月，平陽府言，所屬蒲、解二州，距府闊遠，乞以直隸山西行省為便。未許。」[3] 至天啟四年，巡按山西李日宣請以二州十縣分立河中府，治運城，以運使兼知府事，運同兼清軍，運副兼管糧，運叛兼理刑。事下戶部，戶部下山西，山西下河東，河東下平陽府議之，竟寢不行。此所謂欲制千金之裘，而與狐謀其皮也 [4]。且商、洛之於關內，陳、許之於大梁，德、棣之於濟南，潁、亳之於鳳陽，自古不相統屬。去府既遠，更添司道，於是有一府之地而四五其司道者，**官愈多而民愈擾**，職此之由矣。昔仲長統《昌言》謂：「諸夏有十畝共桑之迫，遠州有曠野不發之田。」[5] 范曄《酷吏傳》亦言：「漢制宰守曠遠，戶口殷大。」[6] 而《後漢・馬援傳》：「既平交阯，奏言：『西於縣戶有三萬二千，遠界去庭千餘里，請分為封溪、望海二縣。』許之。」[7]《華陽國志》：「巴郡太守但望上疏言：『郡境南北四千，東西五千，屬縣十四，土界遐遠，令尉不能窮詰奸凶。時有賊發，督鄧追案，十日乃到，賊已遠逃，蹤跡絕滅。其有犯罪逮捕，證驗文書詰訊，從春至冬，不能究訖。繩憲未加，或遇德令。是以賊盜公行，奸宄不絕。太守行農桑，不到四縣；刺史行部，不到十縣。欲請分為二郡。』其後遂為三巴。」[8]《水經注》：「山陰縣，漢會稽郡治也。永建中，陽羨周嘉上書，以縣遠，赴會稽至難，求得分置。遂以浙江西為吳，以東為會稽。」[9] 此皆遠縣之害，已見於前事者也。《北齊書》：「赫連子悅除林慮守，世宗往晉陽，路由是郡，因問所不便。子悅答言：『臨水、武安二縣，去郡遙遠，山嶺重疊，車步艱難。若東屬魏郡，則地平路近。』世宗笑曰：『卿徒知便民，不覺損幹。』子陪答以『所言因民疾苦，不敢以私潤負心。』」[10] 嗟乎，今之牧守，其能不徇於私而計民之便者，吾未見其人矣。

【注釋】

[1] 王士性（1547～1598），字恒叔，號太初，臨海人。萬曆五年進士，授朗陵（今河南確山）知縣。官至鴻臚卿。著有《廣志繹》、《五嶽遊草》、《廣遊志》等，今被輯成《王士性地理書三種》。

[2] 見王士性《廣志繹》卷一《方輿崖略》。按：此處與中華書局 2006 年整理本文字頗有出入。

[3] 見《太祖實錄》卷九八。

[4] 與狐謀皮：喻所謀之事有害於對方的切身利益，終難達到目的。

[5]《通典》卷一引。

[6] 見《後漢書》卷一○七。

[7] 見《後漢書》卷五四。

[8] 見《華陽國志·巴志》。三巴：古地名。巴郡、巴東、巴西的合稱。相當今四川
　　嘉陵江和綦江流域以東的大部地區。晉常璩《華陽國志·巴志》：「建安六年，
　　魚復蹇允白璋爭巴名，璋乃改永寧為巴郡，以固陵為巴東，徙羲為巴西太守，
　　是為三巴。」《資治通鑒·晉安帝元興三年》：「玄以桓希為梁州刺史，分命主將
　　戍三巴以備之。」胡三省注：「三巴，巴郡、巴東、巴西也。杜佑曰：渝州，古
　　巴國，謂之三巴。以閬、白二水東南流，曲折三迴，如『巴』字也。」

[9] 見《水經注》卷四○。

[10] 見《北齊書》卷四○。私潤：個人的好處。

【點評】

　　這一節不是考據，不是歸納一系列材料來說明某個問題。看起來，顧炎武彷彿很
欣賞比他自己略早一點的王士性和他在《廣志繹》中的這一大段文章。這不是無病呻
吟的文章，不是風花雪月的文章，而是經世濟用的文章，有數字的統計和比較，以見
州縣幅員之不均平。幅員不均平，人口也就不會均平，生產量也不會均平。可是嚴重
的是，糧稅卻不按這種不均平來訂定，而是按「國初」洪武「祖宗之法」來辦理，二
三百年積累下來，事情就越來越不合理了。制度的不合理，任何歷史時代都有，但要
隨時修改調整，不能使這種不合理長期衍續，甚至變本加厲。〔註1〕

　　趙儷生先生沒有標明引文起訖，以為這一節全部抄自王士性《廣志繹》，其實不
然。陳垣先生以史源學著稱，其《日知錄校注》更是一部史源學名著，基本上解決了
《日知錄》一書的引文起訖問題。顧炎武徵引不到四百字，而加以發揮的文字則超過
一千，提出了自己的觀點：「後之王者，審形勢以制統轄，度幅員以界郡縣，則土田以
起徵科，乃平天下之先務，不可以慮始之艱，而廢萬年之利。」

　　鄭克晟先生提出了「明代重賦出於政治原因說」，他通盤考察明代的幾個重賦區
之後發現，這些地區雖自然、經濟社會條件大相徑庭，但共同的一點是元末明初皆為
朱元璋的敵對勢力所佔領，他們曾與明軍相抗衡，這正是這些地區遭到朱元璋重賦政
策懲罰的原因。〔註2〕

〔註1〕趙儷生：《趙儷生文集》第三卷，蘭州大學出版社2002年版，第214～215頁。
〔註2〕鄭克晟：《明代重賦出於政治原因說》，《南開學報》2001年第6期。

掾屬 [1]

《古文苑》注王延壽《桐柏廟碑》人名 [2]，謂掾屬皆郡人，可考漢世用人之法。今考之漢碑皆然，不獨此廟。蓋其時惟守相命於朝廷，而自曹掾以下 [3]，無非本郡之人，故能知一方之人情，而為之興利除害，其辟用之者即出於守相 [4]。而不似後代之官，一命以上，皆由於吏部 [5]。故廣漢太守陳寵入為大司農 [6]，和帝問在郡何以為理，寵頓首謝曰：「臣任功曹王渙以簡賢選能，主簿鐔顯拾遺補闕，臣奉宣詔書而已。」[7] 帝乃大悅。至於汝南太守宗資任功曹范滂，南陽太守成瑨委功曹岑晊，並謠達京師，名標史傳 [8]。而鮑宣為豫州牧，郭欽奏其舉錯煩苛 [9]，代二千石署吏 [10]。是知署吏乃二千石之職，州牧代之，尚為煩苛，今以天子而代之，宜乎事煩而日不給。隋文帝開皇二年，罷辟署 [11]，令吏部除授品官為州郡佐官，其時劉炫對牛弘，以為「往者州唯置綱紀，郡置守丞，縣置令而已，其餘具僚，則長官自辟」。是知自辟掾屬，即齊魏之世猶然。《宋史·選舉志》：「宋初內外小職任，長吏得自奏辟 [12]。熙寧間，悉罷歸選部 [13]。然要處職任，如沿邊兵官，防河捕盜，重課額務場之類，尋又立專法聽舉，於是辟置不能全廢也。」又其變也，銓注之法 [14]，改為掣籤 [15]，而吏治因之大壞矣。

《京房傳》：「房為魏郡太守，自請得除用他郡人。」[16] 因此知漢時掾屬，無不用本郡人者，房之此請，乃是破格。杜氏《通典》言：「漢縣有丞尉及諸曹掾，多以本郡人為之。三輔縣，則兼用他郡。」[17]《黃霸傳》：「補左馮翊二百石卒史。」如淳曰：「三輔郡得任用他郡人，而卒史獨二百石，所謂尤異者也。」[18] 及隋氏革選 [19]，盡用他郡人。

唐高宗時，魏玄同為吏部侍郎，上疏言：「臣聞傅說曰：『明王奉若天道，建邦設都，樹後王君公，承以大夫師長，不惟逸豫，惟以理人。』[20] 昔之邦國，今之州縣，土有常君，人有定主。自求臣佐，各選英賢。其大臣乃命於王朝耳。秦併天下，罷侯置守，漢氏因之，有沿有革，諸侯得自置吏，四百石已下，其傅相大官，則漢為置之。州郡掾吏，督郵從事，悉任之於牧守。爰自魏晉，始歸吏部，遞相祖襲，以迄于今。用刀筆以量才，按簿書而察行，法令之弊，其來已久。蓋君子重因循而憚改作，有不得已者，亦當運獨見之明，定卓然之議。如今選司所行者，非皇上之令典 [21]，乃近代之權道 [22]。所宜遷革，實為至要。何以言之？夫丈尺之量，所及者蓋短，鍾庾之器，所積者寧多。況天下之大，士人之眾，而可委之數人之手乎？假使平如權衡，明如水鏡，力有所極，照有所窮，銓綜既多 [23]，粢失斯廣。又以比居此任，時有非人，豈直

愧彼清通，亦將竭其庸妄。情故既行，何所不至，贓私一啟 [24]，以及萬端。
至乃為人擇官，為身擇利，顧親疏而舉筆，看勢要而措情，加以厚貌深衷 [25]，
險如溪壑，擇言觀行，猶懼不周。今使百行九能 [26]，析之於一面，具僚庶品
[27]，專斷於一司，其亦難矣。……天祚大聖，比屋可封。咸以為有道恥賤，
得時無怠。諸色入流，歲以千計，群司列位，無復增多。官有常員，人無定限，
選集之始，霧積雲屯。擢敘於終，十不收一，淄澠雜混，玉石難分，用捨去留，
得失相半。撫即事之為弊，知及後之滋失。夏殷以前，制度多闕，周監二代，
煥乎可觀，諸侯之臣，不皆命於天子。王朝庶官，亦不專於一職。故穆王以伯
冏為太僕正，命之曰：『慎簡乃僚，無以巧言令色，便辟側媚，其惟吉士。』
[28] 此則令其自擇下吏之文也。太僕正，中大夫耳，尚以僚屬委之，則三公九
卿亦必然矣。《周禮》，大宰、內史並掌爵祿廢置，司徒、司馬別掌興賢詔事。
當是分任於群司，而統之以數職，各自求其小者，而王命其大者焉。夫委任責
成，君之體也。所委者當，則所用者精。裴子野有言曰：『官人之難，先王言
之尚矣。居家視其孝友，鄉黨服其誠信。出入觀其志義，憂歡取其智謀。煩之
以事，以觀其能；臨之以利，以察其廉。《周禮》：始於學校，論之州里，告諸
六事，而後貢之王庭。其在漢家，尚猶然矣。州郡積其功能，然後為五府所辟；
五府舉其掾屬而陞於朝，三公參得除署，尚書奏之天子。一人之身，所關者眾，
一士之進，其謀也詳。故官得其人，鮮有敗事，魏晉反是，所失弘多。』子野
所論，蓋區區之宋朝耳，猶謂不勝其弊，而況於當今乎？臣竊見制書，每令三
品五品薦士，下至九品，亦令舉人。此聖朝側席旁求之意也。而褒貶未明，莫
慎所舉，且唯賢知賢，聖人篤論，身且濫進，鑒豈知人？今欲務得實才，兼宜
擇其舉主，流清以源潔，影端由表正。不詳舉主之行能，而責舉人之庸濫，不
可得已。《漢書》云，張耳、陳餘之賓客廝役 [29]，皆天下俊傑。彼之蕞爾 [30]，
猶能若斯，況以神皇之聖明，國家之德業，而不建久長之策，為無窮之基，盡
得賢取士之術，而但顧望魏晉之遺風，留意周隋之敝事。臣竊惑之。伏願稍回
聖慮 [31]，特採芻言，略依周漢之規，以分吏部之選。即望所用精詳，鮮于差
失。」[32] 疏奏不納。

　　玄宗時，張九齡為左拾遺，上言：「夫吏部尚書、侍郎，以賢而授者也，
雖知人之難，豈不能拔十得五？今膠以格條，據資配職，無得賢之實。若刺史、
縣令，必得其人，於管內歲當選者，使考才行可入流品，然後送臺，又加擇焉，
以所用多寡，為州縣殿最。則州縣慎所舉，可官之才多，吏部因其成，無今日

之繁矣。」[33]《柳渾傳》:「德宗嘗親擇吏,宰畿邑有效。召宰相語,皆賀帝得人。渾獨不賀,曰:『此特京兆尹職耳,陛下當擇臣輩以輔聖德,臣當選京兆尹承大化,尹當求令長聽細事。代尹擇令,非陛下所宜。』帝然之。」[34]

【注釋】

[1] 掾屬:佐治的官吏。漢代自三公至郡縣,都有掾屬。人員由主官自選,不由朝廷任命。魏晉以後,改由吏部任免。

[2] 《桐柏廟碑》:亦稱《桐柏淮源廟碑》,後漢王延壽撰。立於漢延熹六年(公元 163 年)。該廟原址在河南省桐柏縣西 14 公里固廟,到北宋景德四年(1007 年)才遷至桐柏縣城東北隅。《水經注》稱:「山南有淮源廟,廟前有碑,是南陽郭苞立。」碑記頌揚南陽太守中山盧奴君修淮源廟功績之事。原碑無額,有穿。隸書,十五行,滿行三十三字。原漢碑久佚,傳世本多為元代至正四年(1344 年)吳炳重書,其子嗣昌再刻之碑。碑高 168 釐米,寬 90 釐米。再刻之碑現立於河南省桐柏縣招待所院內。末附人名為:春侍祠官屬五官掾章陵劉訴,功曹史安眾劉瑗,主薄蔡陽樂茂,戶曹史宛任巽秋,五官掾新□梁懿,功曹史酈周謙,主薄安眾鄧嶷,主記史宛趙,戶曹史宛謝綜。

[3] 曹掾:分曹治事的屬吏,胥吏。

[4] 守相:郡守和諸侯王之相。

[5] 吏部:舊官制六部之一。漢尚書有常侍曹,主管丞相御史公卿之事。東漢改為吏曹,主選舉祠祀,後又改為選部。魏、晉以後稱吏部,置尚書等官,主管官吏任免、考課、升降、調動等事。班列次序,在其他各部之上。清末廢,並其職掌於內閣。

[6] 大司農:官名。秦置治粟內史,漢景帝時改稱大農令,武帝太初元年更名大司農。掌租稅錢穀鹽鐵和國家的財政收支,為九卿之一。北齊時稱司農寺卿,隋唐以後所置略同。元置大司農司,掌農桑、水利、學校、救荒等事。明初置司農司,不久即廢,其職掌併入戶部。習慣用作戶部尚書的別稱。

[7] 見《後漢書·循吏傳》。簡賢選能:選用賢能。奉宣:宣布帝王的命令。

[8] 范滂等人皆見《後漢書·黨錮傳》。功曹:官名。漢代郡守有功曹史,簡稱功曹,除掌人事外,得以參預一郡的政務。北齊後稱功曹參軍。唐時,在府的稱為功曹參軍,在州的稱為司功。

[9] 舉錯:亦作「舉厝」、「舉措」。舉動,行為。煩苛:繁雜苛細。

[10] 二千石：漢制，郡守俸祿為二千石，即月俸百二十斛。世因稱郡守為「二千石」。

[11] 辟署：徵聘委任。唐陸贄《請許臺省長官舉薦屬吏狀》：「前代有鄉里舉選之法，長吏辟署之制，所以明歷試，廣旁求，敦行能，息馳騖也。」

[12] 奏辟：向朝廷薦舉徵召為官。

[13] 選部：官署名。漢置，三國魏改為吏部。後以為吏部的代稱。

[14] 銓注：謂對官吏的考選登錄。

[15] 掣籤：特指明代後期沿襲至清的吏部選授遷除官吏的方法。《明史·孫丕揚傳》：「（萬曆）二十二年拜吏部尚書。丕揚挺勁不撓，百僚無敢以私幹者，獨患中貴請謁，乃創為掣籤法，大選急選，悉聽其人自掣，請寄無所容，一時選人盛稱無私，然銓政自是一大變矣。」

[16] 見《漢書》卷七五。

[17] 見《通典》卷三二。

[18] 見《漢書·循吏傳》。

[19] 革選：淘汰、選拔。

[20] 見《尚書·說命中》。「理人」，《尚書》原作「亂民」。逸豫：猶安樂。

[21] 令典：好的典章法度。

[22] 權道：變通之道；臨時措施。

[23] 銓綜：謂選拔羅致人材。《晉書·良吏傳序》：「蒞職者為身擇利，銓綜者為人擇官。」《資治通鑑·唐高宗龍朔三年》：「（李義府）恃中宮之勢，專以賣官為事，銓綜無次，怨讟盈路。」

[24] 贓私：貪污營私。

[25] 厚貌深衷：猶「厚貌深情」，亦作「厚貌深辭」、「厚貌深文」。語出《莊子·列禦寇》：「凡人心險於山川，難於知天；天猶有春秋冬夏旦暮之期，人者厚貌深情。故有貌願而益，有長若不肖。」謂外貌忠厚而深藏其思想感情，不流露於外表或言語。

[26] 九能：古指大夫應當具備的九種才能。《詩·定之方中》「卜云其吉」，毛傳：「建邦能命龜，田能施命，作器能銘，使能造命，升高能賦，師旅能誓，山川能說，喪紀能誄，祭祀能語，君子能此九者，可謂有德音，可以為大夫。」

[27] 具僚：亦作「具僚」，指官員；百官。庶品：百官。

[28] 見《古文尚書·冏命》。側媚：用不正當的手段討好別人。

[29] 廝役：舊稱幹雜事勞役的奴隸。後泛指受人驅使的奴僕。

[30] 蕞爾：形容小。

[31] 聖慮：帝王的思慮或憂念。

[32] 見《舊唐書》卷八七。

[33] 見《新唐書》卷一二六。

[34] 見《新唐書》卷一四二。

【點評】

在中國歷史上，一直存在著一個任命官吏的人事權歸屬問題。在先秦時期，是血緣貴族當政的時期，任命屬僚的原則是血緣。秦開始，血緣原則被打倒了。兩漢用的，是「徵辟」之制，那就是說，由地域二千石進行推舉聘請，或邀約。推舉、聘請、邀約也不是沒有原則的，原則是「賢良、方正」、「孝悌、力田」等等。這些原則，在某些場合是真實的，在另外場合則是騙人的。到南北朝，豪門勢家如琅邪王氏之倫包攬權勢，他們的子弟做官的機緣就多得多。地區集團，成為攬權的線索。隋文帝反映素族勢力，把權力盡力收歸中央，包括任命地方最低品官吏的權力，也收歸吏部。這既是自然趨勢，也不能說這麼做多麼不對。但自朱元璋強化中央集權以後，中央的權的的確確是集中的太多了，造出種種弊端。所以黃宗羲和顧炎武等才出來反君、反中央集權，顧進而主張「地方分權」。像顧氏這樣主張用了地方人士就準能興利除弊，也是片面之見。不過，他堅決反對中央集權，也不是沒有來由的，也是可以理解的，明朝三百年中央高度集權，其結果是太糟了。顧看出了中央集權的大弊，可是限於歷史侷限性，他想不出更高的點子，又想回到「辟舉」的老路子上去，這是不解決問題的。〔註3〕

黃汝成《集釋》引沈氏曰：陳諒直云：「隋氏罷鄉官，革自辟，調選人，改薦舉，紛紛更易，盡以私弊防天下之人。三代之法未盡泯於秦者，至此而無餘，卒等於秦之速亡。信乎，治天下者在彼不在此也。」

自古選用人才講究資格，但也有破格之道。明史可法《論人才疏》曰：「但論人不論官，官大者亦可小就，而後懸破格之遷；官小者亦可大用，而後課非常之效。」王夫之《讀四書大全說》卷八：「蓋登進大賢以興王業，如商、周之用伊、呂，自是非常舉動。使卑疏逾尊戚而人無怨者，緣此一人關於興廢之大，則雖欲已而弗用而不得。是破格求賢以躡舊臣而代其任，自非王者之於名世，固不容授諸小有才之佞人。以朝

〔註3〕趙儷生：《趙儷生文集》第三卷，蘭州大學出版社2002年版，第188～189頁。

廷自有大體，而斯民之所尊親者自有其素也。民志定而後因尊以尊其上，因親以親其上，斯以一國如一家，君民如父子。今信遊士之立談，遂取民之素相尊親者去之、殺之而無忌，則斯民不知有尊親，而情勢瓦解，尚能立其上而為之父母乎？」

都令史

《通典》：「晉有尚書都令史八人，秩二百石，與左右丞總知都臺事。宋、齊八人，梁五人，謂之五都令史。舊用人常輕。武帝詔曰：『尚書五都，職參政要，非但總理眾局，亦乃方軌二丞。頃雖求才，未臻妙簡；可革用士浪，以盡時彥。』乃以都令史視奉朝請。」[1] 其重之如此。彼其所謂都令史者，猶為二百石之秩，而間用士流為之。然南齊陸慧曉為吏部郎。吏部都令史歷政以來，諮執選事，慧曉任己獨行，未嘗與語。帝遣人語慧曉曰：「都令史諳悉舊貫，可共參懷。」慧曉曰：「六十之年，不復能諮都令史，為吏部郎也。」[2] 故當日之為吏部者，多克舉用人之職。自隋以來，令史之任，文案煩屑 [3]，漸為卑冗，不參官品。至於今世，則品彌卑，權彌重，八柄詔王 [4]，乃不在官而在吏矣。

《舊唐書》：「許子儒居選部，不以藻鑒為意，有令史綏直，是其腹心。每注官，多委令下筆，子儒但高枕而臣，語綏直云『平配』。由是補授失序，傳為口實。」[5] 嗟乎，未若今日之以綏直為當官，以平配為著令也。

胥吏之權所以日重而不可拔者，任法之弊使之然也。開載布公，以任大臣；疏節闊目，以理庶事，則文法省而徑竇清 [6]，人材庸而狐鼠退矣 [7]。

【注釋】

[1] 見《通典》卷二二《職官四》。

[2] 見《南史》卷四八。

[3] 煩屑：猶繁瑣。

[4] 八柄：古代帝王統馭臣下的八種手段，即爵、祿、予、置、生、奪、廢、誅。《周禮‧天官‧大宰》：「以八柄詔王馭群臣：一曰爵，以馭其貴；二曰祿，以馭其富；三曰予，以馭其幸；四曰置，以馭其行；五曰生，以馭其福；六曰奪，以馭其貧；七曰廢，以馭其罪；八曰誅，以馭其過。」

[5] 見《舊唐書‧儒學傳》。平配：品評調配。

[6] 徑竇：猶門徑。

[7] 狐鼠：城狐社鼠。喻小人，壞人。

【點評】

　　都令史秩雖二百石，相當於縣丞、尉的最低級，但頗受皇上重視。當日之為吏部者，多能舉用人之職。自隋代以來，令史之任，文案繁瑣，漸為卑冗，不參官品。至於近世，則品彌卑，權彌重。胥吏之權所以日重而不可拔者，蓋因任法之弊。如何革除弊端？顧炎武開出的藥方為：「開載布公，以任大臣；疏節闊目，以理庶事。」由此可見顧炎武的吏治觀。

吏胥 [1]

　　天子之所恃以平治天下者，百官也。故曰：「臣作朕股肱耳目。」[2] 又曰：「天工人其代之。」[3] 今奪百官之權，而一切歸之吏胥，是所謂百官者虛名，而柄國者吏胥而已。郭隗之告燕昭王曰：「亡國與役處。」[4] 吁，其可懼乎！秦以任刀筆之吏而亡天下，此固已事之明驗也。

　　唐鄭餘慶為相，有主書滑渙，久司中書簿籍，與內官典樞密劉光琦相倚為奸，每宰相議事，與光琦異同者，令渙往請，必得。四方書幣貲貨充集其門，弟泳官至刺史。及餘慶再入中書，與同僚集議，渙指陳是非，餘慶怒叱之，未幾，罷為太子賓客。其年八月，渙贓污發，賜死。憲宗聞餘慶叱渙事，甚重之。久之，復拜尚書左僕射。[5] 韋處厚為相，有湯銖者為中書小胥，其所掌謂之孔目房。宰相遇休假，有內狀出，即召銖至延英門付之，送知印宰相。由是稍以機權自張，廣納財賄。處厚惡之，謂曰：「此是半裝滑渙矣。」乃以事逐之。[6] 夫身為大臣，而有甘臨之憂 [7]，係遯之疾 [8]，則今之君子有愧於唐賢多矣。

　　謝肇淛曰：「從來仕宦法罔之密，無如今日者。上自宰輔，下至驛遞倉巡，莫不以虛文相酬應，而京官猶可，外吏則愈甚矣。大抵官不留意政事，一切付之胥曹；而胥曹之所奉行者，不過已往之舊牘，歷年之成規，不敢分毫逾越。而上之人既以是責下，則下之人亦不得不以故事虛文應之；一有不應，則上之胥曹又乘隙而繩以法矣。故郡縣之吏胥旦竭蹶，惟日不足，而吏治卒以不振者，職此之由也。」[9]

　　又曰：「國朝立法太嚴，如戶部官不許蘇、松、浙江人為之，以其地多賦稅，恐飛詭為奸也。然弊孔蠹實皆由吏胥，堂司官遷轉不常，何知之有？今戶部十三司，胥算皆紹興人，可謂目察秋毫，而不見其睫者矣。」[10]

【注釋】

　　[1] 吏胥：舊時官府中的小吏。

[2] 見《尚書・益稷》。

[3] 見《尚書・皋陶謨》。

[4] 見《戰國策九・燕策》。

[5] 見《舊唐書》卷一五八。

[6] 見《冊府元龜》卷三一七正直門。

[7] 甘臨：典出《易・臨》：「甘臨，无攸利。」後以「甘臨」指以仁政治民。今按：宋祚胤《考辨》云：「『甘臨』，是以臨為甘，即認為周厲王的治理很不錯。」此為臆測之詞，不足為憑，而《漢語大詞典》竟然以為定論。

[8] 係遁：指潔身退隱。

[9] 見《五雜俎》卷十四。

[10] 見《五雜俎》卷十五。飛詭：明朝糧戶將田地寄在享有優免徭役的官吏、紳衿名下，以逃避賦役的一種方法。明周聖楷《張居正本傳》：「歲久滋偽，弊孔百出，有所謂飛詭者、影射者、養號者、掛虛者、過都者、受獻者，久久相沿。」

【點評】

　　專制統治者為了維護其統治，拼命多設吏胥；而官本位的政治體制所享有的特權，使得人們也削尖了腦袋往吏胥的隊伍裏鑽。一個縣的吏胥竟然有數千人之多，他們「恃訟煩刑苛，則得以嚇射人錢」，以其暴虐，濟其貪婪。一個部門，本來只需要一個正職、一個副職，可是擔任副職的竟達六七人之多，所以他們就要想方設法、橫生事端，找事情做，找案子查，以此作為向普通民眾敲詐勒索的生財之方。凡是有工程的地方，必有貪污；凡是有承包的地方，必有回扣；凡是有訴訟的地方，必有賄賂。而最痛苦的，就是沒有任何官場背景、老實而又善良的廣大民眾。他們處在官本位的政治體制的重重壓迫之下，不僅要供養這龐大的吏胥隊伍，還要受盡恐嚇和屈辱，處於有冤無處申的悲慘境地。由於「官」少而「吏胥」多，官是外地人而吏胥是本地人，官的任期有限而吏胥則無任期限制並可世代相傳，於是便造成了吏胥把持官府的局面。吏胥不僅實際上把持了州縣地方政府的權力，而且朝廷的各部門、省裏的各部門也有大量的尤為「桀點」的吏胥盤踞在那裡，他們利用手裏掌握的辦具體事情的權力，「以掣州縣之權」，藉以敲詐勒索，中飽私囊，就連州縣官員也不能不怕他們三分，不得不去賄賂他們。而專制統治者明知道這批吏胥乃是「天下之大害」，卻不願改革這一制度，其原因正像皇帝只信任太監而不信任大臣一樣，與其信任官員，不如信任吏胥，是出於其維護其「家天下」之利益的陰暗心理。顧炎武認為，信用刀筆之吏的制度是從「以法為教，以吏為師」的秦始皇開始的；而後世帝王並沒有吸取「秦以任刀筆之

吏而亡天下」的教訓，反而在制度設置上「奪百官之權，而一切歸之吏胥」，以為這些文化水平不高、社會地位低賤的吏胥真的能依法辦事，不謀私利，但實際情況卻是完全相反。他希望後來的統治者能夠真正吸取秦王朝覆滅的教訓，徹底改革這一危害社會的吏胥制度。〔註4〕

這一條也是顧炎武的吏治觀的重要組成部分。「今奪百官之權，而一切歸之吏胥，是所謂百官者虛名，而柄國者吏胥而已」，這顯然是針對明朝的吏治而說的。他先從「秦以任刀筆之吏而亡天下」（此或可稱之為「秘書亡國論」）說起，繼以唐代二事，最後採信謝肇淛的兩段證言，旨在總結明代滅亡的原因——以任吏胥而亡天下。應該說，這比起「清談誤國論」或「心學亡國論」來，這一箭射得相當精準，可謂直指靶心。我們不妨進一步追問——為何「官不留意政事，一切付之胥曹」？因為皇帝自己不理朝政。制度不善，吏治不振，責在皇上，干卿何事？所謂上樑不正下樑歪，中梁不正倒下來。明朝之亡，非亡於他人之手，乃大明王朝自亡之也。

法制

法制禁令，王者之所不廢，而非所以為治也。其本在正人心，厚風俗而已。故曰：「居敬而行簡，以臨其民。」[1] 周公作《立政》之書曰：「文王罔攸，兼於庶言，庶獄庶慎。」又曰：「庶獄庶慎，文王罔敢知於茲。」[2] 其丁寧後人之意可謂至矣。秦始皇之治天下之事，無大小皆決於上，上至於衡石量書，日夜有呈，不中呈不得休息，而秦遂以亡。太史公曰：「昔天下之網嘗密矣，然姦偽萌起，其極也，上下相遁，至於不振。」[3] 然則法禁之多，乃所以為趣亡之具，而愚暗之君猶以為未至也。杜子美詩曰：「舜舉十六相，身尊道何高。秦時任商鞅，法令如牛毛。」[4] 又曰：「君看燈燭張，轉使飛蛾密。」[5] 其切中近朝之事乎？

漢文帝詔「置三老孝悌力田常員，令各率其意以道民焉」[6]。夫三老之卑 [7]，而使之得率其意，此文、景之治所以至於移風易俗，黎民醇厚，而上擬於成、康之盛也。

諸葛孔明開誠心，布公道，而上下之交，人無間言，以蕞爾之蜀，猶得小康。魏操、吳權任法術，以御其臣，而篡逆相仍，略無寧歲。天下之事，固非法之所能防也。

叔向與子產書曰：「國將亡，必多制。」[8] 夫法制繁，則巧猾之徒皆得以

〔註4〕許蘇民：《顧炎武評傳》，南京大學出版社 2006 年版，第 475～477 頁。

法為市 [9]，而雖有賢者，不能自用，此國事之所以日非也。善乎，杜元凱之解《左氏》也 [10]，曰：「法行則人從法，法敗則法從人。」[11]

前人立法之初，不能詳究事勢，豫為變通之地。後人承其已弊，拘於舊章，不能更革，而復立一法以救之，於是法愈繁而弊愈多，天下之事日至於叢脞 [12]，其究也眊而不行 [13]，上下相蒙，以為無失祖制而已。此莫甚於有明之世，如勾軍 [14]、行鈔二事 [15]，立法以救法而終不善者也。

宋葉適言：「國家因唐五代之極弊，收斂藩鎮之權盡歸於上，一兵之籍，一財之源，一地之守，皆人主自為之也。欲專大利而無受其大害，遂廢人而用法，廢官而用吏，禁防纖悉，特與古異，而威柄最為不分，雖然，豈有是哉！故人才衰乏，外削中弱，以天下之大而畏人，是一代之法度又有以使之矣。」[16] 又曰：「今內外上下，一事之小，一罪之微，皆先有法以待之。極一世之人志慮之所周浹，忽得一智，自以為甚奇，而法固已備之矣，是法之密也。然而人之才不獲盡，人之志不獲伸，昏然俯首，一聽於法度，而事功日墮，風俗日壞，貧民愈無告，奸人愈得志，此上下之所同患，而臣不敢誣也。」又曰：「萬里之遠，顰呻動息，上皆知之。雖然，無所寄任，天下泛泛焉而已。百年之憂，一朝之患，皆上所獨當，而群臣不與也。夫萬里之遠，皆上所制命，則上誠利矣。百年之憂，一朝之患，皆上所獨當，而其害如之何？此外寇所以憑陵而莫御，仇恥所以最甚而莫報也。」[17]

陳亮《上孝宗書》曰：「五代之際，兵財之柄倒持於下，藝祖皇帝束之於上，以定禍亂。後世不原其意，束之不已，故郡縣空虛，而本末俱弱。」[18]

洪武六年九月丁未，命有司庶務更月報為季報，以季報之數類為歲報。凡府州縣輕重獄囚即依律斷決，不須轉發。果有違枉，從御史、按察司糾劾。令出，天下便之。[19]

【注釋】

[1]《論語・雍也》：「仲弓曰：『居敬而行簡，以臨其民，不亦可乎！居簡而行簡，無乃大簡乎？』」

[2] 見《尚書・立政》。陳垣謂「不親細事之意」。庶慎：指眾慎罰之事。周秉鈞《尚書易解》：「慎，與獄連言，蓋謂慎罰也。」

[3]《史記・酷吏列傳》：「孔子曰：『導之以政，齊之以刑，民免而無恥。導之以德，齊之以禮，有恥且格。』老氏稱：『上德不德，是以有德；下德不失德，是以無德。法令滋章，盜賊多有。』太史公曰：信哉是言也！法令者治之具，而非制

治清濁之源也。昔天下之網嘗密矣，然姦偽萌起，其極也，上下相遁，至於不振。當是之時，吏治若救火揚沸，非武健嚴酷，惡能勝其任而愉快乎！言道德者，溺其職矣。故曰『聽訟，吾猶人也，必也使無訟乎』。『下士聞道大笑之』。非虛言也。」

[4] 見杜甫《述古》。

[5] 見杜甫《寫懷》。

[6] 見《漢書·文帝本紀》。

[7] 三老：古代掌教化之官。鄉、縣、郡均曾先後設置。

[8] 見《左傳》昭公六年。

[9] 以法為市：以法律來做買賣。

[10] 杜元凱：即晉朝經學家杜預。

[11] 原注：「宣公十二年傳解。」

[12] 叢脞：瑣碎；雜亂。《書·益稷》：「元首叢脞哉，股肱惰哉，萬事墮哉。」偽孔傳：「叢脞，細碎無大略。」

[13] 眊：眼睛失神，視物不清。《孟子·離婁上》：「胸中正，則眸子瞭焉；胸中不正，則眸子眊焉。」趙岐注：「眊者，濛濛不明之貌。」

[14] 勾軍：猶徵兵。

[15] 行鈔：發行紙幣。

[16] 見《水心集》卷四《始論二》。

[17] 見《水心集》卷四《實謀篇》。「外寇」，原文作「夷狄」。

[18] 見《龍川集》卷一《上孝宗第三書》。

[19] 見《太祖實錄》卷八八。

【點評】

顧炎武深刻認識到，法制之所以敗壞，在於專制政治本質上是「法從人」的特權人治，而不是「人從法」的法治。專制國家所制定的法律不可謂不多，但就是不可能真正落到實處。所謂「巧猾之徒，皆得以法為市，而雖有賢者，不能自用」，就是對這種情形的生動描述。只有「人從法」，即每一個人都尊重和服從法律，法律才能真正得到貫徹實施；反之，「法從人」，法律成了某些人謀取私利的工具，就只能導致「以法為市」的政治腐敗。專制政治以法從人，還表現在為了維護特權人治，總是以「無失祖制」為理由，拒絕對過時的法律制度加以變革，而只是在原有的法律基礎上修修補補，導致「法愈繁而弊愈多」，這種情形在晚明表現得最為明顯。在顧炎武看來，法律

的制定，要麼「詳就事勢，預為變通之地」，即能預見社會發展的趨勢，預先為法律實施過程中的變通處置留下充分的餘地；如果做不到這一點的話，就要善於根據時勢的發展變化，而及時變革過時的法律制度，而絕不能採取「立法以救法」的方式，「復立一法」以維護原有的法律。〔註5〕

　　與黃宗羲一樣，顧炎武並沒有停留於對君主個人的道德的批判，而是進一步把批判的矛頭指向專制主義的政治體制，揭露這種高度集權專制的制度對華夏民族的生存和發展所帶來的嚴重危害。與王夫之批判「陋宋」的觀點相同，顧炎武認為，北宋亡於金、南宋亡於蒙古，都是由於實行了高度的集權專制的結果。《日知錄》卷八「法制」條引宋葉適之言來揭露宋朝君主獨裁的弊端，批判專制制度下的所謂「法制」對國家和民族所造成的危害。皇帝把「一兵之籍，一財之源，一地之守」的權力統統抓在自己手裏，但還是不放心，於是又使出了種種「禁防纖悉」的手段，來監視天下臣民的一切言行舉動。對此，顧炎武又引葉適之言來加以揭露，並痛陳此種統治術的弊害。宋朝皇帝恨不得連萬里之外人們的謦欬動息都要知道，萬里之遠的一切事務都要置於他自己的直接控制之下，並且力圖使體制的設置合乎他的這一願望。這種體制看起來是對帝王有利的，但同時也造成了官員們誰也沒有實權、誰也不負責任的局面；在朝的群臣沒有權力，地方官也沒有權力，一旦外敵大舉入侵，還要等待皇帝作處置決斷，大片國土早就淪陷於敵手了。靖康之難，金軍大舉南下，如入無人之境，一舉攻克汴京，宋徽宗和宋欽宗都作了金軍的俘虜，北宋也因此而滅亡。這一在中國歷史上從未有過的國恥，正是宋朝的專制政治體製造成的。宋朝是如此，明朝也是如此。〔註6〕明朝自從發生了「靖難之變」和「宸濠之亂」之後，對於宗屬的提防限制日益加強，寧可使他們成為溺於富貴、游手逐食的廢物，也不肯讓他們參與軍國事務、成為有治國用兵之術的能人。等到崇禎皇帝要改變這種狀況時，朱明王朝的宗族親屬中已經沒有一個傑出的人才了：「宋子京以為：『周、唐任人不疑，得親親用賢之道。惟明朝不立此格，於是為宗屬者大抵皆溺於富貴，妄自驕矜，不知禮義。至其貧者，則游手逐食，靡事不為。名曰天枝，實為棄物。』崇禎時，始行換授之法，而教之無素，舉之無術，未見有卓然樹一官之績者。三百年來，當國大臣皆畏避而不敢言，至天子獨斷行之，而已晚矣！」明朝的滅亡，正是對「收天下之權以歸一人」專制極權制度的一大懲罰。〔註7〕

〔註5〕許蘇民：《日知錄一百句》，復旦大學出版社2011年版，第207頁。
〔註6〕許蘇民：《顧炎武評傳》，南京大學出版社2006年版，第452～456頁。
〔註7〕許蘇民：《顧炎武評傳》，南京大學出版社2006年版，第458～459頁。

這是顧炎武的法制觀。他認為，法制「本在正人心，厚風俗」。明朝後期政治黑暗，顧炎武也目睹晚明法制之弊端，秦法密於凝脂，「法禁之多，乃所以為趣亡之具」，對症下藥，他想以簡馭繁，回到儒家，儒法並用，立法以救法是治標不治本，治本必須從正人心做起，「導之以德，齊之以禮」，從而達到移風易俗的目的。這也可以說是顧炎武的著述宗旨。

省官

光武中興，海內人民可得而數，裁十二三，鄣塞破壞[1]，亭燧絕滅或空置[2]，太守、令長招還流民。帝笑曰：「今邊無人，而設長吏治之，如春秋素王矣。」以故省併郡國及官僚，屢見於史。而總之曰：「兵革既息，天下少事，文書調役，務從簡寡，至乃十存一焉。」[3]以此知省官之故緣於少事。今也文書日以繁，獄訟日以多，而為之上者主於裁省，則天下之事必將叢脞而不勝。不勝之極，必復增官，而事不可為矣。

晉荀勗之論，以為：「省官不如省事，省事不如清心。昔蕭、曹相漢，載其清靜，民以寧一，所謂清心也。抑浮說，簡文案，略細苛，宥小失，有好變常以徼利者，必行其誅，所謂省事也。」[4]此探本之言，為治者識此，可無紛紛於職官多寡之間矣。

【注釋】

[1] 鄣塞：古代防守國境的城堡關塞。

[2] 亭燧：古代築在邊境上的烽火亭，用作偵伺和舉火報警。

[3] 見《後漢書》卷一下建武十三年四月條。

[4] 見《晉書·荀勗傳》。

【點評】

東漢光武中興，天下少事，因此省官。後世文書日繁，獄訟日多，在上者反而主於裁省，則天下之事必將不勝其煩。不勝之極，必復增官，而人事陷入越裁越多的怪圈。顧炎武贊同荀勗「省官不如省事，省事不如清心」之論，以為探本之言。反之，若心不清則事多，事多則官多，官多則財政困難，坐吃山空，民力雕盡，怨讟並興，靡有不亡。曾國藩亦云：「省官不如省事，省事不如清心。官事不省而望從容，可得乎？」

顧炎武所向往的是垂拱而治。為什麼荀勗的「清心劑」口碑如此之好，能夠引起杜預、劉炫、杜佑、司馬光、蘇軾、陳與義、李心傳、呂公著、馬端臨、顧炎武、曾

國藩等人的興趣？而它對歷代官場的實際效果又甚微呢？為什麼浮說難抑、文案難簡？為什麼官場總是愛折騰呢？為什麼我們始終跳不出歷史的怪圈？為什麼我們始終跳不出人事制度的怪圈？

《日知錄》卷九

人材

宋葉適言：「法令日繁，治具日密，禁防束縛至不可動，而人之智慮自不能出於繩約之內。」[1] 故人材亦以不振。今與人稍談及度外之事，輒搖手而不敢為。夫以漢之能盡人材，陳湯猶扼腕於文墨吏 [2]，而況於今日乎？宜乎豪傑之士無以自奮，而同歸於庸懦也。

使枚乘、相如而習今日之經義 [3]，則必不能發其文章；使管仲、孫武而讀今日之科條 [4]，則必不能運其權略。故法令者，敗壞人材之具。以防奸宄，而得之者十三；以沮豪傑，而失之者常十七矣。

自萬曆以上，法令繁而輔之以教化，故其治猶為小康。萬曆以後，法令存則教化亡，於是機變日增，而材能日減。其君子工於絕縷而不能獲敵之首，其小人善於盜馬而不肯救君之患。誠有如《墨子》所云：「使治官府則盜竊，守城則倍畔，使斷獄則不中，分財則不均。」[5]《呂氏春秋》所云：「處官則荒亂，臨財則貪得，列近則持諫，將眾則罷怯。」[6] 又如劉蕡所云「謀不足以剪除奸凶，而詐足以抑揚威福；勇不足以鎮衛社稷，而暴足以侵害閭里」者 [7]。嗚呼！吾有以見徒法之無用矣。

《實錄》言：「宣德五年八月丙戌，上罷朝，御文華殿，學士楊溥等侍。上問：『庶官之選，何術而可以盡得其人。』溥對曰：『嚴薦舉，精考課，何患不得？』上曰：『近代有罪舉主之法，夫以一言之薦而欲保其終身，不亦難乎！朕以為教養有道，人材自出。漢董仲舒言：「素不養士，而欲求賢，猶不琢玉而求文采。」[8] 此知本之論也。』」[9] 徒循三載考績之文，而不行三物教民之

典，雖堯舜，亦不能以成允釐之治矣 [10]。

【注釋】

[1] 見《水心集》卷五《紀綱二》。繩約：繩索，亦比喻拘束、約束。

[2] 陳湯（？～約前 6 年），字子公，漢族，山陽瑕丘（今山東兗州北）人。西漢大將。漢元帝時，他任西域副校尉，曾經假託聖旨，脅迫西域都護甘延壽出兵，攻殺與西漢王朝相對抗的匈奴郅支單于，為安定邊疆做出了很大貢獻。官至射聲校尉、從事中郎，封關內侯，在長安去世。諡破胡壯侯。

[3] 經義：科舉考試科目之一。宋代以經書中文句為題，應試者作文闡明其義理，故稱。明清沿用而演變成八股文。

[4] 科條：科目。

[5] 見《墨子·尚賢中》。

[6] 見《呂氏春秋·務本篇》。

[7] 見《舊唐書·文苑傳》。

[8] 見《漢書》卷五六。

[9] 見《宣宗實錄》卷六九。

[10] 允釐：謂治理得當。《書·堯典》：「允釐百工，庶績咸熙。」偽孔傳：「允，信；釐，治。」

【點評】

顧炎武並不否認以法制來約束官員的必要性，但他認為，專制主義的法令、制度都是帝王為維護家天下的一己之私利而制定的，這種專制法制嚴密到了使人動彈不得、乃至於一切思想和言論都「不能出於繩約之內」的地步，這就必然造成使「豪傑之士無以自奮而同歸於庸懦」的結果。大家都是一樣的平庸，一樣的懦弱，一樣的沒出息，這正是專制帝王所希望的；也只有如此，專制帝王才可以高枕無憂。〔註 1〕

顧炎武認為，人材不振的原因有二，一在法令日繁，二在科舉經義。他甚至認為，法令是敗壞人材之具。他得出如下的判斷：「自萬曆以上，法令繁而輔之以教化，故其治猶為小康。萬曆以後，法令存則教化亡，於是機變日增，而材能日減。」

封駁 [1]

人主之所患，莫大乎唯言而莫予違。齊景公燕賞於國內 [2]，萬鍾者三，

〔註 1〕許蘇民：《日知錄一百句》，復旦大學出版社 2011 年版，第 141 頁。

千鍾者五。令三出，而職計莫之從。公怒，令免職計。令三出，而士師莫之從。[3] 此《畜君》之詩所為作也。漢哀帝封董賢，而丞相王嘉封還詔書。[4] 後漢鍾離意為尚書僕射，數封還詔書。自是封駁之事多見於史，而未以為專職也。唐制：凡詔敕皆經門下省 [5]，事有不便，得以封還。而給事中有駁正違失之掌，著於《六典》[6]。如袁高 [7]、崔植 [8]、韋弘景 [9]、狄兼謩 [10]、鄭肅 [11]、韓佽 [12]、韋溫 [13]、鄭公輿之輩 [14]，並以封還敕書，垂名史傳。亦有召對慰諭，如德宗之於許孟容 [15]；中使嘉勞，如憲宗之於薛存誠者 [16]。而元和中，給事中李藩在門下，制敕有不可者，即於黃紙後批之。吏請別連白紙，藩曰：「別以白紙，是文狀也，何名批敕？」[17] 宣宗以右金吾大將軍李燧為嶺南節度使，已命中使賜之節，給事中蕭仿封還制書。上方奏樂，不暇別召中使，使優人追之，節及燧門而返。[18] 人臣執法之正，人主聽言之明，可以並見。五代廢弛。宋太宗淳化四年六月戊寅，始復給事中封駁。而司馬池猶謂門下雖有封駁之名，而詔書一切自中書以下，非所以防過舉也。[19] 明代雖罷門下省長官 [20]，而獨存六科給事中，以掌封駁之任。旨必下科，其有不便，給事中駁正到部，謂之科參 [21]。六部之官，無敢抗科而自行者，故給事中之品卑而權特重。萬曆之時，九重淵默；泰昌以後，國論紛紜，而維持禁止，往往賴科參之力。今人所不知矣。

《元城語錄》曰：「王安石薦李定時，陳襄彈之，未行。已擢監察御史裏行，宋次道封還詞頭，辭職。罷之。次直呂大臨，再封還之。最後付蘇子容，又封還之。更奏復下，至於七八。子容與大臨俱落職，奉朝請，名譽赫然。此乃祖宗德澤，百餘年養成風俗，與齊太史見殺三人，而執筆如初者何異？」[22]

【注釋】

[1] 封駁：封還並對詔敕之不當者加以駁正。此制漢時已有，但無專職掌管。如西漢哀帝益封董賢，丞相王嘉「封還詔書，因奏封事」，見《漢書‧王嘉傳》。東漢明帝時，鍾離意為尚書僕射，亦「獨敢諫爭，數封還詔書」，見《後漢書‧鍾離意傳》。至唐始由門下省掌管，對有失宜詔敕可以封還，有錯誤者則由給事中駁正。五代廢。宋太宗時復唐舊制。明罷門下省長官，詔敕有不便者，由六科給事中駁正。清代給事中與御史職掌合併，此制遂廢。

[2] 齊景公（？～前 490 年），名杵臼，齊靈公之子，齊莊公之弟，春秋時期齊國君主。齊景公既有治國的壯懷激烈，又貪圖享樂。作為君主，他不願放棄其中的任何一個，與此相應，他的身邊就必有不同的兩批大臣，一批是治國之臣，一

批是樂身之臣，齊景公也和歷史上許多君主一樣，運用如此的治國用人之道。齊景公在位 58 年，國內治安相對穩定，然因無有嫡子，身後諸子展開了激烈的王位之爭。

[3] 見《晏子春秋‧諫上七》。職計：古官名。掌會計。

[4] 見司馬光《資治通鑒》卷三五元壽元年三月條。《漢書》卷八六：「會祖母傅太后薨，上因託傅太后遺詔，令成帝母王太后下丞相御史，益封賢二千戶，及賜孔鄉侯、汝昌侯、陽新侯國。嘉封還詔書，因奏封事諫上及太后曰：「臣聞爵祿土地，天之有也。書云：『天命有德，五服五章哉！』王者代天爵人，尤宜慎之。裂地而封，不得其宜，則眾庶不服，感動陰陽，其害疾自深。今聖體久不平，此臣嘉所內懼也。高安侯賢，佞倖之臣，陛下傾爵位以貴之，單貨財以富之，損至尊以寵之，主威已黜，府藏已竭，唯恐不足。財皆民力所為，孝文皇帝欲起露臺，重百金之費，克己不作。今賢散公賦以施私惠，一家至受千金，往古以來貴臣未嘗有此，流聞四方，皆同怨之。里諺曰：『千人所指，無病而死。』臣常為之寒心。」

[5] 門下省：亦省稱「門下」。官署名。後漢謂侍中寺。晉時因其掌管門下眾事，始稱門下省。南北朝因之，與中書省、尚書省並立，侍中為長官。隋承其制。唐龍朔二年改名東臺，咸亨初復舊稱，武則天臨朝，改名鸞堂、鸞臺。神龍初復舊稱，開元元年改名黃門省，五年仍復舊稱。宋因之，元廢。門下省掌受天下之成事，審查詔令，駁正違失，受發通進奏狀，進請寶印等。其長官初名侍中，後又或稱左相、黃門監等。

[6] 《六典》：即《唐六典》，全稱《大唐六典》，是唐朝一部行政性質的法典。是我國現有的最早的一部行政法典。舊題唐玄宗撰、李林甫等注，實為張說、張九齡等人編纂，成書於開元二十六年（738 年），是現存最早的一部會典，所載官制源流自唐初至開元止。六典之名出自《周禮》，原指治典、教典、禮典、政典、刑典、事典，後世設六部即本於此。

[7] 袁高，字公頤，滄州東光人。擢進士第。建中中拜京畿觀察使。坐累貶韶州刺史，復拜給事中。憲宗時，特贈禮部尚書。貞元元年，德宗復用吉州長史盧杞為饒州刺史，令高草詔書。高執詞頭以謁宰相盧翰、劉從一曰：「盧杞作相三年，矯詐陰賊，退斥忠良。朋附者咳唾立至青雲、睚眥者顧盼已擠溝壑。傲很明德，反易天常，播越鑾輿，瘡痍天下，皆杞之為也。爰免族戮，雖示貶黜，尋已稍遷近地，若更授大郡，恐失天下之望。惟相公執奏之，事尚可救。」翰、

從一不悅，改命舍人草之。詔出，執之不下，仍上奏曰：「盧杞為政，窮極兇惡。三軍將校，願食其肉；百辟卿士，嫉之若讎。」遣補陳京、趙需、裴佶、宇文炫、盧景亮、張薦等上疏論奏。次日，又上疏。高又於正殿奏云：「陛下用盧杞獨秉鈞軸，前後三年，棄斥忠良，附下罔上，使陛下越在草莽，皆杞之過。且漢時三光失序，雨旱不時，皆宰相請罪，小者免官，大者刑戮。杞罪合至死，陛下好生惡殺，赦杞萬死，唯貶新州司馬，旋復遷移。今除刺史，是失天下之望。伏惟聖意裁擇。」上謂曰：「盧杞有不逮，是朕之過。」覆奏曰：「盧杞姦臣，常懷詭詐，非是不逮。」上曰：「朕已有赦。」高曰：「赦乃赦其罪，不宜授刺史。且赦文至憂黎民，今饒州大郡，若命姦臣作牧，是一州蒼生，獨受其弊。望引常參官顧問，並擇謹厚中官，令採聽於眾。若億兆之人異臣之言，臣當萬死。」於是，諫官爭論於上前，上良久謂曰：「若與盧杞刺史太優，與上佐可乎？」曰：「可矣！」遂追饒州制。翌日，遣使宣慰高云：「朕思卿言深理切，當依卿所奏。」

[8] 崔植（772～829），字公修，唐朝宰相，中書侍郎崔祐甫之姪，盧江縣令崔嬰甫之子，立為嗣。長慶初拜中書侍郎同中書門下平章事，罷為刑部尚書，旋授岳鄂觀察使，遷嶺南節度使，入拜戶部尚書，出為華州刺史。太和三年卒，年五十八，贈尚書左僕射。《新唐書》載：「元和中，為給事中。時皇甫鎛判度支，建言減百官奉祿，植封還詔書。鎛又請天下所納鹽酒利增估者，以新準舊，一切追償。植奏言：『用兵久，百姓凋瘵，往雖估逾其實，今不可復收。』於是議者咸罪鎛，鎛懼而止。」

[9] 韋弘景（766～831），京兆人。弘景貞元中始舉進士，為汴州、浙東從事。入為京兆少尹，遷給事中。劉士涇以駙馬交通邪幸，穆宗用為太僕卿。弘景與給事薛存慶封還詔書，論士涇曰：「伏以司僕正卿，位居九列。在周之命，伯囧其人，所以惟月膺名，象河稱重。漢朝亦以石慶之謹願，陳萬年之行潔，皆踐斯職，謂之大僚。今士涇戚里常人，班敘散秩，以父任將帥，家富貲財，聲名不在於士林，行義無聞於朝野，忽長卿寺，有瀆官常。以親則人物未賢，以勳則寵待常厚，今叨顯任，誠謂謬官。《傳》曰：『惟名與器，不可假人。』蓋士涇之謂。臣等職司違失，實在守官。其劉士涇新除太僕卿敕，未敢行下。」穆宗遣宰臣宣諭，弘景等固執如前。宰臣不得已，改衛尉少卿。穆宗復遣諭弘景曰：「士涇父昌有邊功，士涇為少列十餘年，又尚云安公主，宜有加恩。朕思賞勞睦親之意，竟行前命。」穆宗怒，乃令弘景使安南、邕、容宣慰，時論翕然推重。

[10] 狄兼謩：登進士第。祖郊、父謩，仕官皆微。兼謩，元和末，解褐襄陽推官，試校書郎，言行剛正，使府知名。憲宗召為左拾遺，累上書言事，歷尚書郎。長慶、大和中，歷鄭州刺史，以治行稱，入為給事中。轉兵部侍郎。明年，檢校工部尚書、太原尹，充河東節度使。會昌中，累歷方鎮。事蹟詳見《舊唐書》本傳。

[11] 鄭肅（？～847），字敬义，滎陽人。累擢太常少卿，博士有疑議往諮，必據經條答。唐武宗立，累遷戶部、兵部尚書，以檢校尚書右僕射同中書門下平章事與李德裕同心輔政。唐宣宗即位，遷中書侍郎，罷為荊南節度使。卒贈司空，諡曰文簡。

[12] 韓佽：字相之，京兆長安人。少有文學，性尚簡澹。舉進士，累辟藩方。自襄州從事徵拜殿中侍御史，遷刑部員外。徵拜刑部郎中，轉京兆少尹，遷給事中。

[13] 韋溫（788～845），字弘育，京兆萬年人。吏部員外郎張文規父弘靖，長慶初在幽州為朱克融所囚；文規不時省赴，人士喧然罪之。溫居綱轄，首糾其事，出文規為安州刺史。鹽鐵判官姚勖知河陰院，嘗雪冤獄。鹽鐵使崔珙奏加酬獎，乃令權知職方員外郎。制出，令勖上省。溫執奏曰：「國朝已來，郎官最為清選，不可以賞能吏。」上令中使宣諭，言勖能官，且放入省。溫堅執不奉詔，乃改勖檢校禮部郎中。翌日，帝謂楊嗣復曰：「韋溫不放姚勖入省，有故事否？」嗣復對曰：「韋溫志在銓擇清流。然姚勖士行無玷，梁公姚元崇之孫，自殿中判鹽鐵案，陛下獎之，宜也。若人有吏能，不入清流，孰為陛下當煩劇者？此衰晉之風也。」上素重溫，亦不奪其操，出為陝虢觀察使。

[14] 鄭公輿：曾為給事中。生平事蹟不詳。

[15] 許孟容（743～818），字公范，京兆長安人。父鳴謙，究通《易象》，官至撫州刺史，贈禮部尚書。孟容少以文詞知名，舉進士甲科，登科授秘書省校書郎。貞元初，徐州節度使張建封辟為從事，四遷侍御史。徵為禮部員外郎。轉兵部郎中。未滿歲，遷給事中。十七年夏，好時縣風雹傷麥，上命品官覆視，不實，詔罰京兆尹顧少連已下。敕出，孟容執奏曰：「府縣上事不實，罪止奪俸停官，其於弘宥，已是殊澤。但陛下使品官覆視後，更擇憲官一人，再令驗察，覆視轉審，隱欺益明。事宜觀聽，法歸綱紀。臣受官中謝日，伏請詔敕有須詳議者，則乞停留暑刻，得以奏陳。此敕既非急，宣可以少駐。」詔雖不許，公議是之。

[16] 薛存誠，字資明，河東人。進士擢第，累辟使府，入朝為監察御史，知館驛。轉殿中侍御史，遷度支員外郎。裴垍作相，用為起居郎，轉司勳員外、刑部郎

中、兼侍御史知雜事,改兵部郎中、給事中。瓊林庫使奏占工徒太廣,存誠以為此皆奸人竄名以避征役,不可許。咸陽縣尉袁儋與軍鎮相競,軍人無理,遂肆侵誣,儋反受罰。二敕繼至,存誠皆執之。上聞甚悅,命中使嘉慰之,由是擢拜御史中丞。僧鑒虛者,自貞元中交結權倖,招懷賂遺,倚中人為城社,吏不敢繩。會於頔、杜黃裳家私事發,連逮鑒虛下獄。存誠案鞫得奸贓數十萬,獄成,當大辟。中外權要,更於上前保救,上宣令釋放,存誠不奉詔。明日,又令中使詣臺宣旨曰:「朕要此僧面詰之,非赦之也。」存誠附中使奏曰:「鑒虛罪款已具,陛下若召而赦之,請先殺臣,然後可取。不然,臣期不奉詔。」上嘉其有守,從之,鑒虛竟笞死。洪州監軍高重昌誣奏信州刺史李位謀大逆,追赴京師。上令付仗內鞫問。存誠一日三表,請付位於御史臺。及推案無狀,位竟得雪。(見《舊唐書》卷一五三)

[17] 見《舊唐書》卷一四八。

[18] 見司馬光《資治通鑒》卷二四九大中十二年五月條。事出《東觀奏記》。

[19] 見《宋史》二九八。

[20] 「明代」,原本作「本朝」。顧炎武拒不事清,以明遺民自居。

[21] 科參:明代凡制敕有失,得封還執奏,內外章疏下,則由吏、戶、禮、兵、刑、工六科給事中參署付部,駁正其違誤。科臣參駁稱為「科參」。

[22] 見劉安世語、馬永卿記《元城語錄》之附錄。

【點評】

　　總結中國歷史上興亡治亂、特別是明王朝滅亡的歷史教訓,顧炎武深深感到,君主的獨斷專行,君主的權力不受制約,是造成政治昏亂、吏治腐敗和社會動亂的根源。通觀歷代政治體制設置之得失,為了防止君主的獨斷專行,顧炎武主張實行分權制衡,即以權力來制約權力,以削弱君主的權力,並對君權實行有效的制約。怎樣才能使君主的權力受到制約,使人們敢於對君主的言論和決策提出反對的意見、並且能夠確有成效地制止君主的非理性行為呢?顧炎武從中國歷史上發現了「封駁」,即臣僚可以拒絕實行君主的詔令,或將君主的詔令封還駁回。他以六科給事中在晚明政治生活中所發揮的積極作用來說明,一個社會要健康發展,就必須允許不同的聲音存在;要讓不同的聲音得以表達,並使之真正能夠發揮對於君主權力的制約作用,就必須有制度的保障。〔註2〕

〔註2〕許蘇民:《日知錄一百句》,復旦大學出版社2011年版,第183頁。今按:以

陳垣《日知錄校注》稱：「此條為封還詔書索引。」「關鍵詞索引法」實為顧炎武對清代考據學的莫大貢獻。他在「前數據庫時代」，盡力做劄記式專題小論文，儘管限於時代侷限，不可能竭澤而漁，但開風氣不為師，深深啟發了後學，引發了有清一代的「考據運動」——三百年間的一場學術接力賽，而參賽人員之多，影響之大，絕對出乎顧炎武的意料之外。

六條之外不察

漢時部刺史之職不過以六條察郡國而已 [1]，不當與守令事。故朱博為冀州刺史 [2]，敕告吏民：「欲言縣丞尉者，刺史不察，黃綬各自詣郡。」[3] 鮑宣為豫州牧 [4]，以聽訟所察過詔條被劾。而薛宣上疏言：「吏多苛政，政教煩碎，大率咎在部刺史。或不循守條職，舉錯各以其意，多與郡縣事。」[5]《翟方進傳》言：「遷朔方刺史，居官不煩苛，所察應條輒舉。」[6] 自刺史之職下侵，而守令始不可為，天下之事猶治絲而棼之矣。

《太祖實錄》：「洪武二十一年四月，諭按治江西監察御史花綸等，自今惟官吏貪墨壞法及事重者如律逮問，其細事毋得苛求。」[7]

【注釋】

[1] 部刺史：古代官名。原為朝廷所派督察地方之官，後沿為地方官職名稱。漢武帝時，分全國為十三部（州），部置刺史。成帝改稱州牧，哀帝時復稱刺史。魏晉於要州置都督兼領刺史，職權益重。隋煬帝、唐玄宗兩度改州為郡，改稱刺史為太守。後又改郡為州，稱刺史，此後太守與刺史互名。宋於州置知州，而無刺史職任，刺史之名僅為武臣升遷之階。元、明廢名，清僅用為知州之別稱。

[2] 朱博：字子元，杜陵人。事蹟具《漢書》本傳。

[3] 見《漢書》卷八三。

[4] 鮑宣（公元前30～公元3年），字子都，渤海高城（今河北鹽山東南）人。哀帝時，為諫大夫，敢於上書直言，抨擊時政。哀帝時為豫州牧，徵為諫大夫，

前過於強調制度缺失，其實制度是死的，即使制訂了十分完備的制度條文，如果沒有人監督執行，也不過是一紙空文而已。陶孟和《中國的人民的分析》一文指出：「討論政治的時候要注意兩方面，一方面是制度問題，一方面是人的問題。專信『治人』不信『治法』固然是謬誤之觀念，但是今人迷信制度又何嘗不是謬誤的呢？『徒法不能以自行』。制度本來是死的，可以使那制度變為活的，變為有生氣的就是人。只有死的制度還是無用的。」（見《孟和文存》第 7 頁）

對哀帝寵信外戚子弟及幸臣董賢等，諫爭甚切。後拜司隸，因摧辱丞相，下獄，博士弟子王威等千餘人上書營救，得減滅髡鉗。王莽秉政，因宣不附己，以事逮之入獄，自殺。事蹟具《漢書》本傳。

[5] 見《漢書》卷七二。

[6] 見《漢書》卷八四。

[7] 見《太祖實錄》卷一九〇。

【點評】

內容是講歷代監察制度的。監察制度歷代都有。顧炎武把古時各史料書中的有關資料串連到一起，給我們一個系統的表述。我們讀此可知，自秦始皇開始，已派遣「御史」到各地去監察郡守；到漢武帝創始了一條新的法制，即派遣中級人員（六百石）巡行郡國，察考大吏（二千石）的成績和罪惡，隨時向中央快速彙報，這種官職叫「刺史」，他只管二千石大吏，不干預基層民政；到西漢末，皇帝昏庸，大臣跋扈，一度建議將「刺史」改為「州牧」；到東漢末進一步鞏固了這種州牧制度，且典兵權；魏晉至唐，又叫「都督」；晚唐時才停罷「都督」；明朝時候叫「監察御史」，也就是戲劇中常見的「八府巡按」之類了。顧氏的若干史學工作方法之一，就是這種「串連」和「類輯」，這種方法說到實處：也就是邏輯中「聯繫」規律和「分類‧歸納」方法的一種實踐。經歷這層加工後的成果，容易保持歷史中原有的歷史主義，而祛除割裂歷史原貌的弊病。〔註3〕

今按：《日知錄》中很多條目都是極簡版的「××簡史」，如此條與「隋以後刺史」條合起來就是一部「極簡版刺史簡史」。這是從唐代杜佑《通典》那裡學來的。《日知錄》與《通典》存在高度關聯，因此《日知錄》在某種程度上也可以視為政書。

知縣 [1]

知縣者，非縣令，而使之知縣中之事。杜氏《通典》所謂「檢校、試攝、判知之官」是也 [2]。唐姚合為武功尉 [3]，作詩曰：「今朝知縣印，夢裏百憂生。」[4] 唐人亦謂之知印，其名始於貞元已後，其初尚帶一「權」字。《白居易集》有《裴克諒權知華陰縣令制》曰：「華陰令卒，非選補時。調租勉農，政不可缺。前鎮國軍判官大理評事裴克諒，久佐本府，頗有勤績。屬邑利病，爾必周知。宜假銅墨 [5]，試其才理，待有所立，方議正名。」[6] 是權知者不正之名也 [7]。至於普設知縣，則起自宋初。《本朝事實》云：「五代任官，凡

〔註 3〕趙儷生：《趙儷生文集》第三卷，蘭州大學出版社 2002 年版，第 193～194 頁。

曹掾簿尉之醒齪無能，以至昏老不任驅策者，始注縣令。故天下之邑，率皆不治。誅求刻剝，猥跡萬狀。至憂諢之言，多以令長為笑。」[8]

　　建隆三年，始以朝官為知縣。其間復參用京官，或幕職為之。《宋史》言：「宋初，內外所授官多非本職，惟以差遣為資，歷建隆四年，詔選朝士，分治劇邑。大理正奚嶼知館陶，監察御史王祐知魏，楊應夢知永濟，屯田員外郎於繼徽知臨清，常參官宰縣自此始。」[9] 又曰：「初州郡多闕官，縣令選尤猥下，多為清流所鄙薄，每不得調，乃詔吏部選幕職官為知縣。」[10] 自此以後，遂罷令而設知縣，沿其名至今。

　　《雲麓漫鈔》曰：「唐制，縣令闕，佐官攝令，曰知縣事。李翱《任工部志文》云『攝富平尉、知縣事』是也。今差京官曰知縣，差選人曰令，與唐異矣。」[11]

　　宋時結銜，曰以某官知某府事，以某官知某州事，以某官知某縣事，以其本非此府、此州、此縣之正官而任其事，故云然。今則直云某府知府、某州知州、某縣知縣，文復而義舛矣。

　　北齊宰縣，多用廝濫 [12]，至於士流，恥居百里。五代選令，必皆鄙猥之人。自古以來，以社稷民人寄之庸瑣者，有此二敗。以今準古，得無同之。

【注釋】

[1] 知縣：官名。掌管一縣的政事。知縣之名始於唐，宋代多以中央官員為縣官，結銜稱某官知某縣事，至明始正式用作一縣長官的名稱，清代相沿不改，為正七品官。

[2] 見《通典》卷十九《職官典序》。檢校：官名。晉始設，原為散官，元以後為屬官，清代僅府有檢校官，為低級辦事官員。試攝：正式任命前試行代理及攝守官職。

[3] 姚合，姚崇曾孫，《唐書》卷一二四《姚崇傳》有附傳。

[4] 見《全唐詩》卷四九八。

[5] 銅墨：指銅印墨綬。

[6] 見《白居易集》卷三七。

[7] 權知：謂代掌某官職。

[8] 見《本朝事實》卷九官職條。

[9] 見《宋史·選舉志》。

[10] 見《宋史·選舉志》。

[11] 見趙彥衛《雲麓漫鈔》卷十。

[12] 廝濫：指出身低下者。《北齊書·元文遙傳》：「齊因魏朝，宰縣多用廝濫，至於
士流，恥居百里。」

【點評】

專制統治者認為無惡不作的壞人可以使民眾畏懼，在一定的條件下更有利於維
護專制統治。顧炎武列舉了歷史上專制統治者重用壞人、而且是有意識地要重用壞人
的一系列事實。專制統治者之所以要用一些「廝濫」「鄙猥之人」來擔任基層政權的官
職，就是要通過這些地痞流氓式的人物來對人民實行橫征暴斂，這些人什麼壞事都做
得出來，老實善良的鄉下農民畏懼他們如懼虎狼，只得聽任他們的宰割。所謂「以今
準古，得無同之」，其實也是對明王朝任用壞人擔任基層官職的批判。〔註4〕

皇帝和大臣滿嘴講的是仁義道德，可是卻專門重用流氓或準流氓來擔任縣級領導
幹部，用這些下三爛的人來對付老百姓，這不是一件非常不可思議的事情嗎？然而，
顧炎武告訴我們，這在中國歷史上的很多朝代都是鐵的事實。這是專制統治者的一種
統治術。專制統治者之所以重用壞人，還在於他們認為無惡不作的壞人可以使民眾畏
懼，在一定的條件下更有利於維護專制統治。使人民畏懼，是專制政治的根本特徵；
使當權者畏懼，是民主政治的根本特徵。在專制政治下，無論當官的是流氓，還是道
學家，對人民的態度其實都沒有什麼本質的區別。〔註5〕

這是極簡版的「知縣簡史」。「廝濫」、「鄙猥之人」後世稱「流氓無產者」。

知州

宋葉適言 [1]：「五代之患，專在藩鎮。藝祖思靖天下，以為不削節度，則
其禍不息。於是姑置通判，以監統刺史而分其柄。命文臣權知州事，使名若不
正、任若不久者，以輕其權。監當知権稅，都監總兵戎，而太守者塊然徒管空
城、受詞訴而已。諸鎮皆束手請命，歸老宿衛，昔日節度之害盡去，而四方萬
里之遠，奉尊京城，文符朝下，期會夕報，伸縮緩急，皆在朝廷矣。」[2] 是宋
初本有刺史，而別設知州以代其權，後則罷刺史而專用知州，以權設之名為經
常之任矣。

《新唐書》：「元和初，李吉甫為相。病方鎮強恣，為帝從容言，使屬郡刺
史得自為政，則風化可成。帝然之，出郎吏十餘人為刺史。」[3] 宋祖之以京官

〔註4〕許蘇民：《顧炎武評傳》，南京大學出版社 2006 年版，第 490 頁。

〔註5〕許蘇民：《日知錄一百句》，復旦大學出版社 2011 年版，第 150 頁。

臨制州縣，蓋趙公開其端矣。

【注釋】

[1] 葉適（1150～1223），字正則，浙江永嘉人。學者稱水心先生。南宋時期著名思想家、文學家、政論家。他所代表的永嘉事功學派，與當時朱熹的道學派、陸九淵的心學派，並列為南宋時期三大學派。

[2] 見葉適《水心集·紀綱二》。

[3] 見《新唐書》卷一四六《李吉甫傳》。

【點評】

　　這是極簡版的「知州簡史」。顧炎武云：「宋初本有刺史，而別設知州以代其權。後則罷刺史而專用知州，以權設之名為經常之任。」將刺史與知州的關係講得明明白白。

守令

　　所謂天子者，執天下之大權者也。其執大權，奈何以天下之權寄之天下之人，而權乃歸之天子？自公卿大夫至於百里之宰，一命之官，莫不分天子之權，以各治其事，而天子之權乃益尊。後世有不善治者出焉，盡天下一切之權而收之在上，而萬幾之廣，固非一人之所能操也。而權乃移於法，於是多為之法以禁防之。雖大奸有所不能逾，而賢智之臣亦無能效尺寸於法之外，相與兢兢奉法，以求無過而已。於是天子之權不寄之人臣，而寄之吏胥。是故天下之尤急者，守令親民之官；而今日之尤無權者，莫過於守令。守令無權，而民之疾苦不聞於上，安望其致太平而延國命乎？《書》曰：「元首叢脞哉，股肱惰哉，萬事墮哉！」[1] 蓋至於守令日輕，而胥吏日重，則天子之權已奪，而國非其國矣，尚何政令之可言耶！削考功之繁科 [2]，循久任之成效，必得其人，而與之以權，庶乎守令賢而民事理，此今日之急務也。

　　元吳淵穎《歐陽氏急就章解後序》曰：「今之世，每以三歲為守令滿秩，曾未足以一新郡縣之耳目而已去。又況用人不得專闢，臨事不得專議，錢糧悉拘於官而不得專用，軍卒弗出於民而不得與聞。蓋古之治郡者，自辟令丞；唐世之大藩，亦多自辟幕府僚屬。是故守主一郡之事，或司金谷，或按刑獄，各有分職，守不則政自治。雖令之主一邑，丞則贊治而掌農田水利，主簿掌簿書，尉督盜賊，令亦不勞，獨議其政之當否而已。今自一命而上，皆出於吏部，遇一事，公堂完署，甲是乙否。吏或因以為奸，勾稽文墨，補苴罅漏、

塗擦歲月，填塞辭款，而益不能以盡民之情狀。至於唐世之賦，上供送使留州，自有定額。兵則郡有都試，而惟守之所調遣。宋之盛時，歲有常貢，官府所在，用度贏餘，過客往來，廩賜豐厚，故士皆樂於其職而疾於赴功。兵雖不及於唐，義勇民丁，團結什伍，衣裝弓弩，坐作擊刺，各保鄉里，敵至即發，而郡縣固自兼領者也。今則官以錢糧為重，不留贏餘，常俸至不能自給，故多贓吏；兵則自近戍遠，既為客軍，尺籍伍符各有統帥，但知坐食郡縣之租稅，然已不復係守令事矣。夫辟官、蒞政、理財、治軍，郡縣之四權也，而今皆不得以專之，是故上下之體統雖若相維而令不一，法令雖若可守而議不一。為守令者既不得其職，將欲議其法外之意，必且玩常習故，辟嫌礙例，而皆不足以有為。又況三時耕稼，一時講武，不復古法之便易，而兵、農益分。遇歲一儉，郡縣之租稅悉不及額，軍無見食，東那西挾，倉廩空虛，而郡縣且不能以振救，而坐至流亡。是以言蒞事而事權不在於郡縣，言興利而利權不在於郡縣，言治兵而兵權不在於郡縣，尚何以復論其富國裕民災道哉！必也，復四者之權一歸於郡縣，則守令必稱其職，國可富，民可裕，而兵、農各得其業矣。」[3]

宋理宗淳祐八年，監察御史兼崇政殿說書陳求魯奏[4]：「今日救弊之策，大端有四：宜採夏侯太初並省州郡之議，俾縣令得以直達於朝廷；用宋元嘉六年為斷之法，俾縣令得以究心於撫字；法藝祖出朝紳為令之典，以重其權；遵光武擢卓茂為三公之意，以激其氣。然後為之正其經界，明其版籍，約其妄費，裁其橫斂。」[5] 此數言者，在今日亦可採而行之。

《舊唐書·烏重胤傳》：「元和十三年，為橫海節度使。上言曰：『臣以河朔能拒朝命者，其大略可見。蓋刺史失其職，反使鎮將領兵事。若刺史各得職分，又有鎮兵，則節將雖有祿山、思明之奸，豈能據一州為畔哉！所以河朔六十年能拒朝命者，只以奪刺史、縣令之職，自作威福故也。臣所管德、棣、景三州已舉公牒，各還刺史職事訖，應在州兵，並令刺史收管。』從之。由是法制修立，各歸名分。」[6] 是後雖幽、鎮、魏三州以河北舊風自相更襲，在滄州一道，獨稟命受代，自重胤制置使然也。

祖宗朝，凡大府知府之任多有賜敕，然無常例。成化四年七月，廉州府知府邢正將之任，以廉州密邇珠池，喉襟交址，近為廣西流賊攻陷城邑，生民凋弊，特請賜敕。從之。[7] 吉安府知府許聰將之任，以吉安多強宗豪右，詞訟繁興，亦請賜敕，俾得權宜處置。從之。[8]

【注釋】

[1] 見《尚書·益稷》。

[2] 繁科：繁重的賦稅。

[3] 見吳萊《淵穎集》卷十二。吳萊（1297～1340），字立夫，本名來鳳，浦陽（今浙江浦江）人。門人私諡淵穎先生。元朝集賢殿大學士吳直方長子。延祐間舉進士不第，在禮部謀職，與禮官不合，退而歸里，隱居松山，深研經史，宋濂曾從問學。著有《淵穎吳先生集》。

[4] 陳求魯（1183～1253），字質甫，樂清人。南宋嘉定十六年進士第二名。授處州簽判，後轉遷臨安通判，並監管左藏庫。受丞相史彌遠忌，改官出知劍州。時劍州遭兵亂之後，村落殘破。他既為當地奏請減免租稅，又出私財救濟百姓，政績有聲。後升為左正言，嚴治不法之人，內外肅然，積階朝散大夫，再晉升為侍讀、大理寺卿。《宋史》無傳。

[5] 見《歷代名臣奏議》卷一〇九。

[6] 見《舊唐書》卷一六一。

[7] 見《憲宗實錄》卷五六七庚午條。

[8] 見《憲宗實錄》卷五六七癸未條。

【點評】

　　顧炎武在以前的三段（「知縣」、「知州」、「知府」）中，用類輯的方法，講了自唐末宋初以來，中央以外三個層次的地方官官名的由來，及其寓意。在這一段裏，他要「下學而上達」了。試看，這段有不少語氣，非常微妙。一開頭「所謂天子者」，在封建時代就很不尋常，已故學者侯外廬在其《中國思想通史》中對此曾發過很長的議論。顧氏在這一段中，又一次譴責明朝中央集權過於利害，致使地方官（知縣、知州、知府）簡直失去了發揮主動作用的餘地。選拔人才、任命人才，在上邊，全操在吏部考功司的主事、員外郎們手裏；在下邊，就靠胥吏辦事，辦事之中夾雜著很多搗鬼。他引用一段《尚書》中的歌詞，妙極了。大意說上頭亂死了，底下壞死了，中間閒死了。這就是嚴厲指斥當時的時政。同時代黃宗羲的《明夷待訪錄·胥吏》一節，可與本段並比閱讀。〔註6〕

　　針對明王朝「盡天下一切之權收之在上」的絕對君權對於國家和民族所造成的嚴重危害，顧炎武提出了「以天下之權寄天下之人」的政治原則。他認為皇權的尊嚴並

〔註6〕趙儷生：《趙儷生文集》第三卷，蘭州大學出版社2002年版，第198頁。

不表現在皇帝把天下所有的權力都掌握他一個人手中，而是表現在「以天下之權，寄之天下之人」上，表現在「一命之官，莫不分天子之權，以各治其事」上。天下之人皆能參與政治，每一個官員都能真正有權力對他所管理的部門和地區負起責任，把國家治理好了，這才能體現出皇權的尊嚴。如果皇帝對什麼人都不信任，只有皇帝有權，其他任何人都沒有實權，而沒有權力也就沒有責任，沒有權利也就沒有義務，誰也不會真正對社會的公共事務盡心盡力，那麼皇帝就成了真正的孤家寡人，還有什麼皇權的尊嚴可言呢？〔註7〕

宦官

漢和熹鄧后詔中官近臣 [1]，於東觀受讀經傳 [2]，以教授宮人。[3] 秦苻堅選奄人及女隸有聰識者，置博士授經 [4]。若夫巷伯能詩 [5]，列於《小雅》；史游《急就》，著在藝文。古固有之，而不限其人也。我太祖深懲前代宦寺之弊，命內官不許識字。永樂以後，此令不行。宣德中，乃有內書堂之設。昔隋蔡允恭為起成舍人，帝遣教官人，允恭恥之，數稱疾。宋賈昌朝為侍講，以編修資善堂書籍為名，而實教授內侍，諫官吳育奏罷之。以宣廟之納諫求言，而廷臣未有論及此者，馴致秉筆之奄其尊侔於內閣，而大權旁落，不可復收，得非內書堂階之厲乎？《周禮》：「寺人，王之正內五人。內豎，倍寺人之數。」當時褻御之臣皆是士人，而婦寺之權衰矣。唐太宗詔內侍省不立三品官，以內侍為之長，階第四。不任以事，惟門閤守禦，廷內掃除稟食而已。武后時，稍增其人。至中宗，黃衣乃二千員。玄宗時，宮嬪大率至四萬，宦官黃衣以上三千員。是知宦官之盛，由於宮嬪之多。而人主欲不近刑人，則當以遠色為本。

……奄人之有祠堂，自英宗之賜王振始也。至魏忠賢則生而賜祠，且遍於天下矣。故聖人戒乎作俑。

【注釋】

[1] 中官：宦官。《漢書·高后紀》：「諸中官、宦者令丞，皆賜爵關內侯，食邑。」顏師古注：「諸中官，凡閹人給事於中者皆是也。」《後漢書·朱穆傳》：「當今中官近習，竊持國柄。」

[2] 東觀：宮中藏書之所。

[3] 見《後漢書·后妃上》。

〔註7〕許蘇民：《顧炎武評傳》，南京大學出版社2006年版，第535～536頁。

[4] 見《晉書・苻堅載記上》。苻堅（338～385），字永固，又字文玉，小名堅頭，臨渭（今甘肅秦安）人，十六國時期前秦的君主，公元 357～385 年在位。奄人：古代稱被閹割的男人；特指宦官。女隸：被沒入宮中為奴的女子。

[5] 巷伯：宦官，太監。因居宮巷，掌宮內事，故稱。《左傳・襄公九年》：「令司宮、巷伯儆宮。」杜預注：「司宮，奄臣；巷伯，寺人。皆掌宮內之事。」

【點評】

帝王維護皇權的獨佔性的陰暗心理，使得他們不信任大臣，而信任太監，這也幾乎是三千年專制政治的一大通病。雖然也有的皇帝鑒於歷史上宦官專權所造成的禍害，而一度禁止宦官干預政治，但他們防範大臣的陰暗心理使得這一局面並不可能持久。在皇帝看來，宦官斷子絕孫，不可能覬覦皇位；而功高震主的大臣則難保沒有覬覦皇位並傳之子孫的心思。宦官總是侍候在皇帝的身邊，處處迎合皇帝的私欲，做一些為皇帝所喜歡、任何稍有一點自尊心的人都不齒的事情；而大臣則不然，他們與皇帝的關係相對疏遠，勞苦功高的大臣還特別容易受到同僚的嫉恨、皇帝的猜忌。所以，皇帝真正信任的還是太監或類似太監式的佞倖之人，真正獲利的也是這些人物；而勞苦功高的大臣則不是遭放逐，就是遭殺身之禍。顧炎武雖然重在批判專制帝王為維護皇權的獨佔性而重用宦官的陰暗心理，揭露宦官專權的危害，但也沒有以偏概全；在顧炎武看來，無論是宦官的腐敗，還是士大夫的腐敗，其實都是專制政治的制度性腐敗的組成部分。〔註8〕

與黃宗羲譴責專制帝王「敲剝天下之骨髓，離散天下之子女，以供我一人之淫樂」相似，顧炎武也從總結歷代王朝興亡治亂之教訓的視角，對專制統治者窮奢極欲的腐朽生活作了揭露。〔註9〕

今按：這是極簡版的「宦官簡史」。本條原文較長，頗有刪節。顧炎武為什麼要研究宦官？因為宦官是導致明朝滅亡的重要推手。正如《清史稿・世祖紀二》所言：「祖宗創業，未嘗任用中官。且明朝亡國，亦因委用宦寺。」顧炎武引用《師》之上六曰：「小人勿用，必亂邦也。」這也是他對漢末到明末的宦官的總認識。

〔註8〕許蘇民：《日知錄一百句》，復旦大學出版社 2011 年版，第 147～149 頁。
〔註9〕許蘇民：《顧炎武評傳》，南京大學出版社 2006 年版，第 465 頁。

《日知錄》卷十

治地

古先王之治地也，無棄也，而亦不盡地。田間之塗九軌 [1]，有餘道矣。遺山澤之分，秋水多得有所休息，有餘水矣。是以功易立而難壞，年計不足而世計有餘 [2]。後之人一以急迫之心為之，商鞅決裂阡陌，而中原之疆理蕩然 [3]。宋政和以後，圍湖占江，而東南之水利亦塞。於是十年之中，荒恒六七；而較其所得，反不及於前人。子曰：「無欲速，無見小利。」夫欲行井田之法 [4]，則必自此二言始矣。

【注釋】

[1] 九軌：可容九輛車並列行駛的路面寬度。《周禮·考工記·匠人》：「國中九經九緯，經塗九軌。」鄭玄注：「經緯之塗，皆容方九軌。軌，謂轍廣。乘車六尺六寸，旁加七寸，凡八尺，是為轍廣。九軌積七十二尺，則此塗十二步也。旁加七寸者，輻內二寸半，輻廣三寸半，綆三分寸之二，金轄之間，三分寸之一。」

[2] 年計：年度預算。

[3] 疆：畫分經界。理：分其地理。

[4] 此句暗示顧炎武有恢復井田之意，黃宗羲《明夷待訪錄·田制》中亦有「井田可復」之意。此一討論在清初掀起很大波瀾。由於呂留良、曾靜、陸生柟案件的牽掣，雍正上論中至於摘引陸氏封建郡縣之論「封建之制，古聖人萬世無弊之良規」，「於今害深禍烈，不可勝言，皆郡縣之故」。（王氏《東華錄》卷十五雍正七年七月）這雖然不排除陸生柟思想在開始受了顧、黃影響的可能性，但

　　陸顯然把問題絕對化了很多。乾隆時期對復井田之制度也是大力打壓。

【點評】

　　顧炎武看到了中國社會的最大憂患在於貧窮，因而主張把發展經濟看作是解決中國社會的一切棘手問題的根本和關鍵；但是，他也告誡人們，「無欲速」、「無見小利」，要有長遠的眼光，不可「一以急迫之心為之」，不可因一時之小利而忘萬年之大計。顧炎武的這一觀點，對於我們正確處理經濟發展與保護自然生態環境的關係、探尋可持續發展的途徑，仍然具有重要的現實意義。〔註1〕

　　顧炎武有兩個重要的政治主張，一個是上文屢屢提到的「地方分權論」，即反對中央過分集權，主張地方分權。用當時十七世紀的說法，叫「復封建」；言外之意即「廢郡縣」。但顧氏並不主「廢郡縣」，他在《郡縣論一》以最清楚明白的語句陳述說，「知封建之所以變而為郡縣，則知郡縣之敝而將復變。然則，將復變而為封建乎？曰，不能。有聖人起，寓封建之意於郡縣之中，而天下治矣。」顧炎武的第二個政治主張，是本段中模糊提到的恢復井田之法。在另一條《後魏田制》中，他也稱讚「口分世業之制」「有足為後世法者」。對井田制、均田制，他都有好感。同時的黃宗羲也有類似看法。顧氏在這一節中，亦未免在三個方面欠缺考慮的弊病。三個方面是（一）人口的增長，（二）生產的發展，（三）階級形勢的逐漸嚴峻。不考慮或者少考慮這三個方面，自必或多或少或深或淺陷入「是古非今」的觀點中去。〔註2〕

州縣界域

　　自古以來，畫疆分邑必相比附，天下皆然。乃今則州縣所屬鄉村，有去治三四百里者，有城門之外為鄰屬者，則幅員不可不更也。下邽在渭北而並於渭南 [1]，美原在北山而並於富平 [2]，若此之類，俱宜復設。而大名縣距府七里 [3]，可以省入元城 [4]，則大小不可不均也。管轄之地，多有隔越。如南宮屬真定、威縣屬廣平之間，有新河縣屬真定地；清河屬廣平、威縣之間，有冠縣屬東昌地；鄆城屬兗州、范縣屬東昌之間，有鄒縣屬兗州地；清州之益都等縣，俱有高苑地；淮安之宿遷縣，有開封之祥符縣地；大同之靈丘、廣昌二縣中間，有順天之宛平縣地。或距縣一二百里，或隔三四州縣，藪奸誨通，恒必由之。而甚則有如沈丘屬開封之縣署，地糧乃隸於汝陽屬汝寧者，則錯互不可不正也。衛所之屯，有在三四百里之外，與民地相錯，浸久而迷其版籍 [5]，則軍民不可不

〔註1〕許蘇民：《日知錄一百句》，復旦大學出版社2011年版，第224頁。
〔註2〕趙儷生：《趙儷生文集》第三卷，蘭州大學出版社2002年版，第207頁。

清也。水濱之地消長不常，如蒲州之西門外三里，即以補朝邑之坍，使陝西之人越河而佃，至於爭鬥殺傷，則事變不可不通也。《周禮·形方氏》：「掌制邦國之地域，而正其封疆，無有華離之地。」[6] 有王者作，謂宜遣使分按郡邑，圖寫地形，奠以山川，正以經界，地邑民居必參相得，庶乎獄訟衰而風俗淳矣。

【注釋】

[1] 下邽：是古下邽縣城所在地，隸屬於陝西省渭南市臨渭區，地處渭南城區北端。

[2] 美原：是陝西富平縣東北名鎮、重鎮。秦大將軍王翦故里。中心街有千年古塔。相傳美原鎮為秦始皇賜王翦美田千頃之封地，頻水流經，土地肥沃，故稱美原。

[3] 大名縣：今隸屬於河北省下轄縣，位於河北省東南部，冀魯豫三省交界處。東與山東省冠縣、莘縣毗鄰，南與河南省南樂縣相連，西與魏縣交界，西北與廣平縣為鄰，北與館陶縣接壤。東西長 45.45 公里，南北寬 37.58 公里。縣治駐大名鎮，北距省會石家莊 247 公里，西北距邯鄲市 73 公里，西南距河南省安陽市 92 公里，南距河南省濮陽市 75 公里，東距山東省聊城市 92 公里，東北距山東省臨清市 101 公里。

[4] 元城：古縣名，與大名同城而治。民國併入大名縣。東抵山東、西抵魏縣、南抵大名、北抵廣平、館陶。

[5] 版籍：版圖，疆域。

[6] 見《周禮·夏官》。

【點評】

這是顧炎武的「州縣分界論」。自古州縣分界犬牙交錯，顧炎武指出了諸多不合理的地方，認為前人違反了「畫疆分邑必相比附」規則，因而提出了「宜遣使分按郡邑，圖寫地形，奠以山川，正以經界」的主張，其目的在「獄訟衰而風俗淳」，可謂「致君堯舜上，再使風俗淳」。可惜的是，他的致君之願景生前沒有實現。

後魏田制

後魏雖起朔漠 [1]，據有中原，然其墾田、均田之制有足為後世法者 [2]。景穆太子監國，令曰：「《周書》言：『任農以耕事，貢九穀；任圃以樹事，貢草木；任工以餘材，貢器物；任商以市事，貢貨賄；任以畜事，貢鳥獸；任嬪以女事，貢布帛；任衡以山事，貢其材；任虞以澤事，貢其物。』乃令有司課畿內之民，使無牛者借人牛以耕種，而為之芸田償之。凡耕種二十二畝，而芸七畝，大略以是為率。使民各標姓名於田首，以知其勤惰。禁飲酒遊戲者。」

於是墾田大增。[3] 高祖太和九年十月丁未，詔曰：「朕承乾在位，十有五年，每覽先王之典，經綸百氏，儲蓄既積，黎元永安。爰暨季葉，斯道陵替，富強者並兼山澤，貧弱者望絕一廛，致令地有遺利，民無餘財，或爭畝畔以亡軀，或因飢饉以棄業。而欲天下太平，百姓豐足，安可得哉？今遣使者循行州郡，與牧守均給天下之田，勸課農桑，興富民之本。[4] 其制：男夫十五以上，受露田四十畝，婦人二十畝。民年及課則受田，老免，及身沒則還田。諸桑田不在還受之限。男夫人給田二十畝，課蒔餘種桑五十樹，棗五株，榆三根。非桑之土，夫給一畝。依法課蒔榆棗，限三年種畢，不畢，奪其不畢之地。[5] 於是有口分、世業之制 [6]，唐時猶沿之。嗟乎，人君欲留心民事，而創百世之規，其亦運之掌上也已。宋林勳作《本政》之書 [7]，而陳同父以為「必有英雄特起之君，用於一變之後」[8]，豈非知言之士哉！

【注釋】

[1] 後魏：北朝之一。鮮卑族拓跋珪自立為代王，國號魏，亦稱北魏、拓跋魏、元魏。為區別於以前之三國魏，故史稱後魏（公元 386 年～557 年）。朔漠：北方沙漠地帶。

[2] 墾田制：北魏在以「六鎮」為中心的西北軍事管轄區，亦可稱之為「軍鎮區」，推行過「墾田制」，制訂了「墾田法」。墾田法的主要對象是戍邊的士兵以及配謫邊疆地區的罪犯，其最初的「墾田規格」大約是按男口計，每個男子二十畝。墾田法不同於均田令，它是一度在西北軍事管轄區實行了的，目的在於維持軍鎮制度，但實施的效果不佳，最後就廢弛了。均田制：墾田法後來增添進了作為編戶造籍格式的均田令。現存《魏書‧食貨志》裏的均田令即增添後形成的內容，仍沿用「太和九年」的頒布時間，是因為後來的修訂源本於太和九年的第一道均田令。通常所說的北魏均田令實際包括了兩種戶籍的編制格式，有兩種「均田規格」。其一是一般民戶的戶籍編制格式，其二是軍鎮區「府戶」的戶籍編制格式。國家限制了墾田戶土地買賣的數額。

[3] 見《魏書‧恭宗景穆紀》。

[4] 見《魏書‧高祖紀》。

[5] 見《魏書‧食貨制》。

[6] 口分：唐代按人口授田。每口人所受者，皆包含永業田二十畝，其餘為口分田。如男丁受田百畝，其中二十畝為永業田，八十畝為口分田。《新唐書‧食貨志一》：「凡庶人徙鄉及貧無以葬者，得賣永業田。自狹鄉而徙寬鄉者，得並賣口

分田。」《唐律疏議・戶婚・賣口分田》：「諸賣口分田者，一畝笞十。二十畝加一等。罪止杖一百，地還本主，財沒不追。」世業：指世業田。亦稱永業田。北魏以後實行的一種田制，世代承耕，永不收授。《魏書・食貨志六》：「諸桑田皆為世業，身終不還，恒從見口。」《舊唐書・食貨志上》：「所授之田，十分之二為世業，八為口分。世業之田，身死則承戶者便授之；口分則收入官，更以給人。」

[7] 林勳，廣西桂嶺人。宋政和五年（1115 年）進士。南宋建炎初，獻《本政書》十三篇、《比較書》二篇，倡言以農為本，富國強兵的思想。事蹟見《宋史・林勳傳》。

[8] 陳亮，字同父。語見《宋史・林勳傳》。

【點評】

這是顧炎武的田制論，對於後魏的墾田、均田之制給予了肯定，認為它們足為後世法。顧炎武對於當時的土地制度不滿，又找不到好的解決辦法，只好走復古的路。

開墾荒地

明初承元末大亂之後 [1]，山東、河南多是無人之地。洪武中詔，有能開墾者，即為己業，永不起科 [2]。是時方孝孺有因其曠土復古井田之議 [3]。至正統中，流民聚居，詔令占籍。景泰六年六月丙申，戶部尚書張鳳等奏：「山東、河南、北直隸並順天府無額田地，甲方開荒耕種，乙即告其不納稅糧。若不起科，爭競之塗終難杜塞。今後但告爭者，宜依本部所奏，減輕起科，則例每畝科米三升三合，每糧一石科草二束，不惟永絕爭競之端，抑且少助倉稟之積。」從之。戶科都給事中成章等劾鳳等不守祖制，不恤民怨，帝不聽。[4] 然自古無永不起科之地。國初但以招徠墾民，立法之過，反以啟後日之爭端，而彼此告訐，投獻王府、勳戚及西天佛子。見《實錄》成化四年三月。[5] 無怪乎經界之不正 [6]，賦稅之不均也。

【注釋】

[1]「明初」，原本作「國初」。

[2] 見《明史・食貨制》。起科：謂對農田計畝徵收錢糧。

[3] 方孝孺《與友人論井田》主張復井田，認為「井田之廢，亂之所生也；欲行仁義者，必自井田始」。

[4] 見《英宗實錄》卷二五四。

[5] 見《憲宗實錄》卷五二。

[6] 經界：土地、疆域的分界。

【點評】

開墾荒地即開拓食源，屬於開源之利。洪武中為了鼓勵開墾荒地，朱元璋頒布了一道錯誤的詔令，有能開墾荒地者，即為己業，永不徵收錢糧。正統間又詔令流民占籍。因此引起開荒與納稅的矛盾。直到景泰年間才發生變化。顧炎武批評明初「立法之過」，引起經界不正、賦稅不均的嚴重後果。

蘇松二府田賦之重

邱濬《大學衍義補》曰 [1]：「韓愈謂：『賦出天下，而江南居十九。』以今觀之，浙東西又居江南十九，而蘇、松、常、嘉、湖五府又居兩浙十九也。考洪武中據《諸司職掌》。天下夏稅秋糧以石計者，總二千九百四十三萬餘，而浙江布政司二百七十五萬二千餘，蘇州府二百八十九千餘，松江府一百二十萬九千餘，常州府五十五萬二千餘。是此一藩三府之地，其田租比天下為重，其糧額比天下為多。今國家都燕，歲漕江南米四百餘萬石，以實京師。而此五府者，幾居江西、湖廣、南直隸之半。臣竊以蘇州一府計之，以準其餘。蘇州一府七縣，其墾田九萬六千五百六頃，居天下八百四十九萬六千餘頃田數之中；而出二百八十萬九千石稅糧，於天下二千九百四十餘萬石歲額之內。其科徵之重，民力之竭，可知也已。」[2]

杜宗桓《上巡撫侍郎周忱書》曰 [3]：「五季錢氏稅兩浙之田 [4]，每畝三斗。宋時均兩浙田，每畝一斗。宋淳祐元年鮑廉作《琴川志》曰，國初，盡削錢氏白配之目，遣右補闕王永、高象先各乘遞馬均定稅數 [5]，只作中、下二等。中田一畝，夏稅錢四文四分，秋米八升；下田一畝錢三文三分，米七升四合。取於民者，不過如此。自熙、豐更法，崇、觀多事，靖、炎軍興，隨時增益。然則宋初之額，尚未至一斗也。元入中國，定天下田稅，上田每畝稅三升，中田二升半，下田二升，水田五升。《元史·耶律楚材傳》。至於我太祖高皇帝受命之初，天下田稅亦不過三升、五升，而其最下有三合、五合者。於是天下之民咸得其所，獨蘇、松二府之民則因賦重而流移失所者多矣。今之糧重去處，每里有逃去一半上下者。請言其故。國初籍沒土豪田租，有因為張氏義兵而籍沒者 [6]，有因虐民得罪而籍沒者 [7]，有司不體聖心 [8]，將沒入田地，一依租額起糧，每畝四五斗，七八斗，至一石以上，民病自此而生。《宋史》言，建炎元年，籍沒蔡京、王黼等莊以為官田，減租三分 [9]；洪武初，未有以此

故事上言者。何也？田未沒入之時，小民於土豪處還租，朝往暮回而已。後變私租為官糧，乃於各倉送納，運涉江湖，動經歲月，有二三石納一石者，有四五石納一石者，有遇風波盜賊者，以致累年拖欠不足。王叔英《疏》亦言，輸之官倉，道路既遙，勞費不少；收納之際，其弊更多；有甚於輸富民之租者[10]。自洪武時已然矣。愚按：宋華亭一縣，即今松江一府。當紹熙時，秋苗止十一萬二千三百餘石；景定中，賈似道買民田以為公田，益糧一十五萬八千二百餘石。宋末官民田地稅糧共四十二萬二千八百餘石，量加圓斛。元初田稅比宋尤輕，然至大德間，沒入朱清[11]、張瑄田[12]，後至元間，又沒入朱國珍[13]、管明等田，一府稅糧至有八十萬石。迨至季年，張士誠又並諸撥屬財賦府，與夫營圍、沙職、僧道、站役等田。至洪武以來，一府稅糧共一百二十餘萬石，租既太重，民不能堪。於是皇上憐民重困，屢降德音，將天下係官田地糧額遞減三分、二分外，即宣德五年二月癸巳詔書。松江一府稅糧尚不下一百二萬九千餘石。愚歷觀往古，自有田稅以來，未有若是之重者也。以農夫蠶婦凍而織，餒而耕，供稅不足，則賣兒鬻女；又不足，然後不得已而逃，以至田地荒蕪，錢糧年年拖欠。向蒙恩赦，自永樂十三年至十九年，七年之間所免稅糧不下數百萬石。永樂二十年至宣德三年，又復七年，拖欠折收輕齎亦不下數百萬石。折收之後，兩奉詔書敕諭，自宣德七年以前，拖欠糧草鹽糧、屯種子粒、稅絲門攤課鈔，悉皆停征。前後一十八年間，蠲免折收停征至不可算。由此觀之，徒有重稅之名，殊無徵稅之實。願閣下轉達皇上，稽古稅法，斟酌取捨，以宜於今者而稅之，輕其重額，使民如期輸納。此則國家有輕稅之名，又有徵稅之實矣。」

今按《宣廟實錄》：「洪熙元年閏七月，廣西右布政使周幹，自蘇、常、嘉、湖等府巡視還，言蘇州等處人民多有逃亡者，詢之耆老，皆云由官府弊政困民所致。如吳江、崑山民田，畝舊稅五升，小民佃種富室田畝，出私租一石，後因沒入官，依私租減二斗，是十分而取八也。撥賜公侯、駙馬等項田，每畝舊輸租一石，後因事故還官，又如私租例盡取之。且十分而取其八，民猶不堪，況盡取之乎？盡取則無以給私家，而必至凍餒，欲不逃亡，不可得矣。乞命所司，將沒官之田及公侯還官田租，俱照彼處官田起科，畝稅六斗。則田地無拋荒之患，而小民得以安生。下部議。」[14]宣德五年二月癸巳詔：「各處舊額官田，起科不一。租糧既重，農民弗勝。自今年為始，每田一畝，舊額納糧自一斗至四斗者，各減十分之二；自四斗一升至一石以上者，各減十分之三。永為定例。」[15]「六年三月，巡撫侍郎周忱言：『松江府華亭、上海二縣，舊有官

田，稅糧二萬七千九百餘石，俱是古額。科糧太重，乞依民田起科，庶徵收易完。』上命行在戶部會官議，劾忱變亂成法，沽名要譽，請罪之。上不許。」
[16] 七年三月庚申朔詔：「但係官田塘地，稅糧不分古額、近額，悉依五年二月癸巳詔書減免，不許故違。」辛酉，上退朝，御左順門，謂尚書胡淡曰：「朕昨以官田賦重，百姓苦之，詔減什之三，以蘇民力。嘗聞外間有言，朝廷每下詔蠲除租賦，而戶部皆不准。甚者文移戒約有司，有『勿以詔書為辭』之語。若然，則是廢格詔令，壅遏恩澤，不使下流，其咎若何！今減租之令務在必行。《書》曰：『民惟邦本，本固邦寧。』有子曰：『百姓不足，尹孰與足？』卿等皆士人，豈不知此？朕昨有詩述此意，今以示卿，其念之毋忘。」淡等皆頓首謝。其詩曰：「官租頗繁重，在昔蓋有因。而此服田者，本皆貧下民。耕作既勞勤，輸納亦苦辛。遂令衣食微，曷以贍其身？殷念惻予懷，故跡安得循？下詔減什三，行之四方均。先王視萬姓，有若父子親。茲惟重邦本，豈曰矜吾仁。」
[17]《英廟實錄》：「正統元年閏六月丁卯，行在戶部奏：『浙江、直隸蘇、松等處，減除稅糧，請命名處巡撫侍郎並同府縣官，用心核實。其官田每畝秋糧四斗一升至三石以上者，減作二斗七升；二斗一升以上至四斗者，減作二斗；一斗一升至二斗者，減作一斗。明白具數，送部磨勘。』從之。」[18] 嘉靖十七年冊，長洲縣田猶有七斗以上者，今與民田通均，而猶三斗七升，是此旨當日未盡奉行也。

官田自漢以來有之。《宋史》：「建炎元年，籍蔡京、王黼等莊以為官田。開禧三年，誅韓侂胄。明年，置安邊所，凡侂胄與其他權倖沒入之田及圍田、湖田之在官者皆隸焉。輸米七十二萬一千七百斛有奇，錢一百三十一萬五千緡有奇而已。景定四年，殿中侍御史陳堯道、右正言曹孝慶、監察御史虞慮、張晞顏等言：『乞依祖宗限田議，自兩浙、江東西官民戶逾限之田，抽三分之一，買充公田。得一千萬畝之田，則歲有六七百萬斛之入。』丞相賈似道主其議行之，始於浙西六郡，凡田畝起租滿石者予二百貫，以次遞減。」[19] 有司以買田多為功，皆謬以七八斗為石。其後田少，與磽瘠虧租，與佃人負租而逃者，率取償田主，六之民多破家矣。《理宗紀》言：「平江、江陰、安吉、嘉興、常州、鎮江六郡，已買公田三百五十餘萬畝。」[20] 而平江之田獨多。《似道傳》：「包恢知平江，督買田，至以肉刑從事。」[21] 元之有天下也，此田皆別領於官。《松江府志》言：「元時苗稅，公田外，復有江淮財賦都總管府領故宋妃田，以供太后；江浙財賦府領籍沒朱、張田，以供中宮；《元史》天曆二年十月，立平江等處田賦提舉司。稻田提領所，領籍沒朱國珍、管明田，以賜丞相脫脫撥賜莊；在上海十九保。《元史》：至正

常三府從而效之，自官田之七斗、六斗，下至民田之五升，通為一則。而州縣之額，各視其所有官田之多少輕重為準，多者長洲至畝科三斗七升，少者太倉畝科二斗九升矣。國家失累代之公田，而小民乃代官佃納無涯之租賦，事之不平，莫甚於此。然而為此說者，亦窮於勢之無可奈何。而當日之士大夫亦皆帖然而無異論，亦以治如亂絲，不得守二三百年紙上之虛科，而使斯人之害如水益深而不可救也。惟唐太常鶴徵作《武進志》，極為惋歎。抑嘗論之。自三代以下，田待買賣，而所謂業主者，即連陌跨阡，不過本其錙銖之直，而直之高下則又以時為之。地力之盈虛，人事之贏絀，率數十年而一變。奈之何一入於官，而遂如山河界域之不可動也？且景定之君臣，其買此田者，不過予以告牒、會子虛名不售之物，逼而奪之，以至彗出民愁，而自亡其國。《宋史》：「買公田五千畝以上，以銀半分，官告五分，度牒二分，會子二分半。五千畝以下，以銀半分，官告三分，度牒三分，會子三分半。千畝以下，度牒、會子各半。五百畝至三百畝，全以會子。及田事成，每石官給止四十貫，而半是告牒。民持之而不得售，六郡騷然。」[25] 四百餘年之後，推本重賦之由，則猶其遺禍也。《宋史》謂「其弊極多，其租尤重。及宋亡，遺患猶不息」[26]。亮哉斯言！而況於沒入之田本無其直者乎！至於今日，佃非昔日之佃，而主亦非昔日之主。則夫官田者，亦將與冊籍而俱銷，共車牛而皆盡矣。猶執官租之說以求之，固已不可行。《隋書・李德林傳》：「高祖以高阿那肱衛國縣市店八十區賜德林。車駕幸晉陽，店人上表，稱地是民物，高氏強奪，於內造舍。上命有司料還債直。」則是以當代之君，而還前代所奪之地價，古人已有之矣。又考《後漢書》：「譙玄子瑛奉家錢千萬於公孫述，以贖父死。及玄卒，天下平定。玄弟慶以狀詣闕自陳，光武敕所在還玄家錢。」則知人主以天下為心，固當如此。而欲一切改從民田，以復五升之額，即又駭於眾而損於國。有王者作，咸則三壤 [27]。謂宜遣使案行吳中，逐縣清丈，定其肥瘠、高下為三等，上田科二斗，中田一斗五升，下田一斗，山塘塗蕩以升以合計者，附於冊後，而概謂之曰民田。惟學田、屯田乃謂之官田。則民樂業而賦易完，視之紹、熙以前，猶五六倍也。豈非去累代之橫征，而立萬年之永利者乎？昔者唐末，中原宿兵所在，皆置營田，以耕曠土。其後又募高貲戶，使輸課佃之。戶部別置官司總領，不隸州縣。梁太祖擊淮南，掠得牛以千萬計，給東南諸州農民，使歲輸租。自是歷數十年，牛死而租不除，民甚苦之。周太祖素知其弊，用張凝、李谷之言，悉罷戶部營田務，以其民隸州縣，其田廬牛農器並賜見佃者為永業，悉除租牛課。是歲，戶部增三萬餘戶。或言營田有肥饒者，不若鬻之，可得錢數十萬緡以資國。帝曰：「利在於民，猶在國也。朕用此錢何為！」

嗚呼，以五代之君猶知此義，而況他日大有為主必有朝聞而夕行之者矣。宋紹興二十三年，知池州黃子游言：青陽縣苗七八倍於諸縣，因南唐嘗以縣為宋齊丘食邑，故輸三斗，後遂為額。詔減苗稅二分有半，科米二分 [28]。今存者，惟衛所屯田、學田、勳戚欽賜莊田三者猶是官田。南京各衙門所管草場田地，佃戶轉相典賣，不異民田。蘇州一府，惟吳縣山不曾均為一則，至今有官山、私山之名，官山每畝科五升，私山畝科升五勺。

今高淳縣之西有永豐鄉者，宋時之湖田，所謂永豐圩者也。《文獻通考》：「永豐圩，自政和五年圍湖成田，初令百姓請佃，後以賜蔡京，又以賜韓世忠，又以賜秦檜，繼撥隸行宮，今隸總所。」[29]《宋史》：「建康府永豐圩，租米歲以三萬石為額。」[30] 王弼成化十一年進士，溧水知縣。《永豐謠》曰：「永豐圩接永寧鄉，一畝官田八斗糧。人家種田無厚薄，了得官租身即樂。前年大水平斗門，圩底禾苗沒半分。里胥告災縣官怒，至今追租如追魂。有田追租未足怪，盡將官田作民賣。富家得田貧納租，年年舊租結新債。舊租了，新租促，更向城中賣黃犢。一犢千文任時估，債家算息不算母。嗚呼！有犢可賣君莫悲，東鄰賣犢兼賣兒。但願有兒在我邊，明年還得種官田。」讀此詩，知當日官佃之苦即已如此。《元史·閻復傳》言：「江南公田，租重宜減，以貸貧民。」[31] 而以官作民，亦不始於近日矣。

《元微之集·奏狀》：「右臣當州百姓田地，每畝只稅粟九升五合，草四分，地頭榷酒錢共出二十一文。已下其諸色職田，每畝約稅粟三斗，草三束，腳錢一百二十文。若是京官上司職田，又須百姓變米，雇車般送，比量正稅，近於四倍。其公廨田、官田、驛田等，所稅輕重，約與職田相似。」[32] 是則官田之苦，自唐已然，不始於宋、元也。故先朝洪熙、宣德中，屢下詔書，令民間有拋荒官田，召人開耕，依民田例起科，又不獨蘇、松、常三府為然。

吳中之民，有田者什一，為人佃作者十九。其畝甚窄，而凡溝渠道路皆並其稅於田之中。歲僅秋禾一熟，一畝之收不能至三石，凡言石者，皆以官斛。少者不過一石有餘。而私租之重者至一石二三斗，少亦八九斗。佃人竭一歲之力，糞壅工作，一畝之費可一緡，而收成之日所得不過數斗，至有今日完租而明日乞貸者。故既減糧額，即當禁限私租，上田不得過八斗，如此則貧者漸富，而富者亦不至於貧。《元史·成宗紀》：「至元三十一年十月辛巳，時成宗即位。江浙行省臣言：『陛下即位之初，詔蠲今歲田租十分之三。然江南與江北異，貧者佃富人之田，歲輸其租。今所蠲特及田主，其佃民輸租如故，則是恩及富室，

而不被及於貧民也。宜令佃民當輸田主者，亦如所蠲之數。』從之。」明朝宣德十年五月乙未，刑科給事中年富亦有此請[33]。大德八年正月己未詔：「江南佃戶私租太重，以十分為率，普減二分，永為定例。」[34]前一事為特恩之蠲，後一事為永額之減，而皆所以寬其佃戶也。是則厚下之政，前代已有行之者。

漢武帝時，董仲舒言：「或耕豪民之田，見稅什五。」[35]唐德宗時，陸贄言：「今京畿之內，每田一畝，官稅五升，而私家收租，有畝至一石者，是二十倍於官稅也。降及中第，租猶半之。夫土地，王者之所有；耕稼，農夫之所為。而兼併之徒，居然受利。望令凡所佔田約為條限，裁減租價，務利貧人。」[36]仲舒所言，則今之分租；贄所言，則今之包租也。然猶謂之「豪民」，謂之「兼併之徒」。《食貨志》：「豪民侵陵，分田劫假。」師古曰：「分田謂貧者無田，而取富人田耕種，共分其所收也。假亦謂貧人賃富人之田也。劫者，富人劫奪其稅，侵欺之也。」[37]宋已下，則公然號為「田主」矣[38]。

【注釋】

[1] 邱濬（1421～1495），字仲深，瓊山（今屬海南）人。歷事景泰、天順、成化、弘治四朝，先後出任翰林院編修、侍講學士、翰林院學士、國子監祭酒、禮部尚書、文淵閣大學士等職，弘治七年升戶部尚書兼武英殿大學士。追贈太傅，諡文莊。他提出「勞動決定商品價值」的觀點比英國古典經濟學家威廉・配第的「勞動價值論」要早180年。《大學衍義補》是其經濟治國思想集大成者之作。

[2] 見《大學衍義補》卷二四。

[3] 杜宗桓：《明史》無傳，可能是蘇州、常熟一帶的地方人士。周忱：字恂如，吉水人。永樂二年進士。選庶吉士。擢刑部主事，進員外郎。忱有經世才，浮沉郎署二十年，人無知者，獨夏原吉奇之。洪熙五年九月，帝以天下財賦多不理，而江南為甚，蘇州一郡，積逋至八百萬石，思得才力重臣往釐之。乃用大學士楊榮薦，遷忱工部右侍郎，巡撫江南諸府，總督稅糧。事蹟詳見《明史》本傳。

[4] 錢氏：指五代時之吳越國，自錢鏐創業，至錢椒歸宋，祖孫兄弟據江浙70餘年。

[5] 王永：王珪曾祖，王珪《宋史》卷三一二有傳，傳首有王永事。高象先：淳化中為三司戶部副使。少從戚同文學。與宗度、許驤、陳象輿、郭成范、王礪、滕涉齊名。

[6] 張氏：指張士誠（1321～1367）。士誠原名張九四，泰州人。以販鹽為業，鹽丁

苦於重役，而起事，推士誠為首。至正十三年（公元 1353 年），與弟士德、士信率鹽丁起兵，攻下泰州、興化、高郵等地。次年，在高郵稱誠王，國號周，年號天佑，率軍渡江攻取常熟、湖州、松江、常州等地。十六年，定都平江（今江蘇蘇州），次年，降元。後繼續擴占土地，割據範圍南到浙江紹興，北到山東濟寧，西到安徽北部，東到海。二十三年（公元 1363 年），攻安豐，殺紅巾軍領袖劉福通，自稱吳王。後屢為朱元璋所敗，疆土日蹙。二十七年秋，平江城破，為徐達所俘，至金陵自縊。《明史》卷一二三有傳。

[7] 所謂「虐民得罪者」：或指沈萬三（松江）、史有為（嘉興）、黃旭（蘇州）、紀定（湖州）等。

[8] 「有司不體聖心」：是杜宗桓曲筆，時在宣德，上距洪武不遠，不敢直指朱元璋。

[9] 見《宋史・食貨志》。減租，《宋史》作「二分」，顧氏作「三分」。

[10] 王叔英（？～1402），字原采，號靜學，浙江黃岩人。建文時為翰林修撰。曾上《資治八策》以鑒國事。學醇行正，與方孝孺為至交。靖難兵至，自縊。著有《靜學文集》。

[11] 朱清（1236～1306），字澄叔，崇明姚沙人。與張瑄結夥販私鹽，淪為海盜，後受宋朝廷招安。至元十二年（1275），運管軍千戶。十三年，受元朝丞相之命，將南宋庫藏圖籍運至大都。十六年，朱隨都元帥張弘征戰被升為武略將軍。十九年，朝廷尋求南糧北調的運輸路線時，朱清、張瑄建議海運，被採納。兩人移居太倉，與上海總管羅壁造平底海船 60 艘，自劉家港運糧 4 萬石至京師，開創了元代海運。

[12] 張瑄（？～1303），浦東高橋新華村人。幼年隨母乞食，長大後膂力過人。後和崇明海盜朱清為伍，一同販運私鹽，一時稱雄濱海地區。1303 年冬，樞密斷事官曹拾得因與張瑄有隙，便趁新主繼位，挾嫌誣陷。丞相完澤力辯其誣，但成宗不聽，張瑄被下了天牢，死在獄中。其餘兒子流放漠北，女兒全都入繡局為奴，只有孫子張天麟得以幸免。1305 年，張天麟冒死上奏申辯冤情，終得平反。

[13] 朱國珍：元代松江土豪。

[14] 見《宣宗實錄》卷六。

[15] 見《宣宗實錄》卷六三。

[16] 見《宣宗實錄》卷七七。

[17] 見《宣宗實錄》卷八八。

[18] 見《英宗實錄》卷十九。

[19] 見《宋史‧食貨志‧農田》。

[20] 見《宋史‧理宗紀》景定四年六月條。

[21] 見《宋史‧姦臣傳》。

[22] 見《宣宗實錄》卷九三。

[23] 見《宋史‧食貨志》。

[24] 見《金史‧食貨志》。

[25] 見《宋史‧食貨志‧農田》。

[26] 見《宋史‧食貨志》。

[27] 三壤：古時按土質的肥瘠將耕地分為上、中、下三品，稱為三壤。

[28] 見《宋史‧食貨志》賦稅條。「故」，《宋志》原作「畝」。潘本已誤，元抄本亦誤。

[29] 見《文獻通考》卷六水利田條。

[30] 見《宋史‧食貨志‧農田》。

[31] 見《元史》卷一六〇。

[32] 見《元氏長慶集》卷三八。

[33] 見《宣宗實錄》卷五。「本朝」，潘耒改作「明朝」，然下文「驛傳」條有「國初」，何以不改？

[34] 見《元史‧成宗紀》。

[35] 見《漢書‧食貨志》。

[36] 見《陸宣公奏議》卷六《論兼併之家私斂重於公稅》。

[37] 見《漢書‧食貨志》。

[38] 田主：即地主，田地的所有者。《史記‧陳杞世家》：「鄙語有之，牽牛徑人田，田主奪之牛。徑則有罪矣，奪之牛，不亦甚乎？」《宋史‧寧宗紀三》：「詔兩浙、江、淮路，諭民雜種粟麥麻豆，有司毋收其賦，田主毋責其租。」

【點評】

　　明代中葉以後中國社會商品經濟的發展，把保護私有財產的要求提上了議事日程。顧炎武為了替保護私有財產的主張辯護，努力從古人那裡去尋找私有財產不可侵犯的歷史依據，而且還真的從歷史上個別帝王的作為中找到了依據。為了保護私有財產，顧炎武強調，不僅當代之君不得侵犯和剝奪人民的私有財產，即使是被前代之君所剝奪的私有財產，也得無條件地歸還給人民。他認為帝王之所謂「以天下為心」，既

不應是一句空洞無實的漂亮話,也不應當是把天下據為己有的代名詞,而應落實到保障每一個人的私有財產上。這一觀點是合乎中國社會商品經濟發展的要求的。〔註3〕

　　這是顧炎武《日知錄》千餘條劄記中最長的一條。是研究明清之際江浙地區「重稅」問題的重要依據資料。以一個地方人士的身份說清楚了「重稅」的根源。兼以顧氏以一個歷史學家的身份,又增加進去了漢、唐、宋、元的若干歷史比照,更能增加閱讀者的理解顧氏在寫了官田稅糧之重之餘,最難得的,是又寫了江東地主私租之重。並且他把這二者聯繫在一起了。顧氏以一個崑山、常熟出身的縉紳地主人物,在科學研究面前,能夠游離開地主階級的階級侷限性,寫出了官田重稅的沉重負擔到頭來還是轉嫁到農民身上的慘重史實。所以他嚴肅提出「故既減糧額,即當禁限私租」,這幾句話,在十七世紀寫出來是不容易的,帶有時代的民主氣息。顧氏雖然限於時代侷限,還不可能懂得人類財產私有制的逐漸深化;但他已經摸索到問題的邊沿了。〔註4〕

　　韓愈《送陸歙州詩序》:「當今賦出於天下,江南居十九。」顧炎武通過《永豐謠》瞭解官佃之苦,並深表同情。憂國憂民,情見乎辭。

紡織之利

　　今邊郡之民,既不知耕,又不知織,雖有材力 [1],而安於遊惰 [2]。華陰王弘撰著議 [3],「以為延安一府,布帛之價貴於西安數倍,既不獲紡織之利,而又歲有買布之費,生計日蹙,國稅日逋。非盡其民之惰,以無教之者耳。今當每州縣發紡織之具一副,令有司依式造成,散給里下,募外郡能織者為師。即以民之勤惰工拙,為有司之殿最。一二年間,民享其利,將自為之,而為煩程督矣」。計延安一府四萬五千餘戶,戶不下三女子,固已十三萬餘人,其為利益豈不甚多?按《鹽鐵論》曰:「邊民無桑麻之利,仰中國絲絮而後衣之。夏不釋復,冬不離窟,父子夫婦內藏於專室土圜之中。」[4] 崔寔《政論》曰:「僕前為五原太守,土俗不知緝績,冬積草,伏臥其中。若見吏,以草纏身,令人酸鼻。吾乃賣儲峙,得二十餘萬,詣雁門、廣武迎織師,使巧手作機,乃紡以教民織。」[5] 是則古人有行之者矣。《漢志》有云:「冬民既入,婦人同巷相從夜績女工,一月得四十五日。」[6]「八月載績,為公子裳。」[7] 豳之舊俗也。率而行之,富強之效,惇龐之化,豈難致哉!

　　吳華核上書,欲禁綾綺錦繡,以「一生民之原,豐穀帛之業」。謂「今吏

〔註3〕許蘇民:《日知錄一百句》,復旦大學出版社 2011 年版,第 216 頁。
〔註4〕趙儷生:《趙儷生文集》第三卷,蘭州大學出版社 2002 年版,第 220～221 頁。

士之家，少無子女，多者三四，少者一二。通令戶有一女，十萬家則十萬人。人人織績，一歲一束，則十萬束矣。使四疆之內，同心戮力，數年之間，布帛必積。恣民五色，惟所服用，但禁綺繡無益之飾。且美貌者不待華采以崇好，豔姿者不待文綺以致愛，有之無益，廢之無損，何愛而不暫禁，以充府藏之急乎！此救乏之上務，富國之本業。使管、晏復生，無以易此」[8]。方今纂組日新 [9]，侈薄彌甚，斫雕為樸 [10]，意亦可行之會乎？

【注釋】

[1] 材力：才能，能力。

[2] 遊惰：游蕩懶惰。

[3] 王弘撰（1622～1702），字文修，號太華山史，陝西華陰人。明清之際關學代表人物。著有《周易圖說述》、《周易讚述》、《正學隅見述》、《十七帖述》、《山志》、《砥齋集》等，今人整理成《王弘撰集》（西北大學出版社 2015 年版）。事蹟詳見趙儷生《王山史年譜》。

[4] 見《鹽鐵論‧輕重篇》。

[5] 見《太平御覽》卷二七冬門。

[6] 見《漢書‧食貨志》。

[7] 見《詩經‧豳風‧七月》。

[8] 見《三國志‧吳志》。

[9] 纂組：赤色綬帶，亦泛指精美的織錦。

[10] 斫雕：去掉雕飾。亦謂斫理雕弊之俗。

【點評】

　　幾乎人人都知道 18 世紀英國古典政治經濟學家亞當‧斯密創立了為現代市場經濟奠定理論基礎的「看不見的手」的理論，卻很少知道 17 世紀的中國哲人顧炎武、王夫之等人提出了類似的學說。顧炎武基於對中國社會商品經濟發展狀況的考察，認識到「民享其利，將自為之，而不煩程督」的經濟規律，從而鮮明地提出了「為天子為百姓之心，必不如其自為」的近代經濟學命題。他說：「天下之人各懷其家，各私其子，其常情也。為天子為百姓之心，必不如其自為，此在三代以上已然矣。聖人因而用之，用天下之私，以成一人之公而天下治。……故天下之私，天子之公也。」（《郡縣論五》）他認為，只有讓人民「自為」，而不是讓那些口稱「為天子為百姓」的官員們來「程督」百姓們如何作為，才能最大限度地激發人們勤勞致富的積極性，促進經濟的繁榮發

展。東方專制主義傳統的一個重要特徵；就是行政權力直接介入和干預社會經濟運作，顧炎武能在 17 世紀中國社會的歷史條件下提出這一理論，尤為難能可貴。〔註5〕

「紡織」、「馬政」、「驛傳」等並不是《日知錄》中最精彩的或者比較精彩的。倒勿寧說，是比較一般的。這幾段顯示了顧炎武或其他諸遺民學者最最關心的「經世濟用」的問題。〔註6〕

顧炎武雖然關心經世濟用，但他對於諸多問題往往從紙上得來，缺少己見，對於現實問題缺少調研，沒有提出新的解決方案，還沒有形成對策，終覺淺顯。

馬政

析、因、夷、隩 [1]，先王之所以處人民也。「日中而出，日中而入」[2]，先王之所以處廐馬也。

漢晁錯言：「令民有車騎馬一匹者，復卒三人。」[3] 文帝從之。故文、景之富，「眾庶街巷有馬，仟伯之間成群。乘牸牝者，擯而不得會聚」[4]。若乃塞之斥也，橋桃致馬千匹 [5]。班壹避地於樓煩，致馬牛羊數千群 [6]。則民間之馬其盛可知。武帝輪臺之悔，乃修馬復令 [7]。唐玄宗開元九年詔：「天下之有馬者，州縣皆先以郵遞、軍旅之役，定戶復緣以升之。百姓畏苦，乃多不畜馬，故騎射之士減曩時。自今諸州民，勿限有無蔭，能家畜十馬以下，免帖驛郵遞征行，定戶無以馬為訾。」[8] 古之人君，其欲民之有馬如此。惟魏世宗正始四年十一月丁未，禁河南畜牝馬 [9]。元世祖至元二十三年六月戊申，括諸路馬。凡色目人有馬者，三取其二，漢民悉入之官，敢匿與互市者罪之 [10]。《實錄》言：永樂元年七月丙戌，上諭兵部臣曰：「比聞民間馬價騰貴，蓋禁民不得私畜故也。漢文、景時，閭里有馬成群，民有即國家之有。其榜諭天下，聽軍民畜馬勿禁。」又曰：「三五年後，庶幾馬漸蕃息。」[11] 此承元人禁馬之後，故有此諭。而洪熙元年正月辛巳，上申諭兵部：「令民間畜官馬者，二歲納駒一匹，俾得以餘力養私馬。」[12] 至宣德六年，「有陝西安定衛土民王從義，畜馬蕃息，數以來獻」[13]。此則小為之而小效者也，然未及修漢、唐復馬之令也。

【注釋】

[1] 析、因、夷、隩：分處東方、南方、西方、北方，見《尚書·堯典》「厥民析」、

〔註5〕許蘇民：《日知錄一百句》，復旦大學出版社 2011 年版，第 213 頁。
〔註6〕趙儷生：《趙儷生文集》第三卷，蘭州大學出版社 2002 年版，第 223 頁。

「厥民因」、「厥民夷」、「厥民隩」。

[2] 原注:「《左氏》莊二十九年傳。」

[3] 見《漢書·食貨志》。

[4] 見《漢書·食貨志》。仟伯:田間小道。南北曰仟,東西曰伯。顏師古注:「孟康曰:『皆乘父馬,有牝馬間其間則踶齧,故斥出不得會同。』言時富饒,故恥乘牸牝,不必以其踶齧也。」

[5] 見《史記·貨殖傳》。

[6] 見《史記·敘傳》。

[7] 見《史記·西域傳》。

[8] 見《新唐書·兵志》。

[9] 見《魏書·世宗本紀》。

[10] 見《元史·元世祖本紀》。陳垣《日知錄校注》:「魏、元皆異族入主,故禁馬。」

[11] 見《太宗實錄》卷二十。

[12] 見《仁宗實錄》卷六上。

[13] 見《宣宗實錄》卷七十八。

【點評】

　　馬政,在歷屆王朝中,都是一件大事。第一、國家需要騎兵,而騎兵不可缺少馬;第二、國家需要信息的傳遞,而傳遞在舊時代主要靠馬;第三、社會生活包括農業生產,馬牛騾都是需要的;第四,歷代周邊少數民族在畜牧方面較中原以農業為主的漢人,一直處在領先地位,如何從周邊交換到馬,也是歷代統治者很花費心思的問題。所以,顧炎武在《日知錄》中寫「馬政」一條,是切合「經世濟用」的原則的。但不曉得由於什麼原因,這一條寫的比較粗略,如(一)宋代廢除設在各地的「監」(官馬場),將馬攤到民間養育,這是由漢唐嚮明朝發展過程中的一個大轉折點,而本條劄記未提:(二)對於人民養馬,歷朝政府可以採取幾種不同的態度,如禁斷;鼓勵;作為一種徭役進行剝削。本條劄記,主流是記載了鼓勵,也提到了禁斷,對徭役性質,則未提及,是一缺憾。其實,在作者本人纂輯的《天下郡國利病書》裏,在「北直隸」(今河北)部分裏倒記載了一些情況。〔註7〕

　　這是顧炎武的馬政論。馬政,亦作「馬正」,指我國歷代政府對官用馬匹的牧養、訓練、使用和採購等的管理制度。《禮記·月令》:「(季秋之月)天子乃教於田獵,以

〔註7〕趙儷生:《趙儷生文集》第三卷,蘭州大學出版社2002年版,第224～225頁。

習五戎，班馬政。」孔穎達疏：「班馬政者，謂班布乘馬之政令。」《呂氏春秋‧仲夏》：「遊牝別其群，則縶騰駒，班馬正。」《淮南子‧時則訓》引此文作「馬政」。宋李綱《建炎進退志總敘下之上》：「朝廷討論監牧之制，修復馬政。」《明史‧太祖紀三》：「丁卯，置行太僕寺於山西、北平、陝西、甘肅、遼東，掌馬政。」北方異族多是馬背上的民族，他們利用騎兵的優勢，長驅直入，待他們入主中原之後，往往又採取禁馬的策略。有鑑於此，顧炎武主張「修漢、唐復馬之令」。誠如趙儷生先生所評：「這一條寫的比較粗略。」

驛傳 [1]

《續漢‧輿服志》曰：「驛馬三十里一置。」[2]《史記》：「田橫乘傳詣洛陽，未至三十里，至尸鄉廄置。」[3] 是也。唐制亦然。《唐書‧百官志》：「凡三十里有驛。」白居易詩：「從陝至東京，今陝州至河南府。山低路漸平。風光四百里，在今代為三百里。車馬十三程。」[4] 是也。其行或一日而馳十驛。岑參詩：「一驛過一驛，驛騎如星流。平時發咸陽，暮及隴山頭。」[5] 韓愈詩：「銜命山東撫亂師，日馳三百自嫌遲。」[6] 是也。又如天寶十四載十一月丙寅，安祿山反於范陽，壬申聞於行在所 [7]。時上在華清宮，六日而達。至德二載九月癸卯，廣平王收西京。甲辰，捷書至行在 [8]。時上在鳳翔府，一日而達。而唐制敕書日行五百里，則又不止於十驛也。古人以置驛之多，故行速而馬不弊。後人以節費之說，歷次裁併，至有七八十里而一驛者。馬倒官逃，職此之故。盍一考之前史乎？且如通州潞河驛四十里至夏店驛，五十里至公樂驛，五十里至薊州漁陽驛。今以夏店、公樂二驛並於三河，則一驛七十里矣，豈不勞乎？又如定州永定驛五十里至西樂驛，四十五里至伏城驛，四十里至真定府恒山驛，猶仍舊貫。使並為三驛，亦必不堪其弊矣。

古人以三十里為一舍。《左傳》：「楚子入鄭，退三十里而許之平。」[9] 注以為「退一舍」。而《詩》言：「我服既成，於三十里」[10]《周禮‧遺人》：「三十里有宿，宿有路室。」[11] 然則漢人之驛馬三十里一置，有自來矣。

國初 [12]，凡驛皆有倉。洪熙元年六月丙辰 [13]，河南新安知縣陶鎔奏：「縣在山谷，土瘠民貧，遇歲不登，公私無措。惟南關驛有儲糧，臣不及待報，借給貧民一千七百二十八石。」[14] 上嘉其稱職。即此一事，而當時儲畜之裕，法令之寬，賢尹益下之權，明主居高之聽，皆非後世之所能及矣。然則驛之有倉，不但以供賓客使臣，而亦所以待凶荒艱厄，實《周禮》遺人之掌也 [15]。帖括後生何足以知先王之政哉！

今時十里一鋪，設卒以遞公文。《金史》：「泰和六年，初置急遞鋪，腰鈴傳遞，日行三百里。」《大名府志》：唐有銀牌，宋熙寧有金字牌，急腳遞。岳飛奉詔班師，一日中十二金字牌是也。《孟子》所云「置郵而傳命」[16]，蓋古已有之。《史記》：「白起既行，出咸陽西門十里，至杜郵。」[17]《漢書‧黃霸傳》注：「師古曰：郵亭書舍，謂傳送文書所止處。」[18]

【注釋】

[1] 驛傳：傳舍；驛站。為我國歷代封建政府供官員往來和遞送公文用的交通機構，又為封建制度下對平民的一種徭役。清末舉辦郵局之後始廢除驛傳制度。

[2] 見《續漢書‧輿服志上》。驛馬：驛站供應的馬。供傳遞公文者及來往官員使用。《清史稿‧兵志十二》：「驛置肇自前漢，歷代因之。清沿明制，設驛馬，為額四萬三千三百有奇。」

[3] 見《史記‧田儋列傳》。

[4] 見《全唐詩》卷四四八，白居易詩《從陝至東京》。

[5] 見《全唐詩》卷一九八，岑參詩《初過隴山途中呈宇文判官》。

[6] 見《全唐詩》卷三四四，韓愈詩《鎮州路上謹酬裴司空相公重見寄》。

[7] 見《舊唐書‧玄宗紀》。行在所：指天子所在的地方。

[8] 見《舊唐書‧肅宗紀》。捷書：軍事捷報。

[9] 見《左傳》宣公十二年。

[10] 見《詩經‧小雅‧六月》。

[11] 見《周禮‧地官》。

[12] 「國初」，潘刻本未改。

[13] 洪熙元年，即公元 1425 年。

[14] 見《宣宗實錄》卷二。

[15] 遺人：周代官名。地官之屬。掌管救濟、接待之事。《周禮‧地官‧遺人》：「掌邦之委積，以待施惠。鄉里之委積，以恤民之艱厄；門關之委積，以養老孤；郊裏之委積，以待賓客；野鄙之委積，以待羈旅；縣都之委積，以待凶荒。」《晉書‧地理志上》：「遺人則十里有廬，廬有飲食。」明唐順之《鎮江丹徒縣洲田碑記》：「古有遺人，掌客道路委積、賓旅廩餼之奉，其費一出於官。」

[16] 見《孟子‧公孫丑上》。

[17] 見《史記‧白起王翦列傳第十三》。《史記索隱》：故咸陽城在渭北。杜郵，今在咸陽城中。《史記‧正義》：《說文》云「郵，境上行捨」，道路所經過。今咸陽

縣城，本秦之郵也，在雍州西北三十五里。

[18] 見《漢書·循吏傳》。

【點評】

歷史現象，總是要表現它自身變異的多樣性。三十里一驛，這是歷史現象的主流；主流之外，尚有多樣性表現。如「驛」之外，復有「塘」。嘗見乾隆修《甘州府志》曰，三十里曰「驛」，四十里曰「塘」，取其遞送之速。明末農民大起義時代，政府起義雙方軍報，均曰「塘報」，即含軍用快遞之意。再者，俞樾（曲園）引《詩·毛傳》和《荀子·大略篇》有「吉行五十里」之句，可證古來有日行五十里之制，非僅三十里也（《日知錄小箋》）。〔註8〕

明代首席大學士張居正《請蠲積逋以安民生疏》曰：「邇年以來，仰荷聖慈，軫念元元，加意周恤，查驛傳，減徭編，省冗員，懲貪墨。」將查驛傳列為首要任務，可見驛傳在當時軍政之地位。「帖括後生何足以知先王之政哉」，既是顧炎武對科舉制度的控訴，也是他對先王之政的嚮往。

〔註8〕趙儷生：《趙儷生文集》第三卷，蘭州大學出版社2002年版，第227頁。

《日知錄》卷十一

銀

　　唐宋以前，上下能行之貨，一皆以錢而已，未嘗用銀。《漢書·食貨志》言：「秦併天下，幣為二等，而珠玉、龜貝 [1]、銀錫之屬為器飾寶藏，不為幣。」孝武始造白金三品 [2]，尋廢不行。謝肇淛曰：「漢銀八兩，值錢一千，當時銀賤而錢貴。今銀一兩，即直千錢矣。」[3]《舊唐書》：憲宗元和三年六月，詔曰：「天下有銀之山，必有銅礦。銅者，可資於鼓鑄；銀者，無益於生人。其天下自五嶺以北，見採銀坑，並宜禁斷。」[4] 李德裕為浙西觀察使，奏云：去二月中，奉宣令進盝子，計用銀九千四百餘兩，其時貯備都無二三百兩 [5]。然考之《通典》，謂「梁初唯京師及三吳、荊、郢、江、湘、梁、益用錢，其餘州郡則雜以穀帛交易。交廣之域，則全以金銀為貨」[6]。而唐韓愈奏狀亦言，五嶺買賣一以銀 [7]。元稹奏狀言：「自嶺已南，以金銀為貨幣。自巴已外，以鹽、帛為交易。黔巫溪峽用水銀、朱砂、繒綵、巾帽，以相市。」[8] 杜氏《通典》載：「唐度支歲計之數，粟則二千五百餘萬石，布、絹、綿則二千七百餘萬端、屯、疋，錢則二百餘萬貫。」[9] 未嘗有銀。其土貢則貴州貢銀百兩，鄂、新、黨三州各貢銀五十兩，賀州貢銀三十兩，邵、端、昭、潘、辨、高、龔、潯、嚴、封、春、羅、牢、竇、橫、象、瀧、藤、平、琴、廉、義、柳、勒、康、恩、崖、萬安二十七州 [10]，各貢銀二十兩。是唐人以銀為貢，而不以為賦也。張籍詩：「海國戰騎象，蠻州市用銀。」[11]《宋史·仁宗紀》：「景祐二年，詔諸路歲輸緡錢 [12]，福建、二廣易以銀，江東以帛。」於是有以銀當緡錢者矣。《金史·食貨志》：「舊例銀每鋌五十兩，其直百貫。民間或有截鑿之者，其價亦隨低昂 [13]。遂改鑄銀，名承安寶貨，一兩至十兩分五等，每兩折錢二貫，公私同見錢用。」又：「更

造興定寶泉，每貫當通寶五十。又以綾印製元光珍貨，同銀鈔及餘鈔行之。行之未久，銀價日貴，寶泉日賤，民但以銀論價。至元光二年，寶泉幾於不用。哀宗正大間，民間但以銀市易。」此今日上下用銀之始。

今民間輸官之物皆用銀，而猶謂之錢糧。蓋承宋代之名，當時上下皆用錢也。

國初所收天下田賦，未嘗用銀，惟坑冶之課有銀 [14]。《實錄》於每年之終記所入之數，而洪武二十四年，但有銀二萬四千七百四十兩；至宣德五年，則三十二萬二百九十七兩，歲辦視此為率 [15]。當日國家固不恃銀以為用也。至正統三年，以採辦擾民，始罷銀課，封閉坑穴，而歲入之數不過五千有餘。九年閏七月戊寅朔，復開福建、浙江銀場，乃倉米折輸變賣，無不以銀。後遂以為常貨，蓋市舶之來多矣 [16]。

《太祖實錄》：「洪武八年三月辛酉朔，禁民間不得以金銀為貨交易，違者治其罪，有告發者，就以其物給之。」[17] 其立法若是之嚴也。九年四月己丑，「許民以銀鈔錢絹代輸今年租稅」[18]。十九年三月己巳詔：「歲解稅課錢鈔，有道里險遠難致者，許易金銀以進。」[19] 五月己未詔：「戶部以今年秋糧，及在倉所儲，通會其數，除存留外，悉折收金銀、布絹、鈔定輸京師。」[20] 此其折變之法雖暫行 [21]，而交易之禁亦少弛矣。

「正統元年八月庚辰，命江南租稅，折收金帛。《會典》言：浙江、江西、湖廣三布政司，直隸蘇、松等府。先是，都察院右副都御史周銓奏：『行在各衛官員俸糧，在南京者差官支給，本為便利。是時京官俸糧，並於南京支給。但差來者，將各官俸米，貿易物貨，貴買賤酬，十不及一。朝廷虛費廩祿，百官不得實惠。請令該部會議，歲祿之數，於浙江、江西、湖廣、南直隸不通舟楫之處，各隨土產，折收布絹白金，赴京充俸。』巡撫江西侍郎趙新亦言：『江西屬縣，有僻居深山，不通舟楫者，歲齎金帛，於通津之處易米上納南京。設遇米貴，其費不貲。今行在官員俸祿，於南京支給，往返勞費，不得實用。請令江南屬縣量收布絹或白金，類銷成錠，運赴京師，以准官員俸祿。』少保兼戶部尚書黃福亦有是請。至是行在戶部復申前議。上曰：『祖宗嘗行之否？』尚書胡濙等對曰：『太祖皇帝嘗行於陝西，每鈔二貫五百文，折米一石；黃金一兩，折二十石；白金一兩，折四石；絹一匹，折一石二斗；布一匹，折一石。各隨所產，民以為便。後又行於浙江，民亦便之。』上遂從所請，每米麥一石，折銀二錢五分。遠近稱便。然自是倉廩之積少矣。」已上《實錄》全文。[22]

　　二年二月甲戌，「命兩廣、福建當輸南京稅糧，悉納白金。有願納布絹者聽」。於是巡撫南直隸、行在工部侍郎周忱奏：「官倉儲積有餘。」[23] 其年十月壬午，「遣行在通政司右通政李畛，往蘇、松、常三府，將存留倉糧七十二萬九千三百石有奇，賣銀准折官軍俸糧」[24]。三年四月甲寅，「命糶廣西、雲南、四川、浙江陳積倉糧」[25]。遂令軍民無挽運之勞 [26]，而困庾免陳紅之患 [27]，誠一時之便計也。

　　自折銀之後，不二三年，頻有水旱之災，而設法勸借至千石以上，以賑凶荒者，謂之義民，詔復其家。至景泰間，納粟之例，紛紛四出，相傳至今，而國家所收之銀，不復知其為米矣。

　　《唐書》言：「天寶中，海內豐熾，州縣粟帛舉鉅萬。楊國忠判度支，因言古者二十七年耕，餘九年食。今天下太平，請在所出滯積，變輕齎，內富京師。又悉天下義倉及丁租地課，易布帛以充天子禁藏。」[28] 當日諸臣之議，有類於此，踵事而行，不免太過，相沿日久，內實外虛。至崇禎十三年，郡國大祲 [29]，倉無見粟，民思從亂，遂以亡國。

　　宣德中，以邊儲不給 [30]，而定為納米贖罪之令，其例不一。正統三年八月，「從陝西按察使陳正倫之請，改於本處納銀，解邊易米。雜犯死罪者，納銀三十六兩；三流，二十四兩；徒五等，視流遞減三兩；杖五等，一百者六兩，九十以下及笞五等，俱遞減五錢。」[31] 此今日贖鍰之例所由始也 [32]。

　　正統十一年九月壬午，「巡撫直隸工部侍郎周忱言：『各處被災，恐預備倉儲賑濟不敷，請以折銀糧稅，悉徵本色，於各倉收貯。俟青黃不接之際，出糶於民，以所得銀上納京庫。則官既不損，民亦得濟。』從之。」[33] 此文襄權宜變通之法，所以為一代能臣也。

【注釋】

[1] 龜貝：龜甲和貝殼。古代亦用作貨幣，至秦而廢。《史記·平準書論》：「農工商交易之路通，而龜貝、金錢、刀布之幣興焉。」

[2] 白金：古指銀子。亦指銀合金的貨幣。《管子·揆度》：「燕之紫山白金，一策也。」《漢書·武帝紀》：「收銀錫造白金及皮幣以足用。」

[3] 文見《五雜組》卷十二。按陳垣《校注》：「初刻無此注。」

[4] 見《舊唐書·食貨志》。

[5] 見唐李德裕《奏銀妝具狀》。盦子：古代小型妝具。常多重套裝，頂蓋與盦體相連，呈方形，蓋頂四周下斜。多用作藏香器或盛放璽印、珠寶。

[6] 見《通典‧食貨典‧錢幣下》。

[7] 見韓愈《錢重物輕狀》。

[8] 見《長慶集》卷三四《錢貨議狀》。

[9] 見《通典‧食貨典‧賦稅下》。

[10]「二十七州」，當為「二十八州」，統計有誤。

[11] 見《全唐詩》卷三八四，張籍詩《送南遷客》。

[12] 緡錢：指以千文結紮成串的銅錢，漢代作為計算稅課的單位。後泛指稅金。

[13] 低昂：指價格的貴賤。

[14] 坑冶：唐宋以來稱金屬礦藏的開採與冶煉。亦泛指礦藏。

[15] 見《宣宗實錄》卷七四。

[16] 市舶：古代中國對中外互市商船的通稱。亦指海外貿易。

[17] 見《太祖實錄》卷九八。

[18] 見《太祖實錄》卷一〇五。

[19] 見《太祖實錄》卷一七七。

[20] 見《太祖實錄》卷一七八。

[21] 折變：宋代謂所徵實物以等價改徵他物。宋王安石《乞制置三司條制》：「又憂
年計之不足，則多為支移折變，以取之民，納租稅數至或倍其本數。」《宋史‧
食貨志上二》：「（賦稅）入有常物，而一時所需，則變而取之，使其直輕重相當，
謂之折變。」

[22] 見《英宗實錄》卷二一。

[23] 見《英宗實錄》卷二七。

[24] 見《英宗實錄》卷三五。

[25] 見《英宗實錄》卷四一。

[26] 挽運：猶運輸。

[27] 囷庾：糧倉。陳紅：《史記‧平準書》：「太倉之粟，陳陳相因，充溢露積於外，
至腐敗不可食。」《漢書‧賈捐之傳》：「太倉之粟紅腐而不可食。」顏師古注：
「粟久腐壞，則色紅赤也。」後因以「陳紅」指陳年的穀類。

[28] 見《新唐書‧楊國忠傳》。

[29] 大祲：大饑荒。《穀梁傳‧襄公二十四年》：「五穀不升謂之大侵。」

[30] 邊儲：指邊防用的儲備糧食或物資。

[31] 見《英宗實錄》卷四五。

[32] 贖鍰：贖罪的銀錢。明沈德符《野獲編‧列朝二‧朝覲官進獻》：「近以國用匱乏，議加田賦、加關稅，以至搜索贖鍰。」

[33] 見《英宗實錄》卷一四五。

【點評】

　　這段主旨是講，在宋末、金、元以前，銀在制貨幣原料方面，並不占重要地位。金、元以後直至明、清，銀作為貨幣用金屬，越來越重要了。文內所引杜佑《通典》及元積奏狀諸條，讀者值得重視起來，因為它反映中國一直是個大國，經濟發展程度和經濟發展表現情況，因地域而異。有的地域已經使用金銀，有的地域則使用銅錢，有的地域則在半自然經濟狀態，雜用穀帛。所以在講述某一歷史段落的經濟時，要留意地域間的不平衡性，不可用「一刀切」的辦法去處理。〔註1〕

　　魏源《軍儲篇一》論開源之利曰：「何謂開源之利？食源莫如屯墾，貨源莫如採金與更幣。語金生粟死之訓，重本抑末之誼，則食先於貨；語今日緩本急標之法，則貨又先於食。請先言其急者：人知中國之銀出漏於外洋，而不知自昔中國之銀大半來於外洋，外洋之用銀幣亦先於中國。何者？宋、明以前，銀不為幣，幣惟黃金及銅。而《漢書‧西域傳》：罽賓、安息、條支瀕海諸國，皆以金、銀為錢，文為騎馬，幕為面，或文為王面，幕為夫人面。幕者錢背。《唐西域記》：龜茲國、睹賀羅國、迦畢試國其貨皆用金銀錢，及小銅錢，印度兼用金銀貝珠。是西域上古即用銀幣，先於中國數千年。……中國自古開場，採銅多而採銀少。今則云、貴之銅礦多竭，而銀礦正旺。銀之出於開採者十之三四，而來自番舶者十之六七。中國銀礦已經開採者十之三四，其未開採者十之六七。天地之氣，一息一消，一汐一潮。銀來番舶數千年，今復為番舶收之而去，則中國寶氣之秘，在山川者數千年，亦必今日而當開。中國爭用西洋之銀錢，昂於內地之銀值，則中國銀幣行之數百年，亦必因時而當變。」魏源之學與顧炎武《日知錄》可謂一脈相承，但視野更加開闊，因彼睜眼看世界之故。

　　顧炎武並非墨守成規，而是主張權宜變通之法。

以錢為賦

　　《周官‧太宰》：「以九賦斂財賄。」[1] 注：「財，泉穀也。」[2] 又曰：「賦，口率出泉也。」[3]《荀子》言：「厚刀布之斂，以奪之財。」[4] 而漢律有口算[5]。此則以錢為賦，自古有之，而不出於田畝也。唐初，租出穀，庸出絹，調出繒布，未用錢[6]。自兩稅法行[7]，遂以錢為惟正之供矣。

〔註1〕趙儷生：《趙儷生文集》第三卷，蘭州大學出版社2002年版，第291頁。

　　《孟子》有言：「聖人治天下，使有菽粟如水火。菽粟如水火，而民焉有
不仁者乎？」[8] 由今之道，無變今之俗，雖使餘糧棲畝 [9]，斗米三錢，而輸
將不辦 [10]，婦子不寧，民財終不可得而阜 [11]，民德終不可得而正。何者？
國家之賦，不用粟而用銀，捨所有責所無故也。夫田野之氓，不為商賈，不為
官，不為盜賊，銀奚自而來哉？此唐宋諸臣每致歎於錢荒之害，而今又甚焉。
非任土以成賦 [12]，重穡以帥民，而欲望教化之行，風俗之美，無是理矣。

　　《白氏長慶集・策》曰：「夫賦斂之本者，量桑地以出租，計夫家以出庸。
租庸者，穀帛而已。今則穀帛之外，又責之以錢。錢者，桑地不生；銅，私家
不敢鑄。業於農者何從得之？至乃吏胥追徵，官限迫蹙 [13]，則易其所有以赴
公程。當豐歲則賤糶半價，不足以充緡錢。遇凶年則息利倍稱，不足以償逋債
[14]。豐凶既若此，為農者何所望焉？是以商賈大族乘時射利者日以富豪，田
壄罷人望歲勤力者日以貧困。勞逸既懸，利病相誘，則農夫之心盡思釋耒而倚
市 [15]，織婦之手皆欲投杼而刺文。至使田卒汙萊 [16]，室如懸罄 [17]。人力
罕施，而地利多鬱；天時虛運，而歲功不成。臣嘗反覆思之，實由穀帛輕而錢
刀重也。夫糴甚貴，錢甚輕，則傷人；糴甚賤，錢甚重，則傷農。農傷則生業
不專，人傷則財用不足。故王者平均其貴賤，調節其重輕，使百貨通流，四人
交利 [18]，然後上無乏用，而下亦阜安 [19]。方今天下之錢日以減耗，或積於
國，或滯於私家。若復日月徵取，歲時輸納 [20]，臣恐穀帛之價轉賤，農桑之
業轉傷，十年以後，其弊必更甚於今日矣。今若量夫家之桑地，計穀帛為租庸，
以石斗登降為差，以匹丈多少為等，但書估價，並免稅錢，則任土之利載興，
易貨之弊自革。弊革則務本者致力，利興則趨末者迴心。游手於道途市肆者，
可易業於西成 [21]；託跡於軍籍、釋流者，可返躬於東作 [22]。所謂下令如流
水之原，係人於包桑之本者矣 [23]。」[24]

　　《贈友詩》曰：「私家無錢爐，平地無銅山。胡為秋夏稅，歲歲輸銅錢！
錢力日已重，農力日已殫。賤糶粟與麥，賤貿絲與綿。歲暮衣食盡，焉得無飢
寒？吾聞國之初，有制垂不刊。庸必算丁口，租必計桑田。不求土所無，不強
人所難。量入以為出，上足下亦安。兵興一變法，兵息遂不還。使我農桑人，
憔悴畎畝間。誰能革此弊，待君秉利權。復彼租庸法，令如貞觀年。」[25]

　　《李翱集》有《疏改稅法》一篇，言：「錢者，官司所鑄；粟帛者，農之
所出。今乃使農人賤賣帛，易錢入官，是豈非顛倒而取其無者邪？由是豪家大
商皆多積錢，以逐輕重。故農人日困，末業日增 [26]。請一切不督見錢，皆納

布帛。」[27]

宋時歲賦亦止是穀帛。其入有常物，而一時所需則變而取之，使其直輕重相當，謂之折變。熙寧中，張方平上疏言：「比年公私上下，並苦乏錢。又緣青苗、助役之法，農民皆變轉穀帛，輸納見錢。錢既難得，穀帛益賤。人情窘迫，謂之錢荒。」[28] 司馬光亦言：「江淮之南，民間乏錢，謂之錢荒。」[29] 蘇軾亦言：「免役之害，聚斂民財於上，而下有錢荒之患。」[30] 紹熙元年，臣僚言：「古者賦出於民之所有，不強其所無。今之為絹者，一倍折而為錢，再倍折而為銀。銀愈貴，錢愈難得，谷愈不可售。使民賤糴而貴折，則大熟之歲反為民害。願詔州郡，凡多取而多折者，重置於罰。民有糴不售者，令常平就糴，異時歲歉，平價以糴。庶於民無傷，於國有補。」[31] 從之。而真宗時，知袁州何蒙請以金折本州二稅，上曰：「若是將盡廢耕農矣。」[32] 不許。是宋時之弊亦與唐同，而折銀之見於史者，自南渡後始也。

解縉《太平十策》言：「及今豐歲，宜於天下要害之處，每歲積糧若干。民樂近輸，而國受長久之利，計之善者也。」[33] 愚以為 [34]，天下稅糧當一切盡徵本色。除漕運京倉之外，其餘則儲之於通都大邑。而使司計之臣略仿劉晏之遺意，量其歲之豐凶，稽其價之高下，糴銀解京，以資國用。一年計之不足，十年計之有餘。小民免稱貸之苦，官府省敲撲之煩 [35]，郡國有凶荒之備，一舉而三善隨之矣。

【注釋】

[1] 九賦：周代的九類賦稅。《周禮·天官·大宰》：「以九賦斂財賄：一曰邦中之賦，二曰四郊之賦，三曰邦甸之賦，四曰家削之賦，五曰邦縣之賦，六曰邦都之賦，七曰關市之賦，八曰山澤之賦，九曰幣餘之賦。」鄭玄注：「邦中在城郭者，四郊去國百里，邦甸二百里，家削三百里，邦縣四百里，邦都五百里，此平民也。關市、山澤謂占會百物，幣余謂占賣國中之斥幣，皆未作當增賦者。」前六種賦稅皆以地區遠近為區別，徵土地產物；關市之賦徵商旅稅；山澤之稅徵礦、漁、林業稅；幣餘之賦指不屬以上各類的其他賦稅。後以「九賦」泛指各類賦稅。

[2] 泉：古代錢幣的名稱。原注：「古錢字。」《周禮·地官·司徒》「泉府上士四人」鄭玄注引漢鄭司農曰：「故書泉或作錢。」賈公彥疏：「泉與錢，今古異名。」《漢書·食貨志下》：「故貨，寶於金，利於刀，流於泉。」顏師古注引如淳曰：「流行如泉也。」《金史·食貨志三》：「錢之為泉也，貴流通而不可塞。」

[3] 口率：按人口比例。《周禮‧天官‧太宰》「九曰弊餘之賦」鄭玄注：「賦，口率出泉也。」

[4] 見《荀子‧富國篇》。刀布：古代貨幣。《管子‧國蓄》：「先王為其途之遠，其至之難，故託用於其重：以珠玉為上幣，以黃金為中幣，以刀布為下幣。」

[5] 口算：按人口徵收的賦稅。

[6] 租庸調：唐代對受田課丁征派的三種賦役的並稱。導源於北魏到隋代的租、調、力役制度。凡丁男授田一頃，歲輸粟二斛、稻三斛，謂之租；歲輸絹二匹，綾、絁二丈，布加五之一，綿三兩，麻三斤，非蠶鄉則輸銀十四兩，謂之調；役人力，歲二十日，閏加二日，不役者日納絹三尺，謂之庸，有事而加役二十五日者免調，三十日租調皆免。唐開元末年均田制破壞，這種承襲北魏的賦役制度漸不適用；安史之亂後，為兩稅法所代替。

[7] 兩稅法：唐德宗建中元年（780），宰相楊炎建議頒行「兩稅法」。兩稅法是以原有的地稅和戶稅為主，統一各項稅收而制定的新稅法。由於分夏、秋兩季徵收，所以稱為「兩稅法」。兩稅法是對當時賦役制度較全面的改革。

[8] 見《孟子‧盡心上》。

[9] 棲畝：《子思子》曰：「東戶季子之時，道上雁行而不拾遺，耕耨餘糧宿諸畝首。」後遂以「棲畝」謂將餘糧存積田畝之中，以頌豐年盛世。

[10] 輸將：指繳納賦稅。宋王安石《酬王詹叔奉便江東訪茶法利害見寄》詩：「輸將一不足，往往死鞭扭。」明李廷機《鹽政考》：「令商自為辦，而國不聞輸將之費，士飽馬騰，扞圉強固，則國利也。」

[11] 阜：豐厚，富有。

[12] 任土：即任土作貢，依據土地的具體情況，制定貢賦的品種和數量。《尚書‧禹貢序》：「禹別九州，隨山濬川，任土作貢。」偽孔傳：「任其土地所有定其貢賦之差。」《漢書‧地理志上》：「水土既平，更制九州，列五服，任土作貢。」黃宗羲《明夷待訪錄‧田制三》：「古者任土作貢，雖諸侯而不忍強之以其地之所無，況於小民乎！」

[13] 迫蹙：催逼，催促。

[14] 逋債：猶欠債。

[15] 釋耒：放下農具。謂停止耕作。倚市，亦作「倚市門」，謂經營商業，出典見《史記‧貨殖列傳》：「夫用貧求富，農不如工，工不如商，刺繡文不如倚市門。」

[16] 污萊：謂田地荒廢。《詩‧小雅‧十月之交》：「徹我牆屋，田卒汙萊。」毛傳：

「下則污，高則萊。」王先謙《詩三家義集疏》：「卒，盡也。田不治則下者污而水穢，高者萊而草穢。」

[17] 懸磬：形容空無所有，極貧。《國語‧魯語上》：「室如懸磬，野無青草，何恃而不恐？」

[18] 四人：四民。士農工商，是謂四民。唐代避太宗諱，率謂「民」為「人」。

[19] 阜安：富足安寧。

[20] 輸納：繳納。

[21] 西成：謂秋天莊稼已熟，農事告成。《尚書‧堯典》：「平秩西成。」孔穎達疏：「秋位在西，於時萬物成熟。」

[22] 東作：謂春耕。《尚書‧堯典》：「寅賓出日，平秩東作。」偽孔傳：「歲起於東，而始就耕，謂之東作。」

[23] 包桑：苞桑。叢生的桑根。語出《否》九五：「其亡其亡，繫於苞桑。」

[24] 見《白氏長慶集》卷四六《息遊墮策》。

[25] 見《白氏長慶集》卷二。

[26] 末業：古代指手工業、商業。與稱為「本業」的農業相對。

[27] 見《李文公集》卷九。

[28] 見張方平《樂全集》卷二六。

[29] 見《宋史‧食貨志》。

[30] 見《經進東坡文集》卷三一。

[31] 見《宋史‧食貨志》。

[32] 見《宋史‧食貨志》。

[33] 見《解文毅公集》卷一。

[34] 愚，顧炎武謙稱。

[35] 敲撲：鞭打的刑具，短曰敲，長曰撲。亦指敲打鞭笞。

【點評】

顧炎武雖是十七世紀最大的史學家，但受了時代的侷限，他對歷史發展的宏觀，不免有其不足之處。其不足之處在於，他對自然經濟與貨幣經濟的互為轉化，未曾著重地留意，而牢牢抱住中古自然經濟，認為它是最完善的，對農民最有利的。什麼是自然經濟？自然經濟是指以商品、貨幣、交換相對不發達為條件的、以個體農業與個體手工業牢固結合為特徵的一種經濟。這種經濟的好處，是容易保持社會生產和秩序的穩定性，而其缺點則是容易使社會停滯，不容易向發展道路衝出新的方向。與此相

反，商品貨幣經濟，雖然一方面有著引發投機倒把、高利盤剝、官吏加緊貪污腐化的種種弊病，但其優點是能帶動社會前進的腳步，提高社會各方面生產量的增高，在最終結點上提高人民（也包括農民在內）的生活水平。單以農民說，自然經濟給他帶來的是眼前利益，不需要在繳納租稅時忍痛把糧食和絹帛賣掉，折成錢和銀子。但貨幣經濟卻可以給他帶來發展中的利益，如晚明時候一些農民轉化成經營性的商品性農產品的生產者，既促進了社會繁榮，又使自己發了家、致了富。顧氏熟悉江南情況，對此新動向不能說是一無所知。但他對唐中葉的「兩稅法」改革和北宋王安石的改革，卻一直採取反對的態度。中國封建社會經歷明初的封閉和凍結，比唐中期以後和宋朝，不覺又凝固、沉滯了許多，所以顧氏主張把糧食存儲在地方上（這跟他政治上的「地方分權論」恰好一致），只把少量糧食由官吏折成銀錢上繳中央政府。試想在皇權日益威猛、貴族大官日益貪污侈靡的情況下，敲骨剝髓之不足，折這麼一點銀錢夠支付嗎？所以，顧氏的這段議論，跟解縉的議論一樣，到頭來不過是一種書生之見罷了。〔註2〕

司馬光《應詔言朝政闕失狀》云：「臣唯今日之闕政，其大者有六：一曰廣散青苗錢，使民負債日重，而縣官實無所得；二曰免上戶之役，斂下戶之錢，以養浮浪之人；三曰置市易，與細民爭利，而實耗物貨；四曰中國未治，而侵擾四夷，得少失多；五曰結保甲，教習兇器，以疲擾農民；六曰信狂狡之人，妄興水利，勞民費財。而六者之中，青苗、免役錢為害尤大，何則？力者，民所生而有；穀帛，民可耕桑而得；至於錢，則縣官之所鑄，民不得私為。自古農民不過出力役，稅不過穀帛。唐末兵興，始有稅錢者，故白居易詩云：『私家無錢爐，平地無銅山。』言責民以所無也。今有司立法，唯錢是求。民值豐歲，賤糶其穀以輸官，至凶年無穀可糶，吏責其錢不已，欲賣田則家家賣田，欲賣屋則家家賣屋，欲賣牛則家家賣牛，無田可售，不免伐桑棗，撤屋材，賣其薪，或殺牛賣其肉，得錢以輸官。一年如此，明年將何以為生乎？故自行新法以來，農民尤被其害者，皆斂錢之咎也。今天下北盡塞表，東被海涯，南踰江淮，西及卭蜀，連歲亢旱，種穀不入。民採木實草根以延朝夕之命，州縣方督迫青苗、免役錢，鞭笞縲紲，唯恐不逮。婦子遑遑如在湯火，呼天號泣，無復生望。臣恐鳥窮則啄，獸窮則攫，起為盜賊，彌漫山野，州縣不能禁，官軍不能討。當此時方議除去新法，亦何益哉！事勢如此，而廟堂方晏然，自謂太平之業，八九已成。此臣所謂痛心疾首，忘寢與食者也。今陛下詔書已知前日之失，而於新法無所變更，是猶臨鼎哀魚之爛而益其薪，終何補乎？伏望斥遠阿諛，收還威柄；青苗錢勿復散，其已散者分

〔註2〕趙儷生：《趙儷生文集》第三卷，蘭州大學出版社2002年版，第294～295頁。

數年催納，不收利息；盡除免役錢，復差役如舊；罷市易務，其所積貨物依元價出賣，所欠官錢，亦除利催本；罷拓土開境之兵，息保甲教閱，使服田力穡；所興修水利，凡利少害多者悉罷之。如此則中外歡呼，上下感悅，雨必沾洽矣。臣今年衰疾寖增，恐一旦溘先朝露，是以冒死一為陛下言之。倘復不之信，則天也。臣不敢復言矣。」

劉摯《乞復錢禁疏》曰：「先王之制錢幣也，所以御萬物，通有無，而調虛盈，人主之所操，天下之利勢也。鼓鑄之權，一制於公上而下不得私之。其發散交易，流佈運用，雖積於公，或藏於民，轉徙出入之不常，而要皆為縣官之物，使不出於中國用爾。是以銷毀之奸，散泄之弊，不可以無禁也。天下諸路監冶所鑄，入於王府，歲亡憂數十百萬緡。自國朝以來，積而至此，其數幾何？謂宜公私沛然有餘裕矣。然今都內之藏，既不聞於貫朽；而民間乏匱，時或謂之錢荒。此何謂也？其故大者在泄之於四夷而已。曩時著令，銅錢出中國界者，數及一貫，其罪抵死。立重賞以告捕，而居停資給與夫官吏之失檢察者，皆罪有差。今熙寧制刪去此條，而徒聞沿邊有每貫稅之之令。利之所在，民不憚於犯法，前日殺之猶莫能制，況遂弛其令者？使四夷不勞而獲中國之利以為利，三邊之所漏，海舶之所運，日積一日，臣恐竭吾貨財，窮吾功力，不足以給之。而區區之算稅，權其得失，何啻相萬哉！夫錢以銅為本，銅之必禁，前世固已有禍福之論。今朝廷方增置錢冶，而刪去銅令，官之所積，日益發散，民間得以買賣，肆為器用，以牟厚利。蓋非獨失銅而已也，而又至於銷毀法錢，蓋緣錢者和煉之已精，其工費尤簡，變而成器，又有數倍之利。然則既泄之，又壞之，欲錢之充溢不可校如古之盛，理宜無有也。故臣愚欲乞申嚴邊制，以塞流散之路；復立銅禁，以蕃鼓鑄之本，而息銷毀之患。取進止。」

顧炎武《錢糧論》略曰：古天下之所為富者，菽粟而已。為其交易也，不得已而以錢權之。然自三代以至於唐，所取於民者，粟帛而已。自楊炎兩稅之法行，始改而徵錢，而未有銀也。《漢志》言秦幣二等，而銀錫之屬施於器飾，不為幣。自梁時始有交廣以金銀為貨之說。宋仁宗景祐二年，始詔諸路歲收緡錢，福建、二廣易以銀，江東以帛。所以取之福建、二廣者，以坑冶多，而海舶利也。至金章宗，始鑄銀，名之曰承安寶貨，公私同見錢用。哀宗正大間，民但以銀市易，而不用鑄。至於今日，上下通行，而忘其所自。然而考之《元史》，歲課之數為銀至少。然則國賦之用銀，蓋不過二三百年間耳。今之言賦，必曰錢糧。夫錢，錢也；糧，糧也。亦烏有所謂銀哉？且天地間銀不益增，而賦則加倍，此必不供之數也。昔者唐穆宗時，物輕錢重，用戶部尚書楊於陵之議，令兩稅等錢皆易以布帛絲纊，而民便之。吳徐知誥從宋齊邱言，以為錢非耕桑所得，使民輸錢，是教之棄本逐末也，於是是諸稅

悉收、穀帛、細絹。是則昔人之論取民者，且以錢為難得也，以民之求錢為不務本也，而況於銀乎？右度土地之宜，權歲入之數，酌轉般之法，而通融乎其間，凡州縣之不通商者，令盡納本色，不得已以其什之三徵錢。錢自下而上，則監惡無所容，而錢價貴，是一舉而兩利焉。無讕賦之虧，而有活民之實；無督責之難，而有完逋之漸。今日之計莫便乎此。夫樹穀而徵銀，是畜羊而求馬也；倚銀而富國，吳倚酒而充饑也。以此自愚，而其敝至於國與民交盡，是其計出唐、宋之季諸臣之下也。……自古以來，有國者之取於民為已悉矣，然不聞有火耗之說。火耗之所由名，其起於徵銀之代乎？原夫耗之所生，以一州縣之賦繁矣，戶戶而收之，銖銖而納之，不可以瑣細而上諸司府，是不得不資於火。有火則必有耗，所謂耗者，特百之一二而已。有賤丈夫焉，以為額外之徵，不免干於吏議。擇人而食，未足厭其貪惏，於是藉火耗之名，為巧取之術。蓋不知起於何年，而此法相傳，代增一代，官重一官，以至於今。於是官取其贏十二三，而民以十三輸國之十；里胥又取其贏十一二，而民以十五輸國之十。其取則薄於兩而厚於銖，其徵收這數，者，必其地多而豪有力可以持吾之短長者也；銖者，必其窮下戶也。雖多取之，不敢言也。於是兩之加焉十二三，而銖之加焉十五六矣。薄於正賦而厚於雜賦，正賦耳目之所先也，雜賦其所後也。於是正賦之加焉十二三，而雜賦之加焉十七八矣。解之藩司，謂之羨餘；貢諸節使，謂之常例。責之以不得不為，護之以不可破，而生民之困未有甚於此時者矣。愚嘗久於山東，山東之民無不疾首蹙額，而訴火耗之為虐者。獨德州則不然，問其故，則曰：州之賦二萬九千，二為銀，八為錢也。錢則無火耗之加，故民力紓於他邑也。非德州之官皆賢，里胥皆善人也，勢使之然也。又聞長者言：近代之貪吏倍甚於唐宋之時，所以然者，錢重而難運，銀輕而易齎，難運則少取之而以為多，易齎則多取之而猶以為少。非唐宋之吏多廉而今之吏貪也，勢使之然也。然則銀之通，錢之滯；吏之寶，民之賊也！在有明之初，嘗禁民不得行使金銀，犯者准奸惡論。夫用金銀，何奸之有？有重為之禁者，蓋逆知其弊之必至此也。當時市肆所用皆唐宋錢，而制錢則偶一鑄造，以助其不足耳。今也泉貨弱而害金興，市道窮而偽物作，國幣奪於上，民力殫於下。使陸贄、白居易、李翱之流而生今日，其諮嗟太息必有甚於唐之中葉者矣。曰：子以火耗為病於民也，使改而徵粟米，其無淋尖、踢斛，巧取於民之術乎？曰：吾未見罷任之倉官，寧家這斗級，負米而行者也，必齎銀而後去。有兩車行於道，前為錢，後為銀，則大盜之所睨常在其後車焉。然則豈獨今之貪吏倍甚於唐宋之時；河朔之間所名為響馬者，亦當倍甚於唐宋之時矣。

偽銀

今日上下皆用銀，而民間巧詐滋甚，非直紿市人，且或用以欺官長。濟南人家專造此種偽物，至累十累百用之，殆所謂「為盜不操矛弧」者也 [1]。律：凡偽造金銀者，杖一百，徒三年。為從及知情買使者，各減一等。其法既輕，而又不必行，故民易犯。夫刑罰，世輕世重，視其敝何如爾。漢時用黃金，「孝景中六年十二月，定鑄錢、偽黃金棄市。律：造偽黃金與私鑄錢者，同棄市」[2]。武帝元鼎五年，飲酎 [3]，少府省金，而列侯坐酎金失侯者百餘人 [4]。如淳曰：「《漢儀注》金少不如斤兩及色惡，王削縣，侯免國。」[5] 宋太祖開寶四年十月己巳詔：「偽作黃金者棄市。」[6] 而唐文宗太和三年六月，「依中書門下奏，以鉛、錫錢交易者，過十貫以上，所在集眾決殺」[7]。今偽銀之罪不下於偽黃金，而重於以鉛、錫錢交易，宜比前代之法，置之重辟 [8]。《實錄》：「正統十一年三月癸未，從順天府大興縣知縣馬聰言：造偽銀者，發邊衛充軍。」[9] 而景泰元年十一月賞北蕃有假金三兩 [10]，致也先遣使來言。是則法之不行，遂有以此欺朝廷者矣。庶可以革奸而反樸也。

漢既以錢為貨，而銅之為品不齊，故水衡都尉其屬有辨銅令、丞，此亦《周官》「職金」之遺意 [11]。

【注釋】

[1] 語見《史記·日者列傳》：「初試官時，倍力為巧詐，飾虛功執空文以謾主上，用居上為右；試官不讓賢陳功，見偽增實，以無為有，以少為多，以求便勢尊位；食飲驅馳，從姬歌兒，不顧於親，犯法害民，虛公家：此夫為盜不操矛弧者也，攻而不用弦刃者也，欺父母未有罪而弒君未伐者也。」

[2] 見《漢書·景帝紀》。

[3] 飲酎：喝反覆多次釀成的醇酒。一種正尊卑的古禮。《禮記·月令》：「（孟夏之月）天子飲酎，用禮樂。」鄭玄注：「酎之言醇也，謂重釀之酒也。春酒至此始成，與群臣以禮樂飲之於朝，正尊卑也。」

[4] 酎金：漢代諸侯獻給朝廷供祭祀之用的貢金。陳垣《日知錄校注》：「大禮日天子飲酎，飲酎時受獻金，謂之酎金。」

[5] 見《漢書·武帝紀》。

[6] 見《宋史》卷二。

[7] 見《舊唐書》卷一七上。

[8] 重辟：極刑；死罪。

〔9〕見《正統實錄》卷一三九。

〔10〕見《英宗實錄》卷一九八《景泰附錄》。「北蕃」原作「虜酋」。

〔11〕職金：古官名。掌管金、玉、錫、石、丹青的檢驗和收藏，並掌受士之金罰、貨罰。《周禮·秋官·職金》：「職金掌凡金、玉、錫、石、丹青之戒令……掌受士之金罰、貨罰。」

【點評】

　　這是顧炎武的偽銀之罪當處極刑論。他認為，偽造白銀之罪不下於偽造黃金，宜比前代之法，置之重辟。為何明代偽造金銀者從輕發落？據沈家本《歷代刑法考》「私鑄銅錢」條考證：「唐目曰『私鑄錢』，在《雜律》中。其罪流三千里，磨錯薄小者徒一年。明加至絞，匠人同，而磨錯薄小者僅科滿杖，未詳其故。明有偽造金銀一節，而唐無之，唐時不以金銀為幣也。《漢書·景紀》中六年定鑄錢偽黃金棄市律，立法極重，其時以黃金為幣也。明鑄錢亦問死罪，而偽造金銀僅止滿徒，較漢法為輕。蓋明初方嚴鈔法，金銀非正幣，故不重也。」

　　郝懿行《曬書堂集》卷七《泉考》曰：「又有一舉、四美、五不可之說。銅不布下，一舉也。而盜鑄無因，公泉不破，人不犯刑，泉又日增，四美具矣。如任人自鑄，則上下失所，不可者一；泉輕傷賈，不可者二；泉雜鉛鐵，不可者三；人去南畝，不可者四；與人利權，不可者五。其說善矣，而猶未盡也。夫鑄泉之法在於銅六鉛四，鑄泉之善在於不惜銅、不愛工，而可以行之歷久無弊則莫要於平價，泉價浮於銅則盜鑄起，銅價浮於泉則盜銷興。盜鑄則擅利權，盜銷則病國用，故必使泉價與銅價相當，而使鑄一泉不得一泉之利而徒有其費，民亦何樂於私鑄？毀一泉不得一泉之利而反受其害，民又何樂於私毀？故曰其要在平價也。然而，價之所以平則良有司之事也，語曰：『有治人，無治法。』此言是已。」